MW01709732

HOMOPARENTALITÉ
UNE NOUVELLE CHANCE POUR LA FAMILLE ?

Stéphane Nadaud

Homoparentalité
Une nouvelle chance pour la famille ?

Fayard

© Librairie Arthème Fayard, 2002.

À la mémoire de Roger Nadaud, mon père.

Je tiens à remercier Emmanuel Dreux, Stanislas Nadolski, le docteur Véronique Tauziet et Anne Blanchard pour leur aide et leur soutien, ainsi qu'Henri Trubert pour sa confiance. Un merci particulier au docteur Nicolas Lacoste pour ses conseils précieux et la relecture du manuscrit.

Prologue

La pièce homoparentale

Toutes les sciences dites « humaines » se sont retrouvées autour de la naissance de l'homoparentalité. Une pièce où tous les acteurs sont en scène ; certains connaissent parfaitement leur texte, d'autres sont prêts à improviser. Le thème de la pièce, lui, reste encore à définir. Personnage en quête d'auteurs, l'homoparentalité attend les différents intervenants qui cherchent eux-mêmes à circonscrire un imprésentable, fruit de l'improbable mariage d'une *homosexualité* réticente à se laisser cerner et d'une *parentalité* qui tente de résoudre, par la greffe de cet « -alité », les méandres complexes de la filiation.

Ainsi, les homosexuels non seulement veulent – ce qui est déjà une chose en soi –, mais peuvent avoir, et même ont des enfants.

Les bons acteurs bafouillent, oublient le texte si bien appris : où est donc passé le souffleur en coulisses, le père (les pères) qui nous a (ont) si bien formés, expliqué ce qu'est un homme, une famille, une société, etc. ? Trac face à cette nouvelle configuration – l'homoparentalité. Les improvisateurs ne sont guère plus à l'aise, mais leur art leur permet toujours de garder la face en improvisant n'importe quoi : « référent » est un mot qui revient souvent, comme une véritable pierre d'achoppement entre les « pour » et les « contre ». Tenue pour une notion des plus conservatrices, voire réactionnaires, voilà qu'elle est aussi mise en avant par les progressistes « de gauche » comme une pièce essentielle sur l'échiquier. Certes, les référents sont fondamentaux pour le développement d'un enfant, en ce qui concerne tant la croissance physique que la maturation psychique, tout clinicien vous le dira. La question est de savoir ce qui peut faire référent, ce qui doit le faire.

Et c'est ainsi, par l'économie d'une réflexion de fond sur *les* possibles, qu'est avancé le plus facile, le plus simple, le plus réduit des débats : les enfants sont-ils en danger ? La protection de l'enfance a toujours été une question sensible. L'enfant est un être en devenir, un être fragile car en construction, en voie non pas d'*être* (il est acquis depuis longtemps que l'enfant est un individu à part entière), mais d'être toujours autre chose que ce qu'il est, y compris physiquement. Son accompagnement et sa protection sont donc de la responsabilité de l'adulte – d'un point de vue phylogénétique pour la continuation de l'espèce et d'un point de vue plus individuel parce que les plus forts ont des devoirs envers les plus faibles. Poser de tels constats semble aller de soi. Mais cette évidence, qu'elle soit reléguée au second plan car justement coulant de source, ou au contraire positionnée comme le seul élément réellement opérant de la question, ne devrait pas devenir l'arbre qui cache la forêt[1].

C'est justement cette forêt qui nous intéresse ici. Le travail qui suit se veut une carte des chemins et sentiers qui la

1. Si le devenir des enfants se doit de préoccuper les chercheurs qui réfléchissent sur l'homoparentalité, il en est de même de la spécificité de la personne qui le conçoit ou l'élève – de sa spécificité homosexuelle –, ou encore du contexte dans lequel émerge ce « fait de société ».

traversent afin de ne pas s'y perdre, un manuel permettant de mieux repérer qui l'on peut y croiser (des bandits de grand chemin ou des sages errants). Un travail de cartographe, en somme, dans la plus pure tradition cartésienne. Je ne me positionne pas tant ici comme votre guide que comme un voyageur qui fait part de ses expériences. Un carnet de voyage, voilà ce que pourraient être ces quelques lignes. Car nombreux sont, sur cette question, les actes de colloques ou les articles de revues plus ou moins spécialisées qui sont autant de réflexions d'anthropologues, de juristes, de psychanalystes ou encore de sociologues[2]. Alors pourquoi chercher seul, moi qui me définirais comme pédopsychiatre et apprenti philosophe, à embrasser le concept d'homoparentalité ? Peut-être parce que, justement, l'important est d'y penser à titre individuel : aspirer à une certaine objectivité par une démarche tenant de la subjectivité. Tout sujet qui possède la potentialité d'un positionnement éthique, qui souhaite *faire acte* face à n'importe quelle question politique et qui n'est ni anthropologue, ni juriste, ni psychanalyste, ni sociologue, ni même pédopsychiatre ou apprenti philosophe, ne peut après tout pas s'arrêter à une délégation, c'est-à-dire accepter qu'à tous les niveaux – intellectuels autant que politiques – il ne soit que *représenté*. En effet, d'aucuns peuvent sembler très convaincants quand ils parlent de l'« ordre symbolique », d'autres tout autant lorsqu'ils dissertent sur la « différence des sexes ». Je proposerai donc de creuser dans les discours afin d'y trouver d'autres discours, et d'autres encore, en espérant qu'au final émergera *autre chose*.

2. On pourra se référer notamment aux actes du colloque « Parenté et différence des sexes » organisé par l'Association des parents et futurs parents gay et lesbiens : *Homoparentalités : état des lieux*, Paris, ESF Éditeur, 2000.

Comment donc tenir une promesse telle que celle d'accompagner sans le perdre un voyageur en pays d'homoparentalité ? Peut-être simplement en se laissant aller, comme un spectateur devant une pièce en cinq actes[3].

Acte I – *La famille.* On ne peut que souligner les nombreuses tentatives de définition de la famille. Afin de cerner cette entité sans cesse fuyante, les anthropologues nous fournissent des indices venus du fond de l'Afrique noire comme du fond des campagnes moyenâgeuses. Les sociologues dissèquent les liens tissés entre les hommes regroupés en société. Les psychanalystes réfléchissent sur la place du sujet, les plus pertinents cherchant à conceptualiser la famille comme autre chose que « le noyau du plus grand nombre des névroses[4] ». Repérer ce qu'il en est des liens intrafamiliaux est un préalable nécessaire à toute représentation de l'homoparentalité, en ce sens qu'elle réinterroge la famille, nous obligeant, encore et encore, à défaire et à tisser de nouveau cette tapisserie vivante qu'elle est et dans laquelle nous sommes tous inscrits.

Acte II – *L'homosexualité.* L'émergence de l'homoparentalité est probablement liée à ce que l'homosexualité est un fait social mieux reconnu qu'il y a quelques années. Encore cela est-il à relativiser : le milieu social n'est sans doute pas étranger à cette reconnaissance. Ce qui pourrait se résumer par le lieu commun selon lequel il est plus facile d'assumer son homosexualité quand on est un intellectuel dans le Marais que quand on est un ouvrier au fin fond du Pas-de-

3. Actes dans lesquels chacun peut piocher çà et là ce qui lui *pose question* dans la question homoparentale.

4. J. Lacan, « Le complexe, facteur concret de la psychologie familiale », in *Encyclopédie médicale*, Paris, Éditions de l'Encyclopédie médicale, t. VIII, 1936, p. 8'40-5 à 15. Réédité dans *Autres Écrits* (Paris, Seuil, 2001, p. 23-84), avec quelques modifications, sous le titre « Les complexes familiaux dans la formation de l'individu ».

Calais. Quoique… Il ne sera pas tant question dans cet acte d'avancer une définition de l'homosexualité que d'analyser l'aspect spéculatif liant l'homosexuel et la société, interaction qui éclaire l'aspect social et subjectif de la problématique. Guy Hocquenghem ne remarquait-il pas : « À la fois l'homosexualité n'existe pas et elle existe : c'est son mode même d'existence qui remet en question la certitude de l'existence[5] » ? Nous verrons en quoi le terme « spectre » peut être adéquat dans la recherche de cette homosexualité si difficilement définissable.

Acte III – *Les parents homosexuels.* Regard sur des situations réelles, sur des personnes, femmes ou hommes, qui sont, ou cherchent à devenir, parents. Sur des parcours, des tentatives dont certaines peuvent déconcerter et d'autres émouvoir. Regard sur leurs enfants, aussi. On ne peut que souscrire à la nécessité d'un état des lieux, la prégnance du débat étant intimement liée à la multiplication des familles homoparentales. À la suite de rencontres avec des personnes s'intéressant, pour diverses raisons, à l'homoparentalité, je me suis rendu compte que les mêmes questions revenaient sans cesse, que ces familles « atypiques » suscitaient de nombreuses interrogations et réveillaient certains fantasmes bien éloignés de la réalité. Si l'on est convaincu de la part d'ignorance qui entre dans ces constructions, il semble logique de lever le voile en répondant à ces questions « toutes bêtes ». Comme on explique aux enfants, qui sont parmi les premiers concernés, après tout.

Acte IV – *Les débats.* Si l'assertion « les homosexuels parents » amène tout naturellement dans les deux premiers actes à poser la double question : « Qu'est-ce qu'un homosexuel ? » et « Qu'est-ce qu'une famille ? » – si tant est que l'on puisse comprendre, à propos de l'homosexualité et de

5. G. Hocquenghem, *Le Désir homosexuel*, Paris, Fayard, 2000, p. 29.

la parentalité, de quel bois sont faits ces arbres –, on voit bien qu'il existe malgré tout une réelle difficulté à cerner *une* « famille homoparentale[6] » – entité aux limites floues tant en ce qui concerne ses membres que les liens qui les unissent –, quand bien même ce type de famille se déploie sous nos yeux dans le troisième acte. Il faudra donc accorder une certaine écoute, ou plutôt une certaine attention, aux débats et à leurs acteurs qui s'interrogent non seulement sur le devenir de l'enfant élevé dans un milieu homoparental, mais aussi, et même beaucoup plus souvent, sur celui de la société. Il est tout de même remarquable que, dans la presse grand public, la question homoparentale soit inévitablement centrée sur celle de l'adoption par les homosexuels – jusque dans les débats autour du Pacs, où la garde des Sceaux de l'époque insistait sur la non-accession à l'adoption pour les couples pacsés. Comme si les homoparentalités pouvaient se résumer au problème de l'adoption (qui plus est en mêlant la question de l'adoption par un célibataire homosexuel à celle de l'adoption par un couple de personnes de même sexe). C'est, une fois de plus, simplifier singulièrement la problématique. L'adoption n'est de toute façon accessible, en France, en 2000, qu'aux couples mariés (et donc composés de personnes de sexes différents) ou aux célibataires, sous certaines conditions. Comment la parentalité homosexuelle peut-elle s'inscrire dans ce cadre ? Et pourquoi les tentatives de réassurance de la part du gouvernement (on donne un peu aux homos et un peu aux amis de Mme Boutin) sont-elles axées sur le « douloureux problème » de l'adoption ? Tirer le fil de ces questions, autant juridiques que morales, c'est dévider toute une pelote. Avec des nœuds.

---

6. De façon limitative, le *Dictionnaire Hachette de la langue française 2002* propose une définition de l'adjectif « homoparental(e) » : « Se dit d'un couple d'homosexuels ayant un enfant à charge. »

Acte V – *Les études.* La pièce ne peut s'achever qu'auréolée d'un certain *empirisme.* Ma thèse de doctorat de médecine (spécialisation en psychiatrie), qui consistait entre autres en une étude sur 58 enfants conçus ou élevés par un (ou des) parent(s) homosexuel(s), m'a permis notamment de me pencher sur la question de la place des travaux scientifiques dans le débat, sur celle de leur poids et de leur puissance aussi. Plus largement, ces études, qu'il faut avoir lues, interrogent la fonction légitimante d'un discours scientifique – question postmoderne s'il en est. Les défenseurs de la cause homoparentale, tout comme ses détracteurs les plus virulents, réclament une légitimité dans leurs discours. C'est en soi tout à fait *légitime.* Mais il est essentiel de ne pas s'arrêter à la simple validation formelle d'un discours. Après que les médias se sont faits l'écho de ce travail[7], un communiqué de presse non relayé par l'AFP et émanant d'une association d'extrême droite m'a taxé de « pseudoscientifique à la solde de la propagande homosexuelle ». Sans que ses auteurs aient lu le travail scientifique en question, bien entendu. Probablement la leçon à tirer d'une telle remarque est-elle que, si l'on ne peut faire l'économie de l'aspect scientifique de la question de l'homoparentalité, celui-ci ne doit pas effacer l'aspect politique (au sens noble et profond du terme), véritable metteur en scène de la représentation.

Tapons donc les trois coups et levons le rideau !

7. P. Kremer, « La vie ordinaire des enfants de parents homosexuels », *Le Monde*, 28 octobre 2000.

Acte I

Préliminaire à toute réflexion sur l'homoparentalité : le lien intrafamilial

Elle avait pour les liens invisibles que noue entre les membres d'une famille la circulation d'un même sang autant de respect qu'un tragique grec [1].

La question peut se poser de façon crue : « Une famille homoparentale est-elle concevable ? » Ou de façon plus pragmatique : « La famille homoparentale existe-t-elle ? » Tout dépend bien entendu de ce que l'on entend par famille, répondra-t-on. Et, dès qu'un discours est énoncé au sujet de la famille, rapidement s'élèvent des voix qui annoncent sa mort et, par voie de conséquence et de façon inéluctable, la désagrégation de la société. Cette unité, véritable alvéole dans l'essaim sociétal et qui serait fondatrice de la civilisation, tient-elle réellement la société sur ses épaules, l'empêchant ainsi de tomber en faillite ? Même si une réponse affirmative – qui dirait que l'entité familiale

1. M. Proust, *À la recherche du temps perdu*, Paris, Gallimard, coll. « La Pléiade », t. I.

est réellement l'unité fondatrice de la société, la « cellule germinative de la civilisation[2] » – pourrait sembler acquise, il serait plus opérant dans un premier temps d'analyser la différence qui existe entre la notion générale de famille d'un côté et ses diverses manifestations de l'autre. Le modèle familial qui, à en croire ces discours alarmistes, servirait de caryatide ou d'atlante (suivant le sexe) à la société est d'ailleurs invariablement le même, à savoir celui que l'on appelle habituellement « famille nucléaire » (au sens où elle constitue un noyau). Dès lors, si l'on veut faire de cette « famille PME[3] » le fondement de la civilisation, il faut soutenir qu'elle enfonce ses racines, tout comme la civilisation elle-même, dans la nuit des temps : ainsi justifiée par son inscription dans la genèse même de l'humanité, cette unité deviendrait le modèle pérenne de la Famille. Les choses sont évidemment beaucoup plus compliquées que cela[4]. Mais les formes d'expression variées de ce qui « fait famille » (variations temporelles – la famille dans la Grèce antique, à Rome, sous le Second Empire, etc. –, variations spatiales – la famille au Maghreb, au Groenland, en Inde, etc. –, ou encore variations pour une même époque en un même endroit – dans nos sociétés occidentales la famille recomposée, monoparentale, adoptive, etc.), et jusqu'à la définition purement théorique

2. S. Freud, *Malaise dans la civilisation*, Paris, PUF, 1971, p. 38.

3. R. Neuburger, *Nouveaux Couples*, Paris, Odile Jacob, 1997, p. 13. La famille PME est la famille « père-mère-enfant ».

4. Dans cet ordre d'idées, François de Singly met de façon judicieuse au cœur de la question de la « famille homoparentale » celle de la « famille normale » : il reprend la formule désormais classique de Pierre Bourdieu, « la famille est une catégorie », qui signifie que « la fonction principale de la famille est d'asseoir la domination de classe en proposant aux classes dominées un modèle difficile à atteindre, celui de la famille bourgeoise présentée comme la famille normale ». La famille homosexuelle n'est donc pas une famille « normale » en ce sens qu'elle ne participe en rien à l'accession à cet idéal familial. F. de Singly et V. Descoutures, *La Vie en famille homoparentale*, Paris, Centre de recherche sur les liens sociaux, CNRS-université Paris-V, 1999.

de la famille (les définitions données par le classique et respecté dictionnaire philosophique de Lalande souligneront s'il en était besoin cet aspect multiforme de la famille dans son acception générale : celle-ci est successivement «le groupe d'individus parents ou alliés qui vivent ensemble», «l'ensemble de tous les individus, vivant à un moment donné, qui ont entre eux des liens de parenté ou d'alliance définis», «la succession des individus qui descendent les uns des autres, et de ceux qui leur sont unis par alliance», «plus spécialement, et surtout dans les sociétés contemporaines, le groupe formé par le père, la mère et les enfants», et enfin, «par analogie, dans les sciences biologiques, le groupe de genres réunis par des caractères communs, et qu'on peut considérer comme descendant d'un type ancestral unique»[5]), cette multiplicité d'apparaître, donc, confirme qu'il ne serait pas pertinent de résumer la Famille à l'une de ses manifestations. Mais avoir conscience de la multiplicité des modèles familiaux ne garantit en rien la démarche qui nous éloignerait du préjugé d'une famille au singulier : celui-ci persistera dans le fait de poser que la famille est une entité constante dans le temps et que les formes d'expression familiales observées ne sont en fait que ses avatars[6].

Les avatars d'une famille transcendant les époques

Partons de cette hypothèse d'une famille unique et transcendante s'exprimant dans les différentes réalités sociales à travers de multiples avatars. Il saute d'emblée aux yeux que les regroupements d'individus qui ont «fait famille» à

5. A. Lalande, *Vocabulaire technique et critique de la philosophie*, Paris, PUF, coll. «Quadrige», 1997, article «Famille».

6. Les avatars sont les formes que prenait Vishnou dans la mythologie indienne lors de ses manifestations réelles.

tel ou tel moment de l'histoire occidentale ne se ressemblent que très peu : un bref voyage dans le temps nous permettra aisément de repérer ces différentes manifestations.

La première étape qui s'impose est celle qui nous conduit dans la Ville éternelle du temps de sa splendeur antique : le mot « famille » dérive en effet du latin *familia*, qui vient lui-même de *famulus*, désignant le serviteur. La famille était alors l'étendue sur laquelle régnait le *pater*. Il y avait certes dans cette famille, en plus du *pater*, une femme et des enfants, mais cette enceinte était en réalité plus large puisqu'elle comprenait également le patrimoine, les serviteurs et les esclaves. Le *pater* était le chef de famille, et pas forcément le géniteur (il ne l'était pas de ses esclaves, pas de tous en tout cas). Peu importait que ses enfants fussent ou non biologiquement de lui, ce qui comptait, c'était qu'il en fût le père. Ainsi, dès l'Antiquité romaine, le terme « famille » commence à évoquer deux notions différentes : alors que pour le droit elle reste ce qui appartient au *pater familias*, dans la réalité et dans la langue commune elle se centre petit à petit sur les descendants et caractérise tout autant ceux issus du père que ceux issus de la mère[7]. Et c'est par un mécanisme de déplacement similaire qu'au Moyen Âge, période de structuration entre le droit romain hérité de l'Antiquité et le droit canon hérité du christianisme, ce qui fonde la famille n'est plus l'existence du père mais le mariage, défini comme un *consortium vitae*, une société de vie, un contrat où la vie des individus des deux sexes s'inscrivant dans la famille est mise en commun, comme un bien[8].

N'oublions pas que nous nous inscrivons ici dans le pré-

7. En anthropologie, l'adjectif « agnatique » désigne les descendants d'un ancêtre commun masculin ; la filiation cognatique désigne quant à elle les personnes issues d'une souche ancestrale féminine.

8. Yann Thomas démontre très bien que la grande différence entre le droit romain et le droit canon tient à ce que, pour le premier, ce qui fait le mariage, c'est le consentement et non le lit – *non concubitus, sed consensus* (il

supposé de l'analyse historique et évolutive des formes d'une entité singulière et transcendante appelée «famille». Dans cette optique, on pourra noter que, petit à petit, de la famille romaine à la famille occidentale moyenâgeuse, se mêlent la notion de vie conjugale (le mariage comme *consortium vitae*) et la filiation, c'est-à-dire que, plutôt que sur tel ou tel membre de ladite famille, l'accent se porte sur les liens qui les unissent. C'est ainsi que change la forme de cette famille, changement parallèle aux profondes mutations de la société : la famille tend de plus en plus à être conçue comme le centre de structuration de la société et, d'une certaine manière, le lieu où peut s'exercer le pouvoir.

Foucault note, dans sa tentative pour démontrer la place de la sexualité, et surtout du discours sur la sexualité, dans les jeux de pouvoir, l'importance de la place qu'occupe la famille dans la toile de pouvoirs qu'est la société : pour lui, «la famille "canonique" a paru, autour des années 1830, un instrument de contrôle politique et de régulation économique indispensable à l'assujettissement du "prolétariat urbain" [9] ». C'est dans une telle évolution que l'on croira apercevoir la constitution de cette famille nucléaire que nous cherchons. Cette pseudo-découverte pourra même s'appuyer sur les deux dates clefs que sont 1792, où est instaurée la laïcisation du mariage [10], et surtout 1804, avec la création du code Napoléon qui subordonne la filia-

faut comprendre que ce mariage en droit romain unit deux personnes de sexes différents non pas en tant que sexes naturels et sociaux mais en tant que qualificatifs juridiques) –, tandis que, pour le second, tout est centré sur l'idée d'une représentation originelle du couple, tels Adam et Ève (il existe ici une différence naturelle des sexes). Y. Thomas, «L'union des sexes : le difficile passage de la nature au droit», *Le Banquet*, n°s 12-13, 1998, p. 45-64.

9. M. Foucault, *Histoire de la sexualité*, t. I : *La Volonté de savoir*, Paris, Gallimard, coll. «Tel», 1976, p. 161.

10. Cette laïcisation répond, si l'on en croit Irène Théry, à deux discriminations : le refus de reconnaissance du mariage des protestants depuis la révocation de l'édit de Nantes (leurs enfants étant forcément des bâtards), et

tion au mariage. Pour Bonaparte, le « but » du mariage, et donc de la famille qu'il fonde, est de lier des parents – et surtout un père – à un enfant ; ce qui fait consister la famille, c'est le lien entre ses différents membres, l'enfant au milieu, son père et sa mère autour de lui. Cette famille nucléaire qui semblait en germe, de façon évidente dans la famille moyenâgeuse et de façon moins visible dans la famille romaine, ferait donc son apparition, dans notre parcours théorique d'une histoire naturelle de la famille en Occident, sous la forme que nous lui connaissons au XIXe siècle, et c'est à peu près la même que nous retrouverions au fondement de la République française puisqu'elle se crée en même temps que cette dernière et s'intègre en son sein comme une unité fondatrice. Le sociologue Rémi Lenoir analyse d'ailleurs cette entité familiale comme une création idéologique destinée à gérer le peuple français : elle s'inscrirait dans la période de la IIIe République et correspondrait à une réelle politique familiale mise en œuvre par des groupes de pression issus du familialisme d'Église, au lendemain de la séparation de l'Église et de l'État, afin de sauvegarder l'intégrité de la famille et de ses valeurs (chrétiennes) face aux institutions laïques (l'école). Le but de l'Église aurait alors été de conserver sa position dans l'espace social. Ainsi, la « famille normale » serait une invention démographique de la fin du XIXe siècle : elle serait « celle dont la taille permet à la population de se renouveler » (la famille est une norme statistiquement établie). Nous serions donc passés d'une « défense de la famille » par l'Église à une « politique familiale » mise en œuvre par l'État (le code de la famille s'inscrit dans la Constitution de 1946), mais avec des différences qui s'estompent, ces deux

l'affaire Talma, du nom d'un comédien que le curé de Saint-Sulpice refusait de marier. Ministère de l'Emploi et de la Solidarité (rapporteur I. Théry), *Couple, filiation et parenté aujourd'hui*, Paris, Odile Jacob-Documentation française, 1998.

familialismes aboutissant à la même définition de la « famille normale », même si leurs modes d'expression (administratif d'un côté et moral de l'autre) sont différents[11].

Belle histoire, qui pourrait porter à croire que nous avons avancé dans notre questionnement et démontré que la famille est bien une entité fondatrice de la société, mais qu'elle l'est à chaque moment sous une forme différente. Pourtant, en toute rigueur, la seule chose que nous ait démontré ce cheminement est qu'il existe à toutes les époques une entité nommée « famille ». S'agit-il de la même qui, comme tout organisme social ou vivant, change de forme, ou au contraire de structures profondément indépendantes les unes des autres qui n'ont en commun que le nom qu'on leur donne et la place qu'on leur assigne ? Tout discours sur l'évolution de *la* famille est sous-tendu par la volonté de voir une même entité là où, après tout, d'autres pourraient en voir plusieurs. Ainsi, si l'on part de l'idée que ce qui est à la base de la société est la famille, on pourra toujours penser le prouver en démontrant que ce n'est pas sous telle ou telle forme qu'elle prend sa valeur génératrice (sous sa forme moderne – au sens du XIXe et du XXe siècle – ou sous un autre aspect que l'on pourrait qualifier d'« ancestral » pour les sociétés ou civilisations précédentes), mais dans le fait qu'elle est *la* famille qui se manifeste à chaque fois différemment, la démonstration restera tautologique : partant du présupposé axiomatique que la famille est la brique qui tient l'édifice et que sa forme d'expression est somme toute secondaire par rapport à sa définition ontologique, il suffira de chercher des liens entre les différentes formes de familles pour prouver que l'on est en présence d'une seule

11. R. Lenoir, « Le familialisme et le Pacs », *in* D. Borrillo, E. Fassin, M. Iacub, *Au-delà du PaCS : l'expertise familiale à l'épreuve de l'homosexualité*, Paris, PUF, 1999.

entité. Comme si «famille» était un mot qui ne pouvait s'employer qu'au singulier.

Et si, au contraire, «famille» n'avait de sens qu'au pluriel?

À la recherche d'une famille originelle

Mais restons dans l'hypothèse de la famille alvéolaire (pour reprendre l'image développée plus haut) qui aurait «simplement» changé de forme au cours de l'histoire de l'humanité. Une question essentielle s'impose d'elle-même : quelle forme familiale existait à l'origine? Avant de tenter d'y apporter une réponse, revenons sur l'idée d'une histoire naturelle de la famille en distinguant deux positions possibles : la première serait de parler d'évolution de la famille sans y associer l'idée d'un progrès (la famille actuelle, bien qu'elle soit le résultat d'une modification de la forme initiale, n'est ni meilleure, ni pire que celle-ci, elle est juste différente). La seconde position consisterait à soutenir que la famille monogamique est le progrès ultime des sociétés dites civilisées par rapport aux sociétés dites primitives[12]. Dans la recherche de la forme originelle, ne considérons

12. Lévi-Strauss démonte cette idée, qui a influencé tout un pan de l'histoire de l'anthropologie de la seconde moitié du XIXe siècle et du commencement du XXe, position qu'il relie à une «influence de l'évolutionnisme biologique». C. Lévi-Strauss, «La famille», cité *in* R. Bellour, *Claude Lévi-Strauss*, Paris, Gallimard, coll. «Idées», 1979, p. 93. On pourrait ici rapprocher cette vision de la thèse qui soutient que la vraie famille père-mère-enfant n'a jamais subi de changement et est restée telle quelle tout au long de l'histoire humaine, défendant ainsi une idée naturelle du modèle nucléaire. Même si l'on peut noter une différence entre ces deux positions – au lieu de soutenir que la famille nucléaire est sacrée parce qu'elle s'enracine en tant que telle dans les balbutiements de l'humanité, les tenants d'un aboutissement ultime de la famille la sacralisent en en faisant le modèle le plus parfait du fonctionnement de cette même humanité –, il est difficile de ne pas voir dans les deux cas un insupportable jugement moral qui pourrait se dire ainsi : la famille nucléaire est supérieure aux autres types familiaux. Voir *infra*, p. 42.

donc que l'évolution, à l'exclusion de toute notion morale de progrès[13]. La question de cette origine fait penser à l'histoire de la poule et de l'œuf : la famille est-elle une forme élémentaire – liant deux individus de sexes opposés et leur progéniture – qui se serait complexifiée par rajouts successifs de strates au fil du temps, aboutissant à un moment donné à la construction de la société ? Ou, au contraire, comme le soutient Benveniste, le point de départ n'est-il pas dans une société originelle qui représente la totalité et qui se fractionne, certes quasiment d'emblée mais tout de même un peu après sa naissance ? « Ce qui a existé dès l'abord, c'est la société, cette totalité, et non la famille, puis le clan, puis la cité. La société, dès l'origine, est fractionnée en unités qui s'englobent. Les familles sont nécessairement unies à l'intérieur d'une unité plus grande[14]. »

Les positions simplistes des esprits bornés et réactionnaires qui attribuent à la famille nucléaire une origine remontant à la nuit des temps ou voient en elle le modèle le plus pur d'une lente transformation peuvent être facilement démontées : s'ils pensent vraiment que la société est structurée par la famille, on pourra leur rétorquer face à ce qu'ils interprètent comme la destruction de *la* famille (au singulier) qu'il ne s'agit en fait que d'une transformation – ou plus précisément de la disparition d'un de ses multiples avatars au profit de l'apparition d'un autre –, et que leur crainte de l'effondrement de la société – qu'ils expliquent par l'effondrement de *la* famille – exprime en

13. « Progrès » ne s'entend pas systématiquement dans l'acception morale de l'accession à un mieux (« transformation graduelle du moins bien au mieux », A. Lalande, *op. cit.*). En philosophie, notamment dans son emploi par Hegel ou Marx, le mot a un sens plus complexe, plus proche d'une « marche en avant dans une direction définie » qui n'est cependant pas un déterminisme (*ibid.*). Nous conservons ici l'emploi habituel du terme.

14. E. Benveniste, *Vocabulaire des institutions indo-européennes*, vol. 2 : *Pouvoir, droit, religion*, livre 2 : *Le Vocabulaire de la parenté*, Paris, Éditions de Minuit, 1969, p. 203-276.

fait leur angoisse face à une mutation profonde de celle-ci. Peur devant une configuration nouvelle, en quelque sorte.

Tout cela incite bien entendu à laisser de côté ces approches focalisées sur une sacralisation de la famille et à se tourner vers une problématique certes plus complexe mais surtout bien plus opérante, qui plonge dans l'idée même de lien social ou de lien familial, de ce qui peut faire de l'homme un être social ou un être familial. La réflexion centrée sur la famille comme entité constante, ontologique, pourrait-on dire, nous conduit en effet dans une impasse. Partons de ce constat, rebroussons chemin pour sortir de cette impasse et centrons-nous sur les liens unissant les membres d'une hypothétique famille (au singulier) plutôt que sur la description ou la définition de l'entité elle-même. Cette route sera probablement plus féconde, d'autant que nous serons accompagnés dans cette démarche par la psychanalyse et l'anthropologie : du côté des psychanalystes, de Sigmund Freud à Jacques Lacan, nous croiserons le fameux complexe d'Œdipe, et du côté des anthropologues, de Claude Lévi-Strauss à Françoise Héritier, les notions de parenté et de liens de filiation. C'est au prix d'une réflexion sur ces liens qu'il nous sera possible de penser la famille (au singulier) en termes de familles (au pluriel).

La psychanalyse et le « lien œdipien »

À l'origine était la horde sur laquelle le père, tout-puissant, imposait sa loi, dure et intransigeante. Les femelles lui appartenaient et les autres mâles n'avaient pas le droit de cité. C'est sur cette scène originelle que Freud fait reposer la naissance de l'humanité[15] : par la rébellion des fils ne supportant plus cette tyrannie commence un long processus de construction d'un ordre nouveau. Ceux-ci en effet se révoltent, tuent le père et le dévorent (Freud y voit l'origine des fêtes tribales au cours desquelles un groupe ethnique dévore son animal tabou). C'est à partir de ce geste combinant des «sentiments contradictoires» (la haine de ce père tyrannique d'un côté et l'amour ou l'admiration qu'on lui voue de l'autre) que s'établissent deux règles essentielles appelées à structurer les sociétés humaines – lois issues, comme le précise Freud, du «sentiment de culpabilité» pour avoir accompli ce meurtre : les fils vont en effet «désavouer leur acte» en s'interdisant à l'avenir de tuer le totem (survivance symbolique du père originel) et de «recueillir les fruits» de ces actes, c'est-à-dire d'avoir des relations sexuelles avec les femmes du clan. C'est le parallèle que note Freud avec les deux désirs réprimés qu'il rencontre chez ses patients névrosés – à savoir le désir de tuer son père et celui d'avoir des rapports sexuels avec sa mère – qui lui permet de concevoir le complexe d'Œdipe. Si l'on en croit le père de la psychanalyse, dans le cas de la société en train de naître, ce renversement va fonder une société patriarcale où une place prépondérante est donnée au père (transmission de père à fils) et où le groupe social est basé sur l'exogamie, c'est-à-dire sur la nécessité d'aller chercher les femmes à l'extérieur du clan pour fonder une nouvelle famille. Par la construction d'une société nouvelle centrée sur le totem et sur le tabou naissent donc les premières familles (au pluriel, cette fois-ci), dans lesquelles une femelle et un mâle peuvent faire alliance dans un cadre très strict, notamment en fonction de leur appar-

15. S. Freud, *Totem et Tabou : interprétation par la psychanalyse de la vie sociale des peuples primitifs*, Paris, Payot, coll. «Petite Bibliothèque Payot», 1990, p. 212-219.

tenance de groupe, familles qui participent ainsi au développement du lien social.

Freud s'appuie ici, n'étant pas anthropologue et n'ayant jamais réalisé d'observations sur le terrain, sur les travaux de James G. Frazer et Robertson Smith concernant le totémisme. Mais cette absence d'expérience de terrain va précisément être utilisée pour remettre en question ces théorisations. Ainsi, Bronislaw Malinowski pense trouver, en étudiant les Trobriandais dans le Pacifique Sud, une société non soumise au complexe d'Œdipe. Il fonde sa critique sur deux observations : premièrement, cette structure sociale est de type matrilinéaire (transmission de l'appartenance au groupe de mère à fille) ; deuxièmement, si l'enfant est conçu biologiquement par un homme, il est élevé par sa mère et le frère de celle-ci (son oncle) sans qu'il y ait la moindre reconnaissance du lien entre le père biologique et son enfant. Cela démontre, selon Malinowski, que le caractère universel de l'œdipe est loin d'être évident. Il va jusqu'à dire de l'hypothèse freudienne de la horde primitive qu'elle est « une histoire romancée, "*just a story*"[16] ». Un autre de ses arguments théoriques est d'affirmer que, pour que les fils qui ont tué leur père puissent se repentir, il faut qu'il préexiste en eux une morale ; or Freud semble voir dans les conséquences de ce parricide l'origine du surmoi (garant de la morale et instance de la culpabilité). Malinowski affirme donc à la lumière de ces observations que, loin d'être le *fons et origo* de la civilisation, le complexe d'Œdipe est « dépendant de la structure et de la culture d'une société donnée ».

C'est ainsi que commence une longue polémique sur l'universalité de l'œdipe. En 1924, soit aussitôt après que Malinowski a formulé sa critique, Jones, fidèle défenseur

16. B. Malinowski, *La Sexualité et sa répression dans les sociétés primitives*, Paris, Payot, coll. « Petite Bibliothèque Payot », 1990, p. 134-145.

de Freud[17], lui rétorque que « le système du droit avunculaire – avec ce lien à l'oncle qu'avait décrit Malinowski – représente un mode de défense parmi de nombreux autres adoptés pour se préserver des pulsions de l'œdipe[18] ». Des travaux sur le terrain, financés par Marie Bonaparte, autre chien de garde du freudisme orthodoxe, et réalisés par Géza Roheim sur une population de Nouvelle-Guinée ayant des caractéristiques proches de celles des Trobriandais, montrent que les enfants développent vis-à-vis de leur mère des rapports d'amour et vis-à-vis de leur oncle des rapports de haine. Ainsi, tout argument visant à ébranler cet œdipe vissé sur son socle d'universalité est démonté comme une « défense » ou comme un maquillage complexe de ce même œdipe. Ceux qui dénoncent l'aspect non scientifique de la psychanalyse sont ici comblés : l'absence de critères d'infalsifiabilité qui poussait Karl Popper à ranger la psychanalyse du côté des non-sciences est, dans cet exemple d'expérimentation « sur le terrain », flagrante. Lévi-Strauss, d'une certaine manière – si l'on analyse comme une substitution à l'œdipe l'universalité de la prohibition de l'inceste liée à ses théorisations structurales de l'exogamie –, pourrait être repéré comme un défenseur beaucoup plus sérieux de l'universalité de ce complexe. Nous y reviendrons.

Mais les vrais adversaires de l'œdipe, si l'on peut ainsi les nommer, puisent leur énergie critique, face à un concept dont Freud lui-même fait la pierre angulaire de la psychanalyse – allant jusqu'à affirmer que tout psychanalyste qui en ferait l'économie ne pourrait se dire tenant

17. On trouvera une analyse détaillée des liens entre Jones et Freud – notamment de l'aspect « hagiographique » de l'œuvre du premier vis-à-vis du second – dans E. Roudinesco, *Histoire de la psychanalyse en France*, t. I, Paris, Seuil, 1986.

18. E. Jones, *Psychanalyse, folklore, religion : essais de psychanalyse appliquée*, Paris, Payot, coll. « Science de l'homme », 1973, p. 129-152.

de la science qu'il a créée –, dans les arguments marxistes. Le premier de ces opposants, lui-même psychanalyste, est Wilhelm Reich. Il revisite le mythe fondateur de l'humanité en y insérant la dimension de lutte des classes : pour lui, à l'origine, il n'y avait pas une mais deux hordes qui, après une longue coexistence pacifique, sont entrées en conflit. Au sortir de cette guerre, la horde victorieuse a interdit l'inceste à la plus faible. Après l'absorption du clan vaincu par le clan vainqueur, l'institutionnalisation de la prohibition de l'inceste (et donc de l'exogamie) a été réalisée : à l'origine imposée de l'extérieur, elle n'a été que secondairement intériorisée. À l'intérieur de ce groupe nouvellement formé se sont progressivement mises en place des hiérarchies au profit des anciens vainqueurs.

Reich explique de la façon suivante les observations faites par Malinowski sur les Trobriandais : le père biologique est issu du groupe qui a imposé aux ancêtres de l'oncle et la prohibition de l'inceste, et la charge de travailler pour s'occuper des enfants ; il se trouve donc dans la position confortable de celui qui bénéficie des relations sexuelles avec la femme sans avoir à se « coltiner » les contingences familiales et matérielles. Mais, au-delà de cette lecture au plus près du travail de Malinowski, Reich explique que ce combat originel entre deux hordes primitives donne « naissance à la division de la société en classes et à une morale sexuelle négative [19] ». Il reproche donc à Freud de ne pas tenir compte de la dimension historique de la lutte des classes en éludant le fait que le complexe d'Œdipe est bien plus récent que la répression sexuelle. Pour lui, la répression sexuelle est à l'origine de la fondation de la société et prend sa source dans une lutte des classes originelle. Le corollaire

19. W. Reich, *L'Irruption de la morale sexuelle : étude des origines du caractère compulsif de la morale sexuelle*, Paris, Payot, coll. « Petite Bibliothèque Payot », 1972, p. 142.

en est bien sûr une critique marxiste de la famille. Reich affirme que cette dernière ne saurait être à l'origine de la société, qu'elle n'est pas en deçà de la lutte des classes : « Comme la famille s'est formée beaucoup plus tard, la limitation de l'appartenance familiale au groupe père-mère-enfants est une création tardive sans la moindre incidence sur la proto-histoire[20] », écrit-il, tout en mettant à la décharge de Freud qu'« il était incapable de se défaire de l'idée de l'antériorité de la famille telle que nous la connaissons et de penser en termes d'histoire[21] ». Freud n'aurait-il donc eu ni le temps ni la chance de lire Hegel ou Marx ?

Œdipe et le schizophrène

En France, dans les années 1970, un livre jette une pierre supplémentaire dans la lapidation de la famille originelle : Gilles Deleuze et Félix Guattari[22] décident de réinterroger l'œdipe – en critiquant non pas tant, finalement, son universalisation que son aspect construit, voire normatif – à travers le cas des schizophrènes, connus pour échapper de façon si agaçante à tout œdipe.

Le terme « schizophrénie » est un néologisme créé en 1911 par un psychiatre zurichois, Eugen Bleuler[23]. Signi-

20. *Ibid.*, p. 163-164.

21. *Ibid.*, p. 166.

22. G. Deleuze, F. Guattari, *L'Anti-Œdipe : capitalisme et schizophrénie*, Paris, Éditions de Minuit, 1972-1973. Élisabeth Roudinesco, dans une perspective historique, situe la place de ce travail controversé en l'inscrivant dans le cadre d'une critique de l'essoufflement structuraliste de la psychanalyse en France dans les années 1970. E. Roudinesco, *Histoire de la psychanalyse en France*, t. II, Paris, Seuil, 1986, p. 501-502.

23. Si, dans les lignes qui suivent, il s'agira de comprendre ce que le monde de la psychiatrie entend par « schizophrénie », Deleuze et Guattari nous rappellent qu'« il en est de la schizophrénie comme de l'amour : il n'y a aucune spécificité ni entité schizophréniques ». G. Deleuze, F. Guattari, *op. cit.*, p. 11.

fiant étymologiquement « scission (ou fission) de l'esprit », il désigne un groupe de psychoses[24] résultant d'un même processus pathologique. En créant ce terme, Bleuler s'inspirait dans une certaine mesure de la classification d'Émile Kraepelin, psychiatre allemand de la fin du XIXe et du début du XXe siècle qui avait isolé une entité clinique regroupant les maladies mentales entraînant irrémédiablement l'affaiblissement psychique du patient, entité qu'il avait nommée *dementia praecox.* Ce qui fondait, pour Bleuler, l'entité de schizophrénie était la dissociation qui s'opérait dans l'esprit du malade. Il s'inspirait ainsi de la *Spaltung* de Freud, le clivage que décrivait ce dernier dans certains troubles morbides, notamment les psychoses, et qui correspondait à un clivage du moi, c'est-à-dire à la coexistence de deux attitudes psychiques, à l'intérieur du moi, à l'endroit de la réalité extérieure. Mais, plus qu'une simple taxinomie ou classification naturaliste, Bleuler espérait en créant cette entité de la nosographie[25] introduire une étiologie, une cause à cette

24. Le terme « psychose » a été créé en 1845 pour différencier ce qui était du domaine des troubles mentaux (du psychisme) de ce qui relevait du domaine des troubles nerveux, appelés « névroses ». L'acception du terme a profondément varié au cours du siècle, entre autres du fait de l'introduction de la terminologie psychanalytique en psychiatrie. Actuellement, et de façon extrêmement simplifiée, le terme en clinique courante évoque une maladie mentale où le patient a une perception de la réalité profondément perturbée (autour notamment de la notion de délire). Il est ainsi opposé à la névrose où, si la réalité est perçue de façon plus juste, c'est l'adaptation à celle-ci qui est pathologique. Les terminologies modernes, largement inspirées de la psychiatrie nord-américaine, tendent à supprimer l'utilisation de ces deux termes, jugés trop flous et pas assez athéoriques.

25. La nosographie est un inventaire de termes (un vocabulaire) servant à fixer une nomenclature pour délimiter ce qui distingue une entité clinique d'une autre, la névrose de la psychose, par exemple. Elle correspond à un moment de l'histoire de la psychiatrie (XIXe siècle) où l'on tentait de classifier les différentes espèces de fous. Foucault en fera le départ de sa réflexion sur la création des « espèces sociales ». M. Foucault, *Histoire de la folie à l'âge classique*, Paris, Gallimard, coll. « Tel », 1972.

maladie, c'est-à-dire une origine organique qui serait une détérioration du cerveau, de nature virale ou autre.

Cette vision de la schizophrénie est actuellement en vogue dans la psychiatrie moderne, validée par l'efficacité des neuroleptiques (médicaments psychotropes découverts en 1952 par Delay et Deniker) sur la symptomatologie psychotique. Henri Ey, grand psychiatre français, a centré dans les années 1950 la schizophrénie sur la notion de dissociation (du champ de la conscience d'une part et de la conscience de soi d'autre part), la distinguant fondamentalement des autres psychoses où cette dissociation n'existe pas (la paranoïa, par exemple). Le problème de la schizophrénie reste donc entier : processus psychologique correspondant à une dissociation de l'esprit ou problème neurologique lié aux neurotransmetteurs[26] ? maladie unique ou groupe de psychoses ? Ces débats agitent encore la communauté psychiatrique. Quoi qu'il en soit, le schizophrène est un individu qui intrigue par sa souffrance extrême, par son aspect bizarre, par ses comportements inadaptés à la réalité. Et, plus que tout, il semble ne pas s'inscrire dans l'ordre établi, être « en dehors », comme si cet ordre, pour lui, n'avait pas de consistance. Or l'œdipe, lui, a beaucoup à voir avec l'ordre.

Deleuze et Guattari prennent le problème autrement en faisant du schizophrène un « pied de nez » à la société, notamment à la société capitaliste. Ils se livrent tout d'abord à une critique de l'œdipe en affirmant que ce complexe a été créé, construit, pour cacher une réalité psychique bien plus essentielle : l'activité de *production* de l'inconscient, de production désirante[27]. Le terme « pro-

26. Les neurotransmetteurs sont des molécules qui permettent le passage et l'échange d'informations au niveau du système nerveux.

27. Nous verrons dans l'acte II en quoi ce point a profondément influencé Guy Hocquenghem dans sa réflexion sur le « désir homosexuel ».

duction» est ici à entendre au sens du *Capital* : l'inconscient est une usine qui produit du désir, comme une usine de textile produit du tissu. Et à cette force de production a été substituée une *représentation* – au sens de représentation théâtrale (Œdipe n'est-il pas avant tout le héros des pièces de Sophocle?). Ainsi, alors qu'il s'agit bien d'une question d'usine, que l'inconscient fonctionne comme une machine, l'œdipe a dissimulé cette réalité en enfermant l'inconscient sur une scène de théâtre. Il a transformé l'inconscient en *acteur* afin de masquer sa vraie nature : celle d'une *machine* à produire du désir.

C'est contre cette substitution, cet arbre qui cache la forêt de la force de production inconsciente, que se battent Deleuze et Guattari. L'œdipe, par son processus de normalisation, positionne les différents membres de la famille – le père, la mère et l'enfant – de façon rigide. Le père et la mère peuvent être pensés en termes d'antagonisme, celui du masculin et du féminin. De la même manière, entre les parents et l'enfant s'opposent deux générations. La question est celle de la coexistence au sein de la famille, mais même plus largement au sein de la société, de ces antagonistes : homme/femme, parent/enfant. Dans la dialectique hégélienne, la sursomption (*Aufhebung*) est ce dépassement. Le travail interne des deux opposés *a priori* incompatibles que sont la thèse et l'antithèse (ici par exemple le masculin et le féminin) permet d'aboutir à une synthèse qui n'est ni la victoire de l'une sur l'autre, ni un compromis entre les deux, mais tout à la fois les deux et autre chose; la dimension historique dans ce travail dialectique est essentielle. Or ce dépassement, cette sursomption, qui permet donc d'obtenir par un travail historique une «synthèse disjonctive[28]» entre les deux éléments de

28. G. Deleuze, F. Guattari, *op. cit.*, p. 30-31

départ, c'est-à-dire quelque chose qui n'est ni vraiment même ni vraiment autre et pourtant un peu des deux, cette dynamique est, pour Deleuze et Guattari, contrecarrée par l'œdipe : au lieu de ce travail nécessaire et créatif, celui-ci enferme les couples femme/homme, parent/enfant et même mort/vivant dans un antagonisme jamais résolu, jamais dépassé. Le complexe d'Œdipe impose à ses trois protagonistes une place fixée de façon arbitraire et définitive : on est enfant « ou bien » parent, mais on ne peut être les deux à la fois ni aucun des deux. De la même façon, on est homme « ou bien » femme : la « différence des sexes » se conçoit en termes d'« ou bien » et non de « soit… soit… » (un individu qui serait soit homme, soit femme). L'intérêt d'une telle rigidification est bien entendu d'éviter toute remise en question (notamment du pouvoir).

C'est à ce stade que réapparaît le schizophrène, dont la force est d'être un individu qui refuse de se soumettre à l'œdipe. Le schizophrène échappe en effet à ce positionnement artificiel : Deleuze et Guattari parlent de lui comme d'un « transsexué, transvimort ou transparenfant[29] ». Les auteurs de *L'Anti-Œdipe* tentent de penser, à l'image du schizophrène, une libération de l'individu prisonnier de « son » œdipe forcément limitatif et exclusif : un moyen possible de libération serait de rappeler à ce sujet engoncé dans l'œdipe qu'il est en réalité fait de « singularités accourues de toutes parts, agent de production évanescent[30] ». Bien plus qu'un processus de normalisation, l'œdipe est une création cloisonnante qui participe de l'écrasement de l'homme par l'homme. Cette critique hégéliano-marxiste de l'œdipe nous montre à quel point les méandres des combats théoriques autour de ce personnage mythique – abandonné enfant car promis à un des-

29. *Ibid.*, p. 90-91.
30. *Ibid.*

tin terrible où il était dit qu'il tuerait son père et épouserait sa mère, destin inévitable et affreux dans son déterminisme qui se soldera par la cécité de notre héros et une génération d'enfants aux destins plus terribles les uns que les autres –, ces méandres, donc, sont indispensables pour empêcher l'eau de s'écouler tranquillement dans un long fleuve calme et *sans histoire*, bordé de discours psychanalytiques rassurants. Car il ne faut pas se fier à cette harmonie de surface, à ce trop-plein de *Lumières* qui en arriverait à nous faire croire à l'inexistence de l'obscurité, tout au moins à son innocuité, tapie qu'elle est dans les profondeurs. Baudelaire, faisant « s'écrier » un prédicateur dans le *Spleen de Paris*, lance ainsi cet avertissement : « Mes chers frères, n'oubliez jamais, quand vous entendez vanter le progrès des Lumières, que la plus belle des ruses du diable est de vous persuader qu'il n'existe pas[31]. »

Œdipe : du Complexe au complexe

Nous nous étions tournés vers la psychanalyse en espérant trouver dans la définition du lien œdipien un outil beaucoup moins rigide qu'une définition *a priori* de l'entité « famille ». Freud posait en effet une notion riche, celle d'un complexe permettant de penser la famille comme le lieu d'une articulation, et les critiques qui lui ont été opposées – qu'elles dénoncent comme Malinowski une universalisation excessive, comme Reich une scotomisation de l'aspect historique ou comme Deleuze et Guattari un enfermement arbitraire – ne pointaient en fin de compte pas tant l'universalité du complexe que le risque qu'œdipe, au lieu d'être le lien mobile unissant les

31. C. Baudelaire, *Spleen de Paris*, in *Œuvres complètes*, Paris, Gallimard, coll. « La Pléiade », t. I, p. 326-327.

différents membres de la famille, ne devienne un véritable piège, un lien – mais cette fois-ci au sens aliénant du terme – qui fige l'entité qu'il fait consister. Un peu comme une articulation qui serait tellement atteinte d'arthrose qu'elle ne permettrait plus de mouvement entre les deux os qu'elle unit. Pour penser l'œdipe, ne nous resterait-il plus alors que la sentence de la fée des Lilas dans *Peau d'âne*, de Jacques Demy : « Des questions de culture et de législature décidèrent en leur temps qu'on ne mariait pas une fille avec son papa » ?

Éclairons ce moment où, procédé constructif permettant de ne pas s'enfermer dans une vision figée de la famille, l'œdipe serait devenu une structure au sens le plus rigide du terme, et pour cela revenons à la vision freudienne de ce temps mythique de la horde originelle. On perçoit effectivement un glissement du postulat qui affirme que, dès ce moment de la naissance de l'humanité, il y a une entité originelle qui, comme un oignon, va s'accroître avec le temps [32], vers l'idée selon laquelle la disparition de la famille nucléaire, qui existerait depuis la nuit des temps et serait fondatrice de la civilisation, ouvre les portes du chaos. En se fiant aux apparences et en caricaturant la pensée freudienne, on assiste une fois de plus à la volonté de faire de l'œdipe une entité fermée et privée de toute mobilité : même si Freud imaginait que cette horde originelle avait vraiment existé à un moment de l'histoire de l'humanité, et, après tout, que ce fût ou non le cas, il peut sembler raisonnable de penser que d'un point de vue symbolique (« symbolique » entendu au sens de l'intériorisation des règles nécessaires

32. Cette entité grandissant en s'aidant de la pulsion organisatrice de l'Éros, qui frustre la satisfaction de la libido des individus afin de permettre l'éclosion, par le déplacement de cette énergie libidinale, de liens sociaux. S. Freud, *Malaise dans la civilisation*, *op. cit.*

à la cohésion du groupe humain devenant une civilisation) cette entité restreinte unissant un homme, une femme et leur progéniture participe de l'origine de l'humanité, non pas tant par la présence de ces individus que par les liens qu'ils tissent entre eux – liens qui ont à voir avec la dialectique des générations (parent/enfant) et des sexes (masculin/féminin), sans pour autant s'y résumer (car on pourra préférer parler de « dialectique des sexes » plutôt que de « différence des sexes » et de « dialectique des générations » plutôt que de « différence des générations »). Ce sont ces liens qui constituent la famille, ou plutôt les familles, car, si dans notre société on pourrait penser que c'est *le* complexe d'Œdipe qui fait la famille, on gagnera en clarté en affirmant que ce sont les variations infinies de ce *lien intrafamilial – les* complexes d'Œdipe – qui caractérisent les formes infinies de familles.

Et c'est curieusement par celui qui est mis en avant pour défendre la primauté d'un « ordre symbolique » que la richesse freudienne de la notion de complexe est réexplorée. Dans son article sur la famille de 1936[33], Lacan remarque que Freud et la psychanalyse ont en effet montré, en la pensant en termes de complexe, que, « de simple sujet de paraphrases moralisantes, la famille est devenue l'objet d'une analyse concrète[34] ». Pour définir ce qu'est un complexe, Lacan l'oppose à l'instinct et souligne ainsi la différence fondamentale entre ce qui peut être perçu comme émanant de la nature et ce qui est issu de la culture : « Alors que l'instinct a un support organique et n'est rien d'autre que la régulation de celui-ci

33. J. Lacan, « Le complexe, facteur concret de la psychologie familiale », art. cit.
34. *Ibid.*, p. 8'40-5.

dans une fonction vitale, le complexe n'a qu'à l'occasion un rapport organique, quand il supplée à une insuffisance vitale par la régulation d'une fonction sociale[35]. » Le lièvre est levé : ce qui fait le complexe, facteur concret de la psychologie familiale, c'est son aspect social. Même le sevrage – cette séparation trop précoce qui laisse l'enfant séparé du sein maternel bien incapable d'encaisser une telle autonomie –, qui pourrait être perçu comme un instinct de base (l'instinct qui lie la mère à son enfant et qui lui dicterait quand elle doit le sevrer), même le sevrage, donc, est un complexe, un lien social indispensable au développement futur de l'individu. Dans la lignée de ce que Lacan appelle le complexe de sevrage, le complexe d'Œdipe « définit plus particulièrement les relations psychiques dans la famille humaine[36] », et si Lacan reconnaît à Freud le génie d'avoir fourni une théorie du complexe en amenant Œdipe sur la scène familiale, il lui reproche l'« abus » du saut théorique « de la famille conjugale qu'il observait chez ses sujets à une hypothétique famille primitive conçue comme une horde qu'un mâle domine par sa supériorité biologique en accaparant les femelles nubiles »[37]. Lacan ne reproche pas à Freud autre chose que de n'avoir su éviter l'écueil que nous décrivions précédemment : sur la bonne voie, il s'est laissé abuser en universalisant le *modèle* là où il tenait la clef de l'universalité du *complexe*. Ce n'est pas la famille « conjugale » – et son pseudo-corrolaire, le complexe d'Œdipe qui fige le trio père-mère-enfant – qu'il faut chercher comme trait commun à toutes les sociétés, mais bien l'existence de liens à l'intérieur de la multiplicité des familles, d'un complexe qui lie, sans les figer, ce

35. *Ibid.*
36. *Ibid.*, p. 8'40-11.
37. *Ibid.*, p. 8'40-12.

qui fait père, ce qui fait mère et ce qui fait enfant. Si Lacan pose des règles dans la structure familiale, il ne les inscrit pas dans un ordre naturel transcendant et ne convoque pas tant l'ordre inconscient immanent pour l'inclure dans la nature elle-même que pour le situer dans le domaine des faits culturels[38].

Le complexe est une subversion créatrice qui permet à un individu, en se situant dans un rapport inconscient avec les autres membres de la famille (avec, comme nous le précisions plus haut, l'importance de la dialectique des générations et de la dialectique des sexes[39]), de s'individualiser et de *devenir*. Tout l'accent est mis sur ce mouvement dialectique qui permet à un individu de sublimer, voire d'échapper à sa famille. Et si Lacan constate le déclin social de l'imago paternelle, il le met en lien avec la famille conjugale (la famille nucléaire) et se différencie de

---

38. Il souligne par exemple le fait que le patriarcat n'est pas le *fons et origo* de l'histoire humaine, bien loin qu'il est « de la naissance de l'humanité dont [le séparent] la durée immémoriale des cultures matriarcales et la stagnation des groupes primitifs ». Si, dans ce passage, Lacan insiste sur le fait que l'imago du père concentre la répression sexuelle et la sublimation de la réalité propre au complexe d'Œdipe, il le fait dans le cadre d'une détermination sociale. Pour inscrire cette relativité du complexe d'Œdipe conçu comme une structure sociale, il reprend l'exemple de Malinowski, celui des Trobriandais qui présentaient une structure matriarcale où les fonctions étaient partagées entre le père biologique et l'oncle (représentant des tabous) : c'est « parce qu'elle est investie de la répression que l'imago paternelle en projette la force originelle dans les sublimations mêmes qui doivent la surmonter ; c'est de nouer en une telle antinomie le progrès de ces fonctions que le complexe d'Œdipe tient sa fécondité ». L'œdipe centré autour du père est inhérent aux sociétés patriarcales. Ainsi Lacan en arrive-t-il à l'idée que le patriarcat puisse être une tentative de séparation de la relation primordiale à la mère représentée dans les sociétés par le matriarcat. Du père et de la mère, Lacan, probablement inspiré par la dialectique hégélienne, pense d'une part la relation mère-enfant en termes d'une dualité fusionnelle qui va en se séparant, et d'autre part le père comme le tiers indispensable à cette séparation. *Ibid.*, p. 8'40-15.

39. À propos de cette question de la différence des sexes et de celle des générations, voir *infra*, p. 216.

« ceux qui s'affligent d'un prétendu relâchement du lien familial[40] ».

À la suite de ce qu'écrit Lacan dans cet article, il ne faut cesser de traquer le complexe, si mobile, si polymorphe dans son expression, pour échapper « à un ordre de détermination positive qui [...] rend caduques [...] les références à l'ordre organique qui [...] tiennent lieu de méthode expérimentale à toute une tradition médicale[41] ». Comment ne pas entendre dans ces mots un plaidoyer contre le si souvent cité et quasi sanctifié « ordre symbolique », dont la tyrannie n'a d'égal que l'aspect indépassable justifié par son inscription dans une immanence qui, si elle se positionne du côté de la culture, ne manque pas d'évoquer le naturel, voire le divin ?

Lien de filiation, parenté et parentalité

Cette démarche novatrice – celle qui consiste à s'éloigner d'un modèle figé (la famille) afin de le penser plutôt comme le rassemblement de sous-parties mobiles entre elles (les individus qui la composent) –, clairement discernable dans la dynamique freudienne et évidente dans sa lecture lacanienne (celle de l'article sur les complexes familiaux), se retrouve également dans les travaux de Claude Lévi-Strauss au sein de ce que l'on appelle l'« anthropologie structurale ».

Mais, avant de rentrer plus en détail dans l'apport de Claude Lévi-Strauss et, dans sa lignée, de Françoise Héritier à notre réflexion, quelques définitions doivent ici être posées. Nous nous intéressons, à ce stade de notre recherche, à

40. J. Lacan, « Le complexe, facteur concret de la psychologie familiale », art. cit., p. 8'40-16. On reste songeur quand on voit tant de psychanalystes « lacaniens » promettre l'apocalypse lorsque est évoquée la question homoparentale. Voir *infra*, p. 227 et suivantes.

41. *Ibid.*, p. 8'40-12.

l'anthropologie afin de confirmer qu'il existe un modèle plus opérant pour penser la famille : l'anthropologie nous invite en effet, comme la psychanalyse (à travers le complexe d'Œdipe), à penser la famille en termes de liens tissés entre les individus qui la composent. Parmi ces liens, il en est un qui est essentiel car il définit justement ce qui lie un individu à un autre au sein d'une société : il s'agit du *lien de filiation*[42].

Le lien de filiation permet de distinguer des groupes au sein d'une société donnée. Un individu, en fonction des règles de la société dans laquelle il vit, appartient ainsi à tel ou tel groupe et voit ses relations avec les membres des autres groupes et du sien propre réglementées, notamment au niveau de l'autorisation des rapports sexuels. Ces groupes déterminent, d'une certaine façon, des entités familiales. Si la filiation est extrêmement variable d'une société à une autre, on observe que le lien de filiation, lui, est toujours circonscrit, défini et reconnu comme tel. La filiation peut être par exemple bilatérale quand l'individu est apparenté de la même manière à ses père et mère, à ses quatre grands-parents et à ses huit arrière-grands-parents : c'est le cas dans nos sociétés occidentales. Elle peut aussi être unilinéaire : soit patrilinéaire si la transmission s'effectue de père en fils, soit matrilinéaire si elle se fait de mère en fille. Dans ce dernier cas, les fils d'une femme appartiendront au groupe de cette femme mais leurs fils à eux appartiendront au groupe de leur mère. Notons bien que cela n'est pas synonyme d'un pouvoir accordé aux

42. Françoise Héritier explique ainsi que « les systèmes de filiation consacrent l'appartenance à un groupe socialement défini ». F. Héritier-Augé, « La cuisse de Jupiter : réflexions sur les nouveaux modes de procréation », *L'Homme*, vol. 94, n° XXV (2), avril-juin 1985, p. 5-22. Ce qui peut se dire autrement : « La filiation est la règle sociale qui définit l'appartenance d'un individu à un groupe. » F. Héritier, *Masculin, féminin : la pensée de la différence*, Paris, Odile Jacob, 1996, p. 44.

femmes, il s'agit simplement de la définition du lien de filiation, celui qui détermine à quel groupe (celui du père ou, ici, celui de la mère) appartient l'individu : dans ces sociétés matriarcales, comme le remarquait Malinowski, c'est souvent l'oncle maternel qui domine socialement. Il existe enfin des filiations bilinéaires où, suivant ce qui est transmis (le lien de filiation détermine le plus souvent l'appartenance au groupe mais peut aussi dicter les règles de la transmission du patrimoine, du statut social, etc.), le lien de transmission passe soit par le père, soit par la mère.

Indépendamment de la forme de la filiation, on remarque que ce lien de filiation n'est qu'exceptionnellement, au regard de l'étendue des sociétés humaines, superposable à l'engendrement biologique ou à la procréation : il existe en effet une « dissociation entre la “vérité biologique de l'engendrement” et la filiation[43] ». Ce point est essentiel car il explique pourquoi, dans la plupart des sociétés, l'engendrement et la parenté sont deux choses distinctes. De la même façon, quand on parle de père et de mère, et donc d'un individu masculin ou féminin, il faut différencier ce qui est le sexe biologique de ce qui est le sexe social[44], lesquels, bien souvent, sont loin de se recouper : bon nombre de sociétés dissocient ainsi le sexe biologique du genre dans la genèse des liens de filiation. Cette dissociation est un argument supplémentaire pour démontrer que ce que l'on croit relever de la nature relève bien souvent de la culture. Handman donne un exemple tout à fait étonnant tiré des

43. A. Cadoret, « La filiation des anthropologues face à l'homoparentalité », *in* D. Borrillo, E. Fassin, M. Iacub, *Au-delà du PaCS*, *op. cit.* Françoise Héritier insiste également sur le fait que « la consanguinité n'est dans les sociétés humaines qu'une relation socialement reconnue et non biologique » et que « le social n'est pas réductible au biologique ». F. Héritier, *Masculin, féminin*, *op. cit.*

44. Voir les développements sur la question du genre dans l'acte II, p. 116.

travaux d'Evans-Pritchard, celui des Nuers, une société africaine (Soudan) où il existe un mariage entre femmes (au sens biologique du terme)[45] : une femme riche et stérile peut payer une compensation matrimoniale pour avoir une épouse. Elle sera considérée comme un homme (au sens social du terme, cette fois-ci), la reproduction sera assurée grâce à un serviteur mâle (par un rapport sexuel avec l'épouse féconde) qui n'aura aucun droit sur les enfants. Ces enfants seront dits « descendants » de cette femme stérile (dite « mari »), qu'ils appelleront « père ». Ainsi un lien de filiation unit ces enfants à cette femme sans qu'elle ait jamais participé à leur engendrement. Un autre exemple de ce genre, toujours tiré des travaux d'Evans-Pritchard, nous est offert par les royaumes Azandé du Sud-Soudan avant l'arrivée des colonialistes européens : les guerriers célibataires de la cour pouvaient officiellement prendre pour femme un jeune homme en versant à ses parents une compensation matrimoniale. Ce jeune garçon prenait alors le statut de femme, avec toutes les activités qui incombaient alors à celle-ci, en attendant que son mari contracte un mariage avec une femme (au sens biologique du terme)[46]. Un troisième exemple, que Françoise Héritier relie à la pratique des mères porteuses avec rétribution, est celui des riches commerçantes ekiti, sous-groupe yorouba (Nigeria)[47] : ces femmes non stériles se procurent des épouses en échange de compensations matrimoniales et sont ainsi considérées comme des époux. Elles (les femmes-époux) envoient le plus souvent leurs épouses commercer pour elles (pour eux,

45. M.E. Handman, « Sexualité et famille : approche anthropologique », *in* D. Borrillo, E. Fassin, M. Iacub, *Au-delà du PaCS, op. cit.* Cet exemple est également cité par Françoise Héritier-Augé dans son article sur les nouveaux modes de procréation (« La cuisse de Jupiter », art. cit.)

46. N.C. Mathieu, « Anthropologie et "homosexualités" », in *Homoparentalités : état des lieux, op. cit.*

47. F. Héritier-Augé, « La cuisse de Jupiter », art. cit.

pourrait-on dire), tout en leur permettant de se mettre en ménage avec des hommes (au sens biologique du terme), et même d'avoir des enfants de ces unions. L'époux-femme peut alors, après la naissance des enfants, exiger, eu égard aux compensations qu'il a versées, le retour de son épouse et des enfants qui deviendront, de fait, les siens. Si le père biologique qui a été « dupé » veut garder ses enfants biologiques, il doit en contrepartie verser une compensation à la riche commerçante.

Si nous avons relevé, dans ces exemples illustrant le large spectre de l'expressivité du lien de filiation, des cas où le père et la mère sont de même sexe biologique, c'est moins pour faire un parallèle avec l'homoparentalité telle qu'elle émerge dans nos sociétés que pour insister sur la différence entre le lien de filiation et l'engendrement biologique dans une société donnée, engendrement biologique forcément impossible en dehors de la rencontre d'un ovule et d'un spermatozoïde en l'état actuel des connaissances médicales – sauf à considérer le problème du clonage, mais nous y reviendrons.

Nous pouvons à présent définir la *parenté* comme l'état entre deux individus liés par ce lien de filiation[48], ce qui les fait parents l'un de l'autre, c'est-à-dire appartenant au même groupe – que l'on peut entendre au sens d'une entité familiale. Dans notre société, par exemple, c'est parce qu'un homme est marié à une femme qui accouche d'un enfant qu'il devient parent, père en l'occurrence, de ce dernier, qu'il en soit ou non le père biologique. C'est le lien de filiation qui unit l'enfant et le mari de sa mère, que celui-ci soit ou non son géniteur, qui fait que le système de parenté institue ce dernier comme père. Notons

48. « Les systèmes de parenté déterminent la façon dont nous classons et dénommons nos parents consanguins et alliés ». *Ibid.*, p. 6.

en effet que le mariage est, dans notre société, la référence en matière de filiation, ne serait-ce que parce que, dans le cadre bien précis de cette union tel qu'énoncé dans la loi, la filiation légitime est indivisible et qu'il y a une présomption de paternité.

Nous pourrions, pour expliquer le lien qui existe entre un enfant et un adulte, distinguer entre une parenté que l'on qualifierait de « biologique » (que l'on appellera plutôt *engendrement*) et une parenté sociale (qui serait, comme nous venons de le voir, l'état entre deux individus créé par le lien de filiation : c'est à celle-ci que l'on applique le terme générique *parenté*). Il suffirait alors d'envisager chaque situation en analysant celles où la parenté biologique et la parenté sociale se recoupent (par exemple la naissance après un rapport sexuel fécondant dans le mariage, où la filiation sera dite « légitime ») et celles où ces deux types de parenté sont distincts (par exemple l'adoption d'un enfant par un couple marié, où la filiation sera dite « légitime » mais « élective »). Mais si la parenté est l'état en relation avec le lien de filiation que nous venons de décrire, les rapports entre le parent et son enfant ne se limitent pas à la définition de leurs positionnements sociaux réciproques : ils comprennent aussi une mise en pratique de cet état, c'est-à-dire « l'exercice de la fonction parentale de cette situation d'éducation et de responsabilité de l'enfant, faite d'injonctions répétées et de complicités partagées[49] ». C'est autour de cette idée qu'a été créé par les sociologues le terme *parentalité* afin d'exprimer l'exercice de la fonction parentale, et notamment ce qui la différencie de la parenté, qui est, comme nous l'avons déjà dit, l'état d'être parent au sens anthropologique : la parentalité est ce quotidien qui se tisse autour de la parenté.

49. A. Cadoret, art. cit.

Précisons encore une fois que la parentalité n'est pas synonyme de parenté sociale : si la parenté sociale (la parenté) et la parenté biologique (l'engendrement) créent un état entre deux individus, la parentalité, elle, est la réalité de cet état de vie de tous les jours. Il est d'ailleurs plus clair d'abandonner les termes « parenté sociale » ou « biologique » pour ne garder que les trois notions d'engendrement, de parenté et de parentalité.

Compte tenu de la complexité de définition des liens existant entre une personne homosexuelle et son enfant, les modes de parenté comme d'engendrement étant extrêmement variés, le terme « parentalité » a semblé plus adéquat aux fondateurs du néologisme *homoparentalité*, effectivement plus pertinent qu'« homoparenté », par exemple.

L'échange des femmes

Maintenant que ces définitions sont posées, revenons à Claude Lévi-Strauss. Il se démarque des théories réductionnistes et simplistes de l'anthropologie de l'époque en opposant deux visions extrêmes, qu'il récuse : « Après avoir affirmé, pendant environ cinquante ans, que la famille, telle que la connaissent les sociétés modernes, ne pouvait être qu'un développement récent, résultat d'une longue et lente évolution, les anthropologues penchent maintenant vers la conviction opposée, à savoir que la famille, reposant sur l'union plus ou moins durable et socialement approuvée d'un homme, d'une femme et de leurs enfants, est un phénomène universel présent dans tous les types de sociétés[50]. » Remarquant qu'il semble-

50. C. Lévi-Strauss, « La famille », art. cit. Cet article a paru initialement dans H.L. Shapiro (dir.), *Man, Culture and Society*, New York, Oxford University Press, 1956, p. 261-285.

rait exister des sociétés refusant de reconnaître la famille comme une entité sociale en tant que telle, il avance une idée originale qui consiste, plutôt qu'à s'appesantir sur l'existence ou non de l'entité familiale en elle-même, à individualiser des structures élémentaires dans ces « unions socialement approuvées[51] ». Il s'agit de notions toutes simples, invariantes, et qui permettent de comprendre les liens tissés entre les différents individus d'une communauté humaine, à savoir les liens d'échange et de réciprocité. Ces structures inhérentes à toute vie sociale imposent des contraintes sévères aux individus, essentiellement en fonction de leur appartenance à tel ou tel groupe (à telle ou telle famille), ce qui, « toujours et partout, rend certains types d'union sexuelle impossibles ou à tout le moins condamnables[52] ».

Dans ces règles imposées au fonctionnement des individus dans la société, les femmes tiennent une place importante puisque Lévi-Strauss pense qu'elles sont une monnaie d'échange entre les hommes, ce qui permet des circuits de rentabilité favorisant les alliances. C'est de cette façon que s'organise le tissu social. Un groupe n'est lié à un autre (on pourrait dire, d'une certaine façon, qu'il ne communique avec un autre) qu'à travers l'échange des femmes. Celles-ci sont les maillons vivants du tissu social composé de multitudes de groupes (de clans,

51. Il s'agit du titre de sa thèse publiée en 1949, première pierre fondatrice de son système de pensée, *Les Structures élémentaires de la parenté*, La Haye, Mouton & Cie, 1967. On trouvera une étude tout à fait complète de l'aspect « structuraliste » des travaux de Claude Lévi-Strauss dans le livre de M. Marc-Lipianski, *Le Structuralisme de Lévi-Strauss*, Paris, Payot, coll. « Bibliothèque scientifique », 1973. Voir notamment le passage sur les sources du structuralisme de Lévi-Strauss, les « trois maîtresses » que sont la géologie, le marxisme et la psychanalyse, p. 16-17. Une présentation synthétique des structures élémentaires de la parenté se trouve dans l'article de Lévi-Strauss « La famille », art. cit., p. 123-129.

52. C. Lévi-Strauss, « La famille », art. cit., p. 116.

de familles). La prohibition de l'inceste[53], qui est universelle, n'est en somme que l'expression négative de ces structures élémentaires, elle en est la face visible. Le système d'échange des femmes ne peut tenir qu'à partir du moment où celles-ci ne sont pas accessibles aux hommes vivant près d'elles : c'est parce qu'elles leur sont interdites que les hommes d'un clan laissent partir leurs femmes avec des hommes d'un autre clan. Et c'est grâce à ce renoncement qu'une ouverture basée sur l'échange avec les clans extérieurs est possible : la femme est donc vraiment considérée comme une monnaie d'échange qui permet la création de liens entre les clans (au même titre qu'un renne, par exemple) ; elle « n'est autre qu'un des cadeaux, le suprême cadeau, parmi ceux qui peuvent s'obtenir seulement par don réciproque[54] ».

Ces structures élémentaires sont indispensables à l'existence, à la consistance d'une civilisation. Je propose ici un exemple qui montre pourquoi, pour Lévi-Strauss, la société est une entité culturelle (par opposition au naturel). L'aspect culturel est signé par l'échange des femmes, qui établit la communication entre deux groupes aussi refermés sur eux-mêmes l'un que l'autre et qui, tout en les empêchant de dépérir, leur permet d'évoluer dans le cadre d'une civilisation. Prenons un individu mâle que l'on nommera Ego[55]. Ego a un père et une mère, et les enfants issus de son père et de sa mère, ceux que l'on appelle habituellement dans notre société ses frères et sœurs, sont nommés les germains (*siblings* en anglais, les enfants des

53. Françoise Héritier note que, pour Lévi-Strauss, les trois piliers de la construction d'une société sont la prohibition de l'inceste, la répartition sexuelle des tâches et une forme reconnue d'union sexuelle. C'est dans ce trépied que s'inscrit le système d'échange des femmes. F. Héritier, *Masculin, féminin*, *op. cit.*, p. 24.

54. C. Lévi-Strauss, *Les Structures élémentaires de la parenté*, *op. cit.*, p. 76.

55. *Ibid.*, p. 155-168.

deux sexes nés des mêmes père et mère). Considérons la sœur de son père : ce dernier la donne à un homme n'appartenant pas au groupe. Imaginons maintenant qu'une fille naisse de cette union : elle sera dite, pour Ego, cousine croisée (car issue de la sœur du père). Celle-ci pourra selon Lévi-Strauss créer une union avec Ego. Pourquoi ? Parce que, le père d'Ego ayant donné sa sœur à un clan extérieur, *en échange*, ce clan peut rendre une fille en la donnant à Ego. Prenons maintenant le cas où le père d'Ego a un frère qui fonde une union avec une femme d'un autre clan ; s'ils ont une fille (qui est dite cousine parallèle d'Ego car issue du frère du père), celle-ci ne pourra pas épouser Ego car il n'y a pas eu d'échange en amont (le père d'Ego n'a pas donné de femme à un autre clan, c'est un autre clan qui a donné une femme au frère du père d'Ego). L'épouser reviendrait à recevoir sans avoir donné ! Ce n'est que dans le premier cas, celui de l'union d'Ego avec sa cousine croisée par l'échange des femmes (la sœur du père d'Ego avec un homme d'un autre clan contre la fille de cette sœur et de cet homme étranger avec Ego), que se structurent les liens qui unissent ces deux clans, ces deux entités familiales, pour aboutir à une nouvelle enceinte familiale.

D'une certaine manière, il est possible de repérer dans cette analyse de Lévi-Strauss une dimension de la vision freudienne de l'aspect « liant » de l'œdipe et de son universalité dans la famille. On peut se permettre ce parallèle si l'on considère que Lévi-Strauss opère un déplacement en définissant la famille non plus comme une entité existant en soi ou une entité fixée, mais bien comme le lieu où se développent ces systèmes de filiation et de parenté, ces structures élémentaires de la parenté, qui ne sont rien d'autre que ce qui lie les individus entre eux au sein d'une société : « Quelle que soit la formulation qu'on adopte, la même conclusion s'impose : la famille restreinte n'est pas l'élément constitutif du groupe social, et elle n'en résulte pas non plus [...]. On aurait tort de croire qu'elles [les familles restreintes] le [le groupe social] composent à la façon d'une brique dont l'empilement constitue l'édifice. Ce rapport est plutôt dynamique[56]. » Ainsi, l'œdipe tel que Freud l'entendait ne serait qu'une image particulière inventée pour exprimer la fonction symbolique qui structure inconsciemment les liens entre tous les individus d'une société et qui assure la contingence de celle-ci. Le complexe d'Œdipe indique la forme que prennent ces structures élémentaires dans la Vienne de la fin du XIXe et du début du XXe siècle. S'il exprime un invariant, il faut chercher cet universel non pas dans la société qu'il propose (un père-une mère-un enfant), mais bien dans ce dont il est une image dans un temps et un lieu donnés, à savoir l'existence de liens entre les êtres humains, liens qui sont indispensables à leur vie en communauté : ce n'est pas le modèle qui est universel, c'est ce qu'il illustre.

La « différence des sexes »

C'est dans ce cadre anthropologique structural, et à la suite de Lévi-Strauss auquel elle a succédé à la tête du Laboratoire d'anthropologie sociale à l'EHESS, que la position de Françoise Héritier nous intéresse pour notre parcours. Ses travaux prolongent ceux du père de l'anthropologie moderne sur les systèmes de parenté mais elle s'est intéressée, notamment à travers l'étude des Samos du Burkina Faso et des systèmes amérindiens crow

56. C. Lévi-Strauss, « La famille », art. cit., p. 129-130.

et omaha[57], aux structures semi-complexes de parenté. Les systèmes élémentaires de la parenté sont, comme nous venons de le voir, ceux où les hommes se marient en échangeant leurs sœurs, ou encore les systèmes de mariages entre cousins croisés ; le choix des conjoints est très réglementé, la personne avec laquelle un individu doit s'unir étant parfaitement identifiée. Les systèmes complexes, eux, sont beaucoup plus libres quant au choix du conjoint (en dehors de la prohibition de l'inceste, bien sûr). Les systèmes semi-complexes se situent entre les deux : les individus ne sont pas tenus d'épouser tel ou tel individu mais sont cependant soumis à des prohibitions qui peuvent être très contraignantes concernant ceux avec qui ils ne doivent pas s'unir.

Revenons à Ego : pour Lévi-Strauss, il peut épouser sa cousine croisée à cause des règles dictées par le système d'échange des femmes. Si l'on en croit Françoise Héritier, Lévi-Strauss inscrit ce dernier dans un trépied théorique qui est pour lui fondateur du social. Le premier pied est la prohibition de l'inceste, mais nous en avons déjà parlé. Le deuxième est la répartition sexuelle des tâches qui permet de déterminer le masculin et le féminin, et qui peut donc être une monnaie d'échange. Le troisième est la présence d'une forme reconnue d'union sexuelle qui détermine les modalités de l'échange, un mariage, par exemple. Dans le cas d'Ego, c'est parce que le père a donné sa sœur à une autre famille que son fils (Ego) peut recevoir sa cousine croisée (la fille de la sœur de son père) de la part de cette autre famille. Françoise Héritier donne, elle, une lecture

57. Dans ces deux sociétés, la filiation est de type unilinéaire, matrilinéaire dans le cas crow et patrilinéaire dans le cas omaha : c'est sur leur étude et sur leur comparaison que Françoise Héritier assoit son interprétation de la parenté. F. Héritier, *L'Exercice de la parenté*, Paris, Seuil, 1981.

différente de cette union possible entre Ego et sa cousine croisée, interprétation qui s'éloigne sensiblement de la notion des systèmes d'échange[58]. Pour elle, cette union est possible car la cousine croisée (issue de la sœur du père d'Ego ou du frère de sa mère) est *fondamentalement* éloignée d'Ego, ce qui écarte tout risque d'inceste[59]. En quoi cette cousine est-elle plus éloignée d'Ego que, par exemple, la cousine parallèle (issue du frère du père ou de la sœur de la mère) ? C'est pour Françoise Héritier une constante : dans aucune société les enfants issus de l'union que contractent, chacun de son côté, un frère et une sœur ne sont plus consanguins (plus proches) que ceux issus de l'union que contractent, chacun de son côté, deux frères ou deux sœurs. Ce qui revient à dire que ses cousines croisées sont toujours plus éloignées, ou moins consanguines, d'Ego que ses cousines parallèles. Sachant, prohibition de l'inceste oblige, qu'une union n'est concevable que si les individus concernés ne sont pas trop consanguins ou trop proches, jamais, dans une société donnée, l'union entre Ego et une cousine parallèle ne sera acceptée si celle entre Ego et une cousine croisée est interdite.

Cette réalité est pour Françoise Héritier capitale[60]. C'est parce qu'il existe entre le frère et la sœur une asymétrie qui n'existe pas entre deux frères ou deux sœurs que l'enfant issu du frère du père a un statut différent de

58. F. Héritier, *Masculin, féminin, op. cit.*, p. 42-43.

59. F. Héritier, *L'Exercice de la parenté, op. cit.*, p. 46-47.

60. Françoise Héritier a donné une présentation synthétique de son point de vue lors d'une conférence devant un parterre de psychiatres : F. Héritier-Augé, « Parenté et filiation : aspects anthropologiques », *L'Information psychiatrique*, n° 5, 1989, p. 455-474. Citons également son article désormais classique, « La cuisse de Jupiter », art. cit. Ses dernières réflexions sont développées dans une interview : F. Héritier, « Privilège de la féminité et domination masculine », *in* « L'un et l'autre sexe », *Esprit*, mars-avril 2001, p. 77-96.

celui issu de la sœur du père : c'est la « différence des sexes » qui est fondatrice de l'ensemble des prohibitions à venir [61]. Elle ajoute ainsi au trépied de Lévi-Strauss que nous venons de décrire un quatrième point d'appui : la *valence différentielle des sexes.* Héritier, grâce à trois données qu'elle considère comme essentielles dans l'ordre social et symbolique – la « différence des sexes » qui distingue le masculin du féminin, la « différence des générations » qui ordonne l'arrivée des enfants après celle des parents, et la « différence de place dans la fratrie » qui différencie par exemple l'aîné du cadet –, recense de façon mathématique toutes les combinaisons logiques des types familiaux qui pourraient exister en théorie [62]. Si de multiples combinaisons théoriques sont possibles (mais forcément en nombre fini), elle note néanmoins qu'une configuration n'existe jamais, « celle où le frère de la mère et le père seraient désignés par le même terme [63] ». Elle voit dans cette inégalité de statut, due aux rapports différents qu'ont ces deux hommes avec cette femme (être son frère ou être son mari) et que l'on retrouve dans toute société, « une différence irréductible des sexes [64] » qui confirme que la valence différentielle des sexes est universelle et même indispensable à toute compréhension de la

61. Lévi-Strauss reconnaissait l'importance de la « différence des sexes » même s'il relativisait ce fait, notamment en reprenant l'exemple de la femme riche africaine qui peut prendre une femme pour épouse : « La dualité des sexes nous semble être une condition essentielle du mariage et de la fondation d'une famille. Mais, dans plusieurs régions d'Afrique, des femmes de haut rang étaient autorisées à épouser d'autres femmes que des amants masculins non reconnus rendaient grosses, la femme noble ayant le droit de devenir le "père" de ses enfants et de leur transmettre, selon la règle patrilinéaire en vigueur, son nom, son rang et ses biens. » C. Lévi-Strauss, « La famille », art. cit., p. 113.

62. F. Héritier, *L'Exercice de la parenté, op. cit.*, p. 16-17.

63. F. Héritier, *Masculin, féminin, op. cit.*, p. 58.

64. *Ibid.*, p. 19. L'inégalité est bien entendu au profit du mari.

construction du social : « inscrite dans la structure profonde du social qui est le champ de la parenté[65] », elle est un universel avec lequel les sociétés ont dû se « débrouiller ». Voilà pourquoi les sociétés humaines, en dépit du nombre de combinaisons logiques et théoriques possibles et compte tenu du poids de cette donnée, n'ont pu combiner les types familiaux que de certaines façons déterminées.

Cette introduction de la « différence des sexes » dans l'universel semble nous ramener à des structures inamovibles (qui sont autant de piliers, de lois, etc.), à des grillages aliénants qui n'offrent aucune issue. Bien que Françoise Héritier reste ambiguë dans la description de cet ordre structurel si rigide et qu'elle aimerait voir plus flexible, elle propose de lutter pour « trouver le levier qui permettrait de faire sauter ces associations », insistant notamment sur la possibilité d'accéder à une égalité des sexes qu'elle semble avoir du mal à conceptualiser en tant que telle[66]. Quoi qu'il en soit, cette valence différentielle des sexes est pour elle l'origine de la prise de conscience du rapport identité/différence : « L'un des premiers ancrages symboliques de la pensée symbolique de l'humanité se donne sous la forme d'une classification dualiste de choses identiques en choses différentes [...], la distinction du masculin et du féminin comme constante biologique, l'alternance du jour et de la nuit comme

65. *Ibid.*, p. 25.

66. *Ibid.*, p. 29. Cette ambiguïté, qui traduit la difficulté (et le courage) de situer et de repérer la limite (l'origine d'une solution de continuité) qui existerait entre le culturel et le naturel, d'un point de vue non pas tant chronologique que conceptuel, se retrouve également en ce qui concerne le mode de filiation lui-même : « S'il est possible de raffiner les formes de familles, on ne peut inventer de nouveaux modes de filiation », affirme Héritier. La structure rigide et tyrannique n'est, comme on peut le voir, pas très loin. F. Héritier-Augé, « La cuisse de Jupiter », art. cit., p. 5.

constante cosmologique[67]. » Mais, ajoute-t-elle, cette « différence des sexes » ne suffit pas à fonder l'« ordre symbolique », elle s'accompagne toujours d'une hiérarchisation en faveur d'une domination du masculin : même dans une société matriarcale, la domination du masculin « reprend son droit » par le système avunculaire, c'est-à-dire à travers l'oncle. Héritier explique cette inégalité par le fait que les femmes possèdent un bien rare, celui de pouvoir engendrer des fils, autrement dit de pouvoir, en étant du féminin, fabriquer du masculin. L'homme, ayant pris conscience de cette force (faire du différent avec du même), a dépossédé la femme en en faisant un moyen de procréation. La « différence des sexes », dans cette optique, et en particulier les notions de domination masculine et de statut de la femme, ne s'explique pas, comme le faisait Freud, en tant que la femme n'a pas ce qu'a l'homme (le phallus), mais, de façon plus « positive », en tant qu'elle possède au contraire quelque chose que l'homme lui envie depuis la nuit des temps : la capacité, par son corps uniquement féminin, de pouvoir procréer et surtout de pouvoir créer des individus des deux sexes.

Françoise Héritier inscrit donc les fondements des lois qui régissent la filiation dans une donnée universelle, la « différence des sexes », avec une hiérarchisation secondaire en faveur du masculin. Elle pose par là un irréductible, celui du biologique : « L'inscription dans le biologique est nécessaire mais sans qu'il y ait une traduction unique et universelle de ces données élémentaires[68]. » Bien qu'elle se dise elle-même « matérialiste », en ce sens qu'elle veille à ne pas faire la confusion entre le culturel et le naturel, le

67. F. Héritier, « Privilège de la féminité et domination masculine », art. cit., p. 83.

68. F. Héritier, *Masculin, féminin, op. cit.*, p. 22. Ses réflexions sur le corps, le sang et les humeurs en général sont autant de passages nécessaires pour cette théorisation.

fait d'inscrire cette différence du masculin et du féminin entendus comme entités sociales – les hommes (et leur domination) et les femmes (et leur capacité à faire de l'autre avec le même) –, le fait donc d'inscrire cette « différence des sexes » symbolique dans la différence biologique – naturelle – qui existe entre les deux sexes (l'utérus permet de porter un enfant et le pénis, par les spermatozoïdes, permet de féconder le vagin, où il y a rencontre avec les ovules) ne doit pas nous abuser ni servir de justificatif sur le mode : « puisque l'on a trouvé un lien à la frontière du naturel et du culturel, une sorte de chaînon manquant qui les relie, à savoir ici la "différence des sexes", alors ce culturel est universel, tout comme l'est la nature ». Mais la véritable question philosophique sur laquelle est faite l'impasse est celle de savoir si l'on est aussi sûr qu'on voudrait bien le croire que ce qui est naturel est forcément universel !

De l'intérêt de ne pas figer la famille

Nous sommes partis de l'idée souvent mise en avant que la famille est une entité *en soi* pour nous rendre compte progressivement, au travers d'une brève histoire de son évolution, qu'une telle définition procédait d'un présupposé, celui de la vouloir effectivement *en soi.* La psychanalyse et l'anthropologie, en confirmant ce constat, nous ont aidés à la penser autrement, c'est-à-dire de l'intérieur, comme le lieu où se tissent des liens constamment en évolution, en mouvement, se faisant et se défaisant, unissant les individus qui la composent. En ce sens, la tant invoquée référence nécessaire au développement de l'enfant qui serait contenue dans ce que sont ses parents dans la réalité, cette référence n'est à coup sûr pas garantie par un positionnement rigide des membres du couple parental (notamment la stabilité de la différence des sexes biologiques – le fameux « il faut un papa et une maman »), mais repose plutôt sur la stabilité suffisante des *liens* qui associent cet enfant à ses parents et ces parents à leur enfant. C'est penser cette *stabilité référentielle* prenant ses racines dans le *mouvement liant* qui semble le plus opérant et le moins enfermant pour concevoir la famille. Mais, dans ces théorisations autant anthropologiques que psychanalytiques, ces liens (et les rapports qu'ils instituent entre les individus) sont soumis à des règles, à des universalisations, et le risque de tomber dans une structure rigide resurgit. Si le *complexe* (celui d'Œdipe, notamment) devient un squelette fixe et rigide, si les *structures de la parenté* sont posées « comme ça et pas autrement », alors l'avantage que nous y avions trouvé fond comme neige au soleil : le passage de la *fonction* symbolique, si riche, à l'*ordre* symbolique, qui, en lieu et place d'une mobilité possible remplie de vie, laisse une statue morte figée par le regard de Méduse, s'opère comme si de rien n'était. Une lecture trop enfermée dans un structuralisme « verrouillé » des difficiles et dangereuses tentatives de lier le culturel au naturel – tentative lacanienne qui poursuit celle de Freud et tentative héritiérienne qui poursuit celle de Lévi-Strauss – résumera de façon grossière ces pensées complexes – théorisations qui traversent de part en part l'ouvert et le fermé, le mobile et le figé, le construit et l'essentiel – dans le vocable si pauvre d'« ordre symbolique[69] ». Il n'est pas ici question de nier toute implication de ces liens dans un ordre forcément nécessaire : le corps a besoin d'un squelette pour le porter. Il est plutôt question d'affirmer que l'ordre n'est pas néces-

69. « Ordre » entendu, dans cette expression toute faite, davantage dans le sens d'une prescription morale que dans celui de « règne ». Voir sur ce point l'analyse de Gilles Deleuze, *infra*, p. 211.

sairement une fixation morbide irréductible (une suite d'éléments figés dans une chaîne rouillée) : le propre du symbolique est de mettre en mouvement, de lier un signifiant à un autre, de les faire palpiter, vivre ; je ne pense pas que l'on inscrive réellement un sujet dans son histoire si on le fige à une place d'où il ne lui est possible ni de se remettre en question, ni de se situer, ni même de la quitter s'il le souhaite. Un modèle peut certes servir de repère, mais le repère ne passe pas systématiquement par un assujettissement au modèle, il ne lui est pas réductible.

De nombreux travaux beaucoup plus érudits, émanant de « spécialistes » de la famille et de la parenté, anthropologues ou psychanalystes, seraient probablement plus pertinents et plus précis dans cette étude. Ce que je tente de dénoncer par ces quelques *repères*, c'est l'imposture intellectuelle et politique qui consiste à vouloir imposer un modèle comme *le* modèle indiscutable tout en se défendant de le faire de façon arbitraire et ontologique, voire divine (« c'est Dieu qui l'a fait et voulu comme ça »), en objectant et en mettant sous le nez des critiques « trop progressistes » un raisonnement inspiré de la clinique et de l'observation ; ce raisonnement ne fait en réalité que revenir, par un égarement systématique, à une origine *préjugée* et figée, un peu comme un court-circuit dialectique. Dès lors, serait-il impossible de penser la famille autrement que comme une entité figée, construite et violentant les individus ? Si c'est le cas, et pour en revenir à notre question de départ, comment les homosexuels pourraient-ils s'inscrire dans ce modèle de famille ?

Aura-t-il fallu attendre ce que d'aucuns nomment un « bouleversement » de cet ordre immanent, et qui n'est en fin de compte qu'un avatar peut-être plus évident, plus visible que les autres, pour remettre en question ces dérives conservatrices ? Je veux parler des lois sur la réforme du divorce en 1975 (instaurant le divorce par consentement mutuel), de celles sur l'avortement, ainsi que de celles dites de « bioéthique » en 1994 ; je veux parler de la découverte des contraceptifs permettant à la femme de disposer de son corps d'une manière nouvelle, le rapport sexuel avec l'homme n'étant plus nécessairement fécondant ; je veux parler de la possibilité d'avoir des enfants malgré la stérilité (ou tout au moins certaines formes de stérilité), du fait que le début d'une grossesse puisse ne pas nécessairement aboutir à la naissance d'un enfant ; et je veux bien sûr parler de l'émergence de l'homoparentalité. Autant de changements qui, plutôt qu'une révolution fondamentale dans un ordre séculaire, pourraient traduire cette idée : le cadre familial en dehors de la liaison potentiellement fécondante et légalement reconnue entre un homme et une femme s'impose comme une évidence.

Le corollaire de l'analyse de ces configurations nouvelles, souvent perçues comme un ébranlement, est naturellement en rapport avec les revendications féministes et la remise en question de la domination masculine. Tous les exemples que nous venons de présenter ont en effet en commun de relativiser la position du masculin et du féminin, tant au niveau d'une différence originelle qu'à celui d'une hiérarchisation secondairement instituée. On comprend en quoi les positions de ceux qui défendent l'aspect fondateur de la « différence des sexes » et de la domination masculine peuvent être utilisées dans la réflexion sur l'homoparentalité par ses détracteurs (comme elles ont pu l'être pour tout ce qui touchait à la « différence des sexes », du travail des femmes à la contraception en passant par « l'homme à la maison »), surtout si l'on définit l'homosexualité comme l'amour pour le même, c'est-à-dire le refus de l'altérité.

Mais l'homosexuel, « anormal » au sens foucaldien du terme – dans la mesure où il résiste à rentrer dans la norme en s'obstinant à se lier avec le même sexe (biologique) alors que cette norme dicte la « différence des sexes » comme base culturelle/naturelle irréductible –, comment pourra-t-il acquérir ce qu'il est en droit d'exiger, à savoir être intégré dans ladite norme tout en restant ce qu'il est ? Par la force d'une loi imposée à la majorité, peut-être contre son gré (on pensera ici à la loi sur l'avortement pour les femmes ou au Pacs pour la reconnaissance du couple homosexuel) – attitude qui solutionnera une flagrante injustice –, ou par la validation légale d'un fait social de plus en plus prégnant (la reconnaissance des couples non mariés et de leurs enfants à une époque, celle des enfants élevés ou conçus par des homosexuels aujourd'hui) ?

Définir la famille comme le lieu de l'altérité sexuelle, de l'« ordre symbolique » fondé sur la « différence des sexes » – en posant que cette différenciation des sexes est celle de l'homme et de la femme biologiquement et organiquement différents –, c'est refuser de la remettre constamment en question et risquer de s'embourber, une fois de plus, dans une vision figée et rigide de la famille.

Et c'est bien évidemment répondre par la négative à la question de départ : « Non, l'homosexuel ne *peut* pas fonder une famille. Non, il ne *doit* pas élever des enfants. » Il est d'emblée exclu du jeu. Les homosexuels qui voudraient lutter contre cet exil, cette excommunication de l'enceinte familiale, auront alors le choix entre deux positions : crier haut et fort, comme par bravade, que la famille n'existe pas, pas plus la famille « nucléaire » que la famille « homoparentale », ou alors affirmer que tous les types de famille existent, qu'il suffit pour s'en convaincre de regarder autour de soi, et qu'après tout la famille ne prend son sens qu'avec l'épithète qui la qualifie – nucléaire, élargie, monoparentale, homoparentale, stable ou « tuyau de poêle ». Dans cet ordre d'idées, on pourrait songer à modifier la définition de l'homosexualité pour la faire entrer de force dans le cadre de la famille : « Oui, nous avons accès à l'altérité. Non, nous n'aimons pas le même. Alors ouvrez-nous les portes de la famille ! » Ou l'on pourrait au contraire s'écrier : « Familles, je vous hais ! » N'y a-t-il que deux options, changer la définition de la famille ou changer la définition de l'homosexualité, pour permettre à l'homoparentalité d'exister ?

En préalable à toute réflexion sur l'homoparentalité, une chose est sûre : si la famille n'est plus que le singulier d'une affirmation toute faite, alors inutile d'aller plus loin. L'homoparentalité n'existe pas. Mais si l'on adhère à l'idée de la famille non comme un lieu de normalisation mais comme un lieu de « subversion de toute fixité instinctive[70] », comme le suggère Lacan, alors l'homoparentalité peut être une chance pour redécouvrir cet aspect essentiel de la famille, à savoir son côté subversif. À condition que l'homosexuel sache lui aussi être, rester ou devenir subversif.

---

70. « Il faut reconnaître le caractère qui spécifie l'ordre humain, à savoir cette subversion de toute fixité instinctive, d'où surgissent les formes fondamentales, grosses de variations infinies, de la culture. » J. Lacan, « Le complexe, facteur concret de la psychologie familiale », art. cit., p. 8'40-5. Qu'y a-t-il de plus subversif qu'une entité qui, dans sa structure même, vise à se démonter en œuvrant pour le départ d'un de ses membres ? Si la famille est père-mère-enfant, quand l'enfant est suffisamment mature ou prêt pour partir du foyer, il laisse le père et la mère seuls, en couple... La nouvelle famille que va fonder l'enfant, elle, est *un* possible sur une infinité. Je ne rejoins donc absolument pas Didier Eribon (dans son ouvrage *Une morale du minoritaire : variations sur un thème de Jean Genet,* Paris, Fayard, 2001) ni Michel Tort (dans son article « De la différence "psychanalytique des sexes" », *Les Temps modernes,* mai 2000) lorsqu'ils analysent ce texte comme un sommet de conservatisme (voire d'homophobie), mais rejoins Élisabeth Roudinesco qui reproche à ces deux auteurs de faire de « la conception lacanienne de la famille, telle qu'on la trouve énoncée dans "Les complexes familiaux" (1938) [l'article de Lacan], une sorte de théologie fanatique sortie tout droit de l'intégrisme catholique, et visant à empêcher les homosexuels d'accéder à des droits élémentaires : Pacs, adoption, etc. ». E. Roudinesco, « Psychanalyses et homosexualité : réflexions sur le désir pervers, l'injure et la fonction paternelle », *Cliniques méditerranéennes,* n° 65, mars 2002, p. 20-21.

Acte II

Le spectre et ses incarnations (homosexuelles, gay, lesbiennes, queer...)

Since my dear soul was mistress of her choice,
And could of men distinguished her election,
Sh'ath sealed thee for herself[1].

« Les Grecs sont appelés ainsi parce qu'ils sont tous pédés. Ne dit-on point : "Va te faire enculer chez les Grecs" ? [...] Les Grecs s'appellent aussi "Hélène" : c'est dire à quel point ils sont pédés [...]. Notons au passage que le père et la mère de Mélina Mercouri sont grecs, ce qui prouve que les Grecs ne sont pas tous pédés[2]. » Il serait difficile de faire plus synthétique quant aux poncifs (plus ou moins avoués, d'ailleurs) concernant l'homosexualité. En effet, tout est dit : les homosexuels sont des *enculés*, ils sont *efféminés* et ne sauraient être parents. Penser avoir Platon et ses copains du *Banquet* comme illustres ancêtres pourra toujours être une consolation !

1. « Dès que mon âme fut maîtresse de son choix et sut distinguer entre les hommes, c'est toi que de son sceau elle marqua pour elle » (Hamlet à Horatio). W. Shakespeare, *Hamlet*, acte III, scène 2.

2. P. Desproges, *Les étrangers sont nuls*, Paris, Seuil, 1992, p. 23.

Mais l'homosexualité n'est pas ce que vous croyez. Oui, c'est bien à vous, cher lecteur, que je m'adresse! *« Look inside of you »*, comme dirait le plus mauvais des gourous *New Age* américains, et demandez-vous ce qu'est « être homosexuel » : est-ce pour un homme *pratiquer* la sodomie, la fellation avec un autre homme ? Pour une femme *avoir des relations sexuelles* faites de cunnilingus ou de masturbations réciproques ? Ou alors cette homosexualité est-elle dans la tête de chacun, dans le fantasme – pour un homme d'un corps masculin avec son pénis en érection ou son anus offert, pour une femme d'un corps féminin car doté d'une paire de seins et d'un sexe ouvrant sur son intimité ?

Peut-être trouvez-vous ces questions crues, indécentes, voire hors de propos. Mais ce sont justement ces parties émergées de l'iceberg, ces zones saillantes (et coupantes), qu'il faut affronter afin de devenir l'archéologue de cette problématique véritablement cachée sous la surface. Voilà pourquoi il faut avoir en tête toutes ces questions, non pas tant celles que je viens de citer – qui ne sont après tout que les miennes – que celles qui sont en chacun de nous ; questions qu'il faut constamment ramener sur le devant de la scène, en exergue, afin de ne pas se perdre dans les méandres des *pensées qu'ont pensées les penseurs* sur l'homosexualité : d'Ellis à Freud, de Foucault à Hocquenghem, de vous à moi.

Il pourrait m'être objecté que ce dont je parle ici est l'esprit critique, l'importance de garder tous ses sens en éveil afin de ne pas se laisser submerger par les lignes qu'ont laissées les fameux penseurs que nous venons d'évoquer, ou encore de ne pas en rester à l'opinion, la *doxa*. C'est une objection tout à fait fondée : il faut être capable de ne pas perdre de vue les véritables questions qui nous préoccupent et de ne pas se laisser emporter trop facilement dans le sens du courant, au risque de se noyer dans les eaux des longs discours qui seraient alors comme autant de voiles posés sur ce qui veut réellement parler. Mais il n'y a rien d'anodin à ce que j'ouvre cet acte sur l'homosexualité, pour comprendre l'homoparentalité, de cette façon et en requérant une telle préparation de la part du lecteur.

Pourquoi ces recommandations ? Peut-être justement parce que, lorsqu'on s'intéresse à l'homoparentalité et aux débats qui lui sont consacrés, au-delà des questions récurrentes sur la famille, la parenté ou encore le bien-être de l'enfant, il est difficile, voire impossible, de ne pas être saisi par la place que tient ce qui, immanquablement, « pose problème » et revient en fin de compte constamment – y compris par son absence –, à savoir la question homosexuelle : ce qui « coince » dans l'homoparentalité, c'est l'homosexuel et le cortège d'idées et d'ombres qu'il véhicule. De la même façon que ce qui inquiète chez Dracula, ce n'est pas tant qu'il possède des canines saillantes pour mordre ses victimes et boire leur sang, mais qu'il ramène de ses contrées lointaines, comme le suggère Stoker, un mal inconnu.

Le fantôme derrière l'homosexuel, c'est cela qui inquiète. Mais pourquoi cette ombre est-elle si souvent ressentie comme dangereuse[3] ? C'est bien à cela qu'il faut tenter de répondre, en interrogeant déjà *son* ou *ses* homosexualité(s) – non pas tant sa sexualité ou son orientation sexuelle que sa position face au désir homosexuel en général : « Il n'y a pas de position innocente ou objective sur

3. « Si l'homosexualité recevait, même en théorie, un semblant d'approbation, si on lui permettait de sortir, ne fût-ce que partiellement, du cadre de la pathologie, on arriverait vite à l'abolition du couple hétérosexuel et de la famille, qui sont les bases de la société dans laquelle nous vivons. » A. Morali-Daninos, *Sociologie des relations sexuelles*, Paris, PUF, coll. « Que sais-je ? », 1982, p. 49.

l'homosexualité, il n'y a que des situations de désir où l'homosexualité entre en jeu[4]. »

Il semble évident, lorsque l'on se penche sur les différentes façons de penser l'homosexualité au cours de l'histoire de l'humanité, que celles-ci n'ont que peu de chose en commun. Entre un saint Paul qui explique que « Dieu les [les égarés de la connaissance de Dieu] a livrés à des passions infâmes : car les femmes ont changé l'usage naturel en celui qui est contre nature ; et de même les hommes, abandonnant l'usage naturel de la femme, se sont enflammés dans leurs désirs les uns pour les autres, commettant homme avec homme des choses infâmes », ce qui leur assure de recevoir « en eux-mêmes le salaire que mérite leur égarement »[5], et un Jean-Louis Bory qui, à visage découvert, définit l'homosexualité comme n'étant « ni un ridicule, ni une tare, ni une maladie, ni une névrose, ni une folie, ni un crime », mais plutôt « une façon de concevoir et de pratiquer les rapports affectifs et sexuels, bref, l'amour »[6], il y a bien plus qu'une différence

4. G. Hocquenghem, *Le Désir homosexuel*, *op. cit.*, p. 59.

5. Épître de Paul aux Romains, 2, 26-27. Les condamnations de l'homosexualité dans l'Ancien Testament sont nombreuses, de l'épisode de Sodome et Gomorrhe (Genèse, 19) à celui du Lévite à Guibéa (Juges, 19, 23-25). L'Éternel précise à Moïse : « Si un homme couche avec un homme comme on couche avec une femme, ils ont fait tous deux une chose abominable ; ils seront punis de mort : leur sang retombera sur eux » (Lévitique, 18, 22 et 20, 13). Quant au Nouveau Testament, il indique que la punition divine attend les « impudiques », les « abominables », les « infâmes » et autres « efféminés » (première épître de Paul aux Corinthiens, 6, 9-10, première épître de Paul à Thimotée, 1, 9-10, Apocalypse de Jean, 21, 8 et 22, 15). X. Thévenot, *Repères éthiques pour un monde nouveau*, Paris, Salvator, 1989 (voir en particulier le chapitre « Accueillir la personne homosexuelle » *(sic !)*. Pour une analyse détaillée et tout à fait passionnante de la tradition théologique concernant l'homosexualité, il faut lire J. Boswell, *Christianisme, tolérance sociale et homosexualité : les homosexuels en Europe occidentale des débuts de l'ère chrétienne au XIVe siècle*, Paris, Gallimard, 1985.

6. J.-L. Bory, « À visage découvert », *Libération*, 12 novembre 1973.

d'acceptation de l'homosexualité, il y a un véritable écart dans la place accordée aux pratiques homosexuelles et au désir homosexuel[7].

L'homosexualité serait-elle un *spectre* qui s'incarne au gré des moments et des lieux ? C'est d'une certaine façon la thèse de Guy Hocquenghem, qui circonscrit ce spectre en le nommant « désir homosexuel ». Mais l'idée même de nomination semble trop près de l'incarnation du fantôme et trop loin de l'évanescence du spectre. La place de l'adjectif « homosexuel » qui qualifie le désir chez Hocquenghem est peut-être superfétatoire. Il faut ici être plus radical que lorsque nous remettions en question, plus haut, la permanence d'une entité familiale et l'analyse de ses avatars. L'homosexualité comme spectre : celui qui hante les châteaux lié à ses chaînes sous son drap blanc, celui qui prend possession des corps et des âmes, celui qui apparaît à Hamlet – qui oserait d'ailleurs qualifier la relation intime qui lie Hamlet à Horatio de « relation homosexuelle » ? –, mais aussi le spectre des possibles, synonyme de gamme ou d'éventail, le spectre des couleurs, y compris des *Couleurs interdites* d'un Mishima. Le spectre qui possède et qui s'exprime mais aussi celui que l'on tente d'enfermer pour le faire taire.

7. Le terme « désir homosexuel » est ici emprunté à Guy Hocquenghem. Il en dit ceci : « Il y a deux versants dans ce que nous désignons par le terme de désir homosexuel : une montée vers la sublimation, vers le Surmoi, vers l'angoisse sociale; et une descente vers les abysses du désir non personnalisé et non codifié » (*Le Désir homosexuel, op. cit.*, p. 59). Il faut lire ici une allusion à *L'Anti-Œdipe* de Deleuze et Guattari que nous évoquions *supra*, p. 33, dans l'opposition entre la paranoïa qui structure, ordonne, enferme et la schizophrénie qui éclate, fait disparaître les codes qui relient les objets entre eux, objets devenus de véritables molécules livrées à elles-mêmes qui s'entrechoquent encore et encore.

Pourquoi circonscrire l'homosexualité ?

Toute tentative pour reconstituer une histoire de l'homosexualité se trouve confrontée à plusieurs écueils. Il faut être psychiatre comme je le suis, héritier d'une tradition nosographique plus que centenaire et descendant des naturalistes du XIXe siècle pour vouloir encore retracer une telle histoire qui susciterait une fascination semblable à celle que l'on ressent au Muséum d'histoire naturelle devant cette taxinomie si ordonnée, qui nous propose une ordonnance de la nature si rassurante : rangées de squelettes de chats, de belettes et autres mulots, alignements visant davantage en fin de compte à donner une famille à ces pauvres orphelins de la nature et aussi de notre conscience des choses. En réalité, l'écueil principal pourrait bien être la raison même pour laquelle on souhaite se lancer dans une telle entreprise.

Outre le fait que cela nous éloignerait de notre ligne de mire, à savoir l'homoparentalité, cette défiance pour le naturalisme forcené nous dicte de ne pas tenter de retracer un historique de l'homosexualité ni de la définir au regard de toutes les théories existantes. Il pourrait en effet être séduisant de s'attacher à *une* théorie de l'homosexualité afin de la circonscrire en totalité, cette homosexualité qui se laisse si mal attraper, glissant entre les doigts, comme le dit le poème de Poe, tels les grains de sable perdus dans un rêve à l'intérieur d'un rêve. Nous verrons d'ailleurs que c'est souvent en procédant ainsi que le jugement sur l'homoparentalité tombe[8],

8. Le prêtre psychanalyste Tony Anatrella, par exemple, tient un raisonnement approximatif qui pourrait se résumer à ce mauvais sophisme :

A. Les homosexuels aiment le même et sont donc incapables d'altérité.

B. Pour se développer, un enfant a besoin de différencier le même de l'autre.

C. Les homosexuels parents empêcheront donc l'enfant de se développer correctement.

Une telle définition de l'homosexualité règle son compte à l'homoparentalité. Pour plus de détails, voir *infra*, p. 231-232.

comme tombe celui sur l'homosexualité. Hocquenghem remarque fort justement que « le caractère "hétéroclite" du désir homosexuel le rend dangereux pour la sexualité dominante. Mille comportements homosexuels défient chaque jour la classification qu'on tente de leur imposer. L'unification des pratiques du désir homosexuel sous le terme d'"homosexualité" est aussi imaginaire que l'unification des pulsions partielles du moi[9] ». Le nombre de théories (émanant d'ailleurs tout autant de partisans de l'acceptation de l'homosexualité – Hirschfeld et sa théorie du troisième sexe – que de farouches opposants hostiles et homophobes – Adler et sa description de la perversion homosexuelle qui se définit par la « lâcheté » du patient) qui ont tenté de circonscrire ce concept ou d'en déterminer les causes est en effet assez impressionnant : nous pourrions par exemple citer, pour ne parler que de la littérature scientifique récente, les travaux sur la corrélation entre le fait d'être gaucher et l'orientation homosexuelle, ou encore les recherches sur le lien entre l'orientation sexuelle et le taux d'hormones prénatal. Citons enfin pour la bonne bouche l'utilisation du CNV (*contingent negative variation*), qui est un enregistrement particulier à l'électroencéphalogramme et serait une mesure « à la fois des préférences sexuelles déviantes et non déviantes[10] ».

9. G. Hocquenghem, *Le Désir homosexuel*, *op. cit.*, p. 179.

10. D.W. Holtzen, « Handedness and sexual orientation », *Journal of Clinical and Experimental Neuropsychology*, vol. 16, n° 5, 1994, p. 702-712) (ma traduction). H.F.L. Meyer-Bahlburg, A.A. Ehrhardt, L.R. Rosen, R.S. Gruen, N.P. Veridiano, F.H. Vann et H.F. Neuwalder, « Prenatal estrogens and the development of homosexual orientation », *Development Psychology*, vol. 31, n° 1, 1995, p. 12-21. J. Downey, A.A. Ehrhardt, M. Schiffman, I. Dyrenfurth et J. Becker, « Sex hormones in lesbian and heterosexual women », *Hormones and Behavior*, vol. 21, n° 3, 1987, p. 347-357. R.C. Howard, F.J. Longmore, P.A. Mason et J.-L. Martin, « Contingent negative variation (CNV) and erotic preference in self-declared homosexuals

Il ne s'agira donc pas tant ici de comprendre pourquoi ou comment on est ou on devient homosexuel que de tenter de cerner les différentes incarnations du spectre (homosexuel) ou encore les « concepts-prisons » dans lesquels on tente de l'enfermer.

On distingue classiquement deux courants chez les chercheurs ou penseurs qui envisagent l'homosexualité et étudient ce concept[11]. La première approche est volontiers qualifiée de « constructiviste », au sens sociologique du terme : l'homosexuel a une définition sociale variable en fonction du moment de l'histoire et de la société où on le considère. On peut le définir comme étant une construction au sein d'un groupe social, tout comme l'on peut expliquer les relations entre garçons dans certains cadres fermés (les prisons, les internats, etc.) en arguant par exemple de l'absence de femmes – ainsi que le fait, en avançant d'autres « explications », Magnus Hirschfeld[12] –, ou encore la fréquence des relations entre femmes dans les années 1970 par le fait qu'elles tentaient ensemble de se défaire de la domination masculine aux beaux jours de la libération sexuelle. De la même façon décrit-on le cadre social de la Grèce antique qui permettait l'expression de certaines formes de rapports entre hommes (dans des conditions bien précises, à savoir entre un homme d'âge mûr et un jeune homme ne demandant qu'à être initié), mais n'acceptait sous aucun prétexte d'entendre parler, en dehors de ces pratiques parfaitement circonscrites, de

---

and in child sex offenders », *Biological Psychology*, vol. 38, n°s 2-3, 1994, p. 169-181. Notons, dans ce dernier article, la comparaison effectuée entre les homosexuels et les agresseurs sexuels d'enfants.

11. Didier Halperin critique à juste titre cette classification de classificateurs. D.M. Halperin, *Saint Foucault*, Paris, Epel, 2000, p. 75.

12. M. Hirschfeld, *Les Homosexuels de Berlin*, Paris, Cahiers GayKitschCamp, 2001, p. 64.

« relations homosexuelles » (relations que l'on pourrait qualifier de notre moderne vocable d'« anormales ») [13].

Ces deux exemples permettent de comprendre l'aspect « construit » de l'homosexualité. L'illusion longtemps entretenue par les dandys anglais de la seconde moitié du XIXe siècle, ou par des intellectuels en mal de reconnaissance pendant la période de l'association française Arcadie, cette idéalisation d'un temps béni, celui des Grecs classiques, où l'« homosexualité » était acceptée avec bienveillance, ne repose en fin de compte pas sur grand-chose, si ce n'est sur le désir, tout à fait légitime par ailleurs, de certains « homosexuels modernes » de s'inscrire dans une filiation [14]. Foucault a insisté sur cette façon de penser l'homosexualité, bien qu'il soit ridicule de le réduire à un « constructiviste » : il a surtout ouvert un chemin, à la fois à l'intérieur et au-delà de la sexualité, inspirant notamment les chercheurs actuels qui s'inscrivent dans les études gay et lesbiennes. Mais nous y reviendrons.

La seconde approche, totalement opposée, vise à déterminer objectivement ce qu'est l'homosexualité en se basant sur des faits scientifiques et en s'aidant de l'éthologie (de Plutarque – qui notait les comportements homosexuels de

---

13. D.M. Halperin, *Cent Ans d'homosexualité et autres essais sur l'amour grec*, Paris, Epel, 2000. Ce titre astucieux fait évidemment allusion aux cent années qui nous séparent de l'invention du terme « homosexuel » qui ne date que de la fin du XIXe siècle. Dans cette perspective constructiviste, le terme « homosexualité grecque » n'a pas grand sens : les homosexuels n'avaient pas encore été « inventés ». Foucault, à propos du *Banquet* de Xénophon, insiste sur l'importance des règles morales, notamment en ce qui concerne le jeune garçon, règles qui circonscrivent « un domaine particulièrement sensible au partage entre ce qui est honteux et ce qui est convenable, entre ce qui fait honneur et ce qui déshonore ». M. Foucault, *Histoire de la sexualité*, t. II : *L'Usage des plaisirs*, Paris, Gallimard, coll. « Tel », 1984, p. 266.

14. D. Eribon, *Réflexions sur la question gay*, Paris, Fayard, 1999 (voir particulièrement le chapitre « Philosophe et amant »). F. Martel, *Le Rose et le Noir : les homosexuels en France depuis 1968*, Paris, Seuil, 1996 (voir particulièrement le chapitre « À bas l'homosexualité de papa ! »).

la belette, la même qui s'offre à nos yeux songeurs derrière sa vitrine du Muséum – à Baghemil – biologiste contemporain qui développe l'idée qu'il est absurde de vouloir donner une explication rationnelle, comme la captivité, la génétique, etc., à l'« homosexualité » animale et qui voit dans ces comportements une variation de la sexualité naturelle, une expression de la variété biologique[15]), de la biologie (notamment de la génétique et de l'endocrinologie) et même de l'anthropologie. Cette façon de penser est dite « essentialiste » dans la mesure où elle tente de dégager une essence de l'homosexualité qui transcenderait les époques et les lieux, le social et l'individuel, les hommes et les animaux.

Certes, il s'agit là d'une distinction somme toute pratique mais, on l'aura noté, très limitative. Regardons-y de plus près. Le terme « homosexuel » est bien sûr habituellement opposé à « hétérosexuel »[16] : lors d'un débat télévisé sur

15. G. Schweitzer, « Voilà pourquoi, madame, votre chien est pédé », *Courrier international*, 16-22 septembre 1999, p. 52. Même si Baghemil s'éloigne des dérives d'une éthologie incapable d'éviter l'anthropomorphisme, il ne fait rien d'autre qu'inscrire sa théorie dans une étiologie essentialiste de l'homosexualité, celle de la sexualité naturelle et de ses variations.

16. Monique Wittig, si elle constate que le terme « hétérosexualité » a été créé après « homosexualité », n'oppose pas ces deux notions (M. Wittig, « À propos du contrat social », *in* D. Eribon (dir.), *Les Études gay et lesbiennes : un débat*, Paris, Éditions du Centre Georges-Pompidou, 1998, p. 61). Pour elle, ce décalage signifie seulement que la notion d'hétérosexualité allait de soi et était suffisamment évidente pour qu'il ne fût pas besoin de la définir. Ce que fonde ce qu'elle appelle l'« esprit hétéro » (*the straight mind*), c'est la différence homme/femme, qui n'est qu'une construction servant à naturaliser le rapport gouvernant/gouverné. La lecture du célèbre passage d'Aristote dans *La Politique* (Paris, Vrin, 1995), fréquemment cité par les auteurs féministes, en donne une vision éclairante : « [Pour les animaux], dans les rapports du mâle et de la femelle, le mâle est par nature supérieur, et la femelle inférieure, et le premier est l'élément dominateur et le second l'élément subordonné. C'est nécessairement la même règle qu'il convient d'appliquer à l'ensemble de l'espèce humaine » (1254b, 10-15). « Le mâle est par nature plus apte à être un guide que la femelle [...]. Or le mâle et la femelle sont entre eux dans un rapport analogue ; seulement, leur inégalité est permanente » (1259b, 1-10).

le thème des parents homosexuels, comme on en voit tant actuellement, étaient placés face à face un « homoparent » et un invité qui se définissait comme « hétérosexuel père de famille ». Si l'on en croit Havelock Ellis[17], le terme « homosexuel » aurait été créé par un écrivain et traducteur hongrois, Karl Maria Benkert, dit « Kertbeny », en 1863, bien avant le terme « hétérosexuel », beaucoup plus récent. Est-ce à dire que les homosexuels ont existé avant les hétérosexuels, que ces derniers ont été définis et circonscrits en fonction des premiers et non pas le contraire ? Le large éventail (*spectre*) des termes existants (« sodomite », « inverti », « homosexuel », « uraniste », « homophile », « gay », « queer », etc.), avec leurs différences propres et souvent de taille, laisse supposer que sont bien vaines les tentatives essentialistes pour isoler le concept « homosexualité » : le jeu de mots sur « gay » (terme venu des États-Unis et qui pourrait avoir pour origine un terme provençal du XIIIe ou XIVe siècle désignant l'art des troubadours associés aux Albigeois, qui avaient la réputation d'une grande liberté de mœurs, y compris homosexuelles[18]), pris comme un sigle signifiant « *Good as you* », est à ce titre un pied de nez « constructiviste » tout à fait éloquent.

Existe-t-il alors une homosexualité *en soi* ou doit-on poser que l'homosexuel est une construction sociale ?

La naissance de l'homosexuel

Il est toujours dangereux de vouloir définir quoi que ce soit de façon essentielle. Non qu'il ne faille pas s'y risquer, mais ce qui est pertinent pour des concepts (philo-

17. H. Ellis, *Études de psychologie sexuelle*, t. II : *L'Inversion sexuelle*, Paris, Mercure de France, 1934, p. 13, note 1.

18. Notons qu'en anglais *gay* est opposé à *straight*, « droit » (probablement dérivé de *straight arrow*, « flèche droite », expression argotique qui suggère l'adhésion aux valeurs traditionnelles). J. Boswell, *op. cit.*, p. 73.

sophiques, par exemple) peut s'avérer nettement plus hasardeux pour des entités sociales. Magnus Hirschfeld, médecin allemand du début du XXe siècle (et l'un des fondateurs de la sexologie avec Havelock Ellis et Albert Moll, entre autres), en est un exemple éloquent : suivant un double élan, d'humanisme – pour aider les laissés-pour-compte de la sexualité normale (homosexuels, « transvestis » et autres syphilitiques) – et de recherche scientifique acharnée des causes de toutes ces « déviances », il avait créé en 1919 un centre d'accueil, d'études et de soins en sexologie. Cet Institut de sexologie, le premier au monde, était installé à Berlin-Tiergarten, dans un palais qu'il avait acheté, et constituait la suite logique de la création en 1897 du Comité scientifique humanitaire, ancêtre des « associations homosexuelles »[19]. Les nazis, lorsqu'ils arrivèrent au pouvoir en 1933, n'eurent qu'à voler le fichier des personnes suivies dans le centre et à détruire le bâtiment : l'anormalité avait été circonscrite et les anormaux recensés, il ne restait plus qu'à les entasser dans des trains et à les faire disparaître entre nuit et brouillard[20].

Ce triste épilogue ne doit cependant pas nous arrêter dans notre cheminement. Il serait pertinent à présent de poser la question différemment, au-delà de l'opposition essentialisme/constructivisme : comment définir, sans la définir trop, l'homosexualité ? Après tout, nous avons abordé ces réflexions en nous attachant à comprendre ce

19. P. Cardon, *in* M. Hirschfeld, *op. cit.*, p. 10-11.

20. J'attire l'attention du lecteur sur la déportation des homosexuels par les nazis pendant la Seconde Guerre mondiale. On se souvient, lors des commémorations du milieu des années 1990, des cris de haine d'anciens déportés juifs, qui hurlaient, tandis que des gerbes étaient déposées en souvenir des déportés homosexuels, que ces derniers avaient « bien mérité les fours ». Les gerbes en question disparaissaient d'ailleurs bien vite. En 2001, « l'État français a reconnu la réalité des persécutions subies par les homosexuels durant la Seconde Guerre mondiale ». B. Grosjean, « Les homosexuels déportés reconnus », *Libération*, 27 avril 2001.

qui pouvait se cacher derrière le néologisme d'« homoparentalité », en commençant par la parentalité et en continuant par l'homosexualité.

C'est à ce stade que Foucault apporte une pensée nouvelle et précieuse. L'inscrivant dans son histoire de la sexualité[21], il se penche sur l'« homosexualité » en la concevant comme un discours sur la sexualité, discours qu'il définit comme la formation d'un certain type de savoir sur le sexe en termes de pouvoir. Le savoir est en effet intimement lié au pouvoir, que Foucault définit comme « la multiplicité des rapports de forces qui sont immanents aux domaines où ils s'exercent, et sont constitutifs de leur organisation, [pouvoir qui] n'est pas une institution, n'est pas une structure, n'est pas une certaine puissance dont certains seraient dotés, mais le nom qu'on prête à une situation stratégique complexe dans une société donnée[22] ». Tout discours sur le sexe, y compris l'homosexualité, ne peut se défaire, en tant qu'entité discursive, du filet d'enjeux de pouvoir dans lequel il est pris, dont il est véritablement l'une des innombrables mailles.

Dans la conception qu'il a de l'homosexuel, c'est-à-dire dans son inscription à l'intérieur d'un discours sur la sexualité, Foucault repère le XVIIIe siècle comme un tournant notable. Auparavant il existait une loi centrale, la « loi de l'alliance » : le mariage était érigé en norme et tout

21. M. Foucault, *Histoire de la sexualité*, t. I, *op. cit.* Ce livre me semble constituer, avec les *Trois Essais sur la théorie sexuelle* de Freud (Paris, Gallimard, 1987), une tentative profondément originale et éclairante d'envisager la sexualité en insistant sur l'importance et la difficulté de la concevoir en dehors d'un champ théorique et moral posé *a priori*, ainsi que sur la nécessité, lorsque l'on procède à son analyse, de ne pas la décentrer mais bien d'accepter sa place de pivot.

22. M. Foucault, *Histoire de la sexualité*, t. I, *op. cit.*

ce qui sortait de cet îlot de normalité était amalgamé dans un fourre-tout appelé, en référence aux écrits de saint Paul, le « contre nature ». Mais, petit à petit, à partir du XVIIIe siècle donc, un autre ordre émerge[23], « l'ordre des désirs », qui ordonne les pratiques, différenciant par exemple fondamentalement la sodomie de l'adultère. C'est de cet ordre que naissent les pervers, avec leurs différents noms hauts en couleur, du fétichiste du pantalon au presbyophile, du coupeur de nattes au zooérastre[24] ; c'est de cette façon qu'émerge le « monde de la perversion ». La médecine le classe afin de maintenir l'ordre ainsi défini, prenant le relais de l'Église.

Voilà comment Foucault explique la volonté classificatoire dont nous parlions au début de cet acte, la taxinomie qui, à jamais, a figé notre amie la belette homosexuelle à côté de ses « congénères » et les a condamnés au destin de se laisser recouvrir par la poussière muséale. Si jusqu'alors ce qui était condamné, c'était « la sodomie, celle des anciens droits civils ou canoniques, [qui] était un des types

23. Foucault a souvent insisté sur l'importance du rapport entre une époque donnée et son mode de pensée, de conception ou de langage. L'idée est que ce que l'on dit ou pense à une certaine époque est intimement lié à cette époque. Foucault utilise dans ses premiers écrits le terme « épistémè » : celle-ci est une évidence, comme une charpente qui n'est jamais interrogée, jamais remise en question parce que « sous notre nez ». Elle est ce cadre historique qui naturalise les choses qu'elle contient, qu'elle encadre, naturalisation illusoire puisque rien dans cette construction n'est naturel. M. Foucault, *Les Mots et les Choses : une archéologie des sciences humaines*, Paris, Gallimard, coll. « Tel », 1966. Deleuze explique ainsi la pensée de Foucault sur ce point : « Une "époque" ne préexiste pas aux énoncés qui l'expriment, ni aux visibilités qui la remplissent. Ce sont les deux aspects essentiels : d'une part, chaque strate, chaque formation historique implique une répartition du visible et de l'énonçable qui se fait sur elle-même ; d'autre part, d'une strate à une autre, il y a variation de la répartition, parce que la visibilité même change de mode, et les énoncés changent eux-mêmes de régime ». G. Deleuze, *Foucault*, Paris, Éditions de Minuit, 1986, p. 56.

24. R. von Krafft-Ebing, *Psychopathia sexualis : étude médico-légale à l'usage des médecins et des juristes*, Paris, Pocket, 1999.

d'actes interdits[25] », avec ce changement radical nous assistons à la naissance de l'*homosexualité* : l'homosexuel, à l'âge classique, devient un « personnage ». Foucault situe précisément cette naissance à la parution de l'article de Westphall[26] en 1870 sur les « sensations sexuelles contraires » : « le sodomite était un relaps, l'homosexuel est maintenant une espèce »[27].

Du temps où l'homosexuel était un criminel

Qu'il fût ou non défini – construit – comme homosexuel, l'individu ayant des relations sexuelles avec une personne du même sexe a été considéré, pendant de longs siècles (et encore actuellement dans de nombreux pays – l'Afghanistan ou les États-Unis pour ne citer qu'eux), comme un criminel, l'acte condamnable étant le plus souvent la sodomie, passible de la peine de mort.

Il est de toute façon assez clair que les tentatives visant à « territorialiser » – pour reprendre l'expression de Deleuze et Guattari – l'homosexualité n'ont souvent eu pour but que de circonscrire une catégorie de la population (composée de ceux qui rentrent dans la définition

---

25. M. Foucault, *Histoire de la sexualité*, t. I, *op. cit.*

26. Ce psychiatre allemand avait succédé à Griesinger à la chaire de Berlin. Né en 1833 et mort en 1890, il était avant tout un anatomopathologiste de renom. P. Pichot, *Un siècle de psychiatrie*, Paris, Les Empêcheurs de penser en rond, 1996, p. 49.

27. M. Foucault, *Histoire de la sexualité*, t. I, *op. cit.* La psychiatrie japonaise s'est fortement inspirée des nosographies allemandes. Il est significatif de voir que, au terme classique *nanshoku* qui définissait les rapports entre deux hommes et qui pourrait se traduire par « couleur virile » ou « amour mâle » (d'où les *Couleurs interdites*, titre original des *Amours interdites* de Mishima), a été substitué *dôseiai* (« amour pour le même genre »), somme toute assez proche d'« homosexualité ». Voir notamment la récente traduction du classique de I. Saikaku, *Le Grand Miroir de l'amour mâle*, Arles, Philippe Picquier, 1999-2000.

ainsi posée) afin de lui régler son compte – considération applicable à de nombreux groupes, comme les Juifs, pour n'évoquer que le rapprochement le plus souvent opéré[28]. Il est d'ailleurs tout à fait instructif de remarquer que la plupart des travaux qui traitaient de l'homosexualité, du moins jusqu'à une certaine époque, concernaient l'homosexualité masculine : est-ce parce que les chercheurs étaient en majorité des hommes, ou ce fait révèle-t-il que ce n'est pas l'homosexualité en général qui pose problème dans la société mais l'homosexualité masculine ? Peut-être existe-t-il une crainte que cette homosexualité empêche les hommes d'être de bons travailleurs et de bons guerriers. Et, si c'est le cas, le saphisme, lui, sera soit mis de côté comme s'il n'existait pas, caché derrière des portes fermées, soit au contraire exposé afin de servir de fantasmes aux « vrais » hommes devant leurs films pornographiques, hétérosexuels bien sûr. Ce qui pourrait confirmer cette vision des choses, à savoir l'inquiétude de

28. Voir notamment l'introduction à *Sodome et Gomorrhe*, in *À la recherche du temps perdu*, Paris, Gallimard, coll. « La Pléiade », t. III. Rapprochant les deux « races maudites », Proust écrit ceci : « Sans situation qu'instable, comme pour le poète [Oscar Wilde] la veille fêté dans tous les salons, applaudi dans tous les théâtres de Londres, chassé le lendemain de tous les garnis sans pouvoir trouver un oreiller où reposer sa tête, tournant la meule comme Samson et disant comme lui : Les deux sexes mourront chacun de son côté, exclus même, hors les jours de grande infortune où le plus grand nombre se rallie autour de la victime comme les Juifs autour de Dreyfus, de la sympathie – parfois de la société – de leurs semblables auxquels ils donnent le dégoût de voir ce qu'ils sont, dépeint dans un miroir, qui, ne les flattant plus, accuse toutes les tares qu'ils n'avaient voulu remarquer chez eux-mêmes et qui leur fait comprendre que ce qu'ils appelaient leur amour (et à quoi, en jouant sur le mot, ils avaient, par sens social, annexé tout ce que la poésie, la musique, la chevalerie, l'ascétisme ont pu ajouter à l'amour) découle non d'un idéal de beauté qu'ils ont élu mais d'une maladie inguérissable ; comme les Juifs encore (sauf quelques-uns qui ne veulent fréquenter que ceux de leur race, ont toujours à la bouche les mots ridicules et les plaisanteries consacrées) se fuyant les uns les autres, recherchant ceux qui leur sont le plus opposés, qui ne veulent pas d'eux, pardonnant leur rebuffades, s'enivrant de leur complaisance. »

la société face à l'homosexualité proprement masculine (c'est-à-dire, au bout du compte, à la sodomie[29]), c'est le fait que les positions sociales et légales face à l'homosexualité la concernent quasi exclusivement. L'homosexuel a longtemps été un criminel et, jusqu'à son « acquittement » en 1982, un long chemin légal a été parcouru. Le code législatif moderne étant issu des lois romaines et des lois du Moyen Âge, c'est de ces deux points qu'il convient de partir.

La loi, dans la plupart des sociétés, s'est toujours montrée restrictive concernant les pratiques sodomites. Ainsi, dans la Grèce antique, la Cité était extrêmement sévère envers les citoyens ayant des rapports sexuels en dehors de ceux autorisés entre un aîné et son amant. De la même façon, dans la Rome antique, la loi *Julia de adulteris et stupro vel pudicia* portée par Auguste en 18 av. J.-C. condamnait les rapports d'un homme libre avec un autre homme libre mais pas ceux d'un homme libre avec un esclave. Après l'établissement du christianisme à Rome, ces rapports entre personnes du même sexe devinrent passibles de mort dans tout l'Occident

29. Même si le terme « pédérastie » remplace au XIXe siècle « sodomie », celle-ci reste au centre des préoccupations. Tardieu, médecin français responsable en 1857 de la première enquête sur les homosexuels (enquête réalisée à des fins répressives et à laquelle participa activement la police), met bien en effet la pénétration anale au centre du portrait permettant de reconnaître un pédéraste. Le *Grand Dictionnaire Larousse* de 1876, le citant, précise que les « signes caractéristiques de la pédérastie passive et invétérée sont : le développement excessif des fesses, la déformation infundibuliforme de l'anus, le relâchement du sphincter, l'effacement des plis, les crêtes et caroncules du pourtour de l'anus, la dilatation extrême de l'orifice anal. [...] La pédérastie active laisse aussi des signes d'un autre genre qui consistent dans la conformation de la verge. [...] Dans tous les cas, les dimensions sont excessives. La forme, quand la verge est petite, rappelle absolument celle du même organe chez le chien ». *Grand Dictionnaire Larousse universel*, 1876, article « Pédérastie », p. 491-492. Dans le même ordre d'idées, Albert Moll fait d'*« imissio penis in anum »* et de « pédérastie » des synonymes. R. von Krafft-Ebing, *op. cit.*, t. II, chapitre « Homosexualité », p. 158-321.

chrétien, et ce jusqu'à la fin du XVIIIe siècle ; aux lois romaines des IVe et Ve siècles succéda, au XIIIe siècle, l'application des peines frappant d'hérésie le crime de lèse-majesté divine – il s'agit bien évidemment de la sodomie. Homosexualité et bestialité étaient alors régulièrement associées dans les textes comme dans la pratique judiciaire. Une telle position trouve ses racines dans le célèbre passage de l'épître aux Romains de Paul que nous citions plus haut (le terme « contre nature » est directement emprunté à la Bible). Dès 538, Justinien condamnait de la peine capitale ces crimes *contre nature* dans lesquels il voyait l'origine des famines et des pestes – conviction dont il trouvait précisément la justification dans la Bible : « Car le résultat de cet acte impie, dit la novelle 77, est que des cités entières périraient avec leurs habitants ; car il est enseigné par l'Écriture sainte que par cet acte des cités ont péri avec leurs habitants[30]. » Ainsi est réglée pendant mille trois cents ans la position de la société vis-à-vis des relations entre deux hommes.

En 1791, le code pénal révolutionnaire supprime le « crime de sodomie », suivant en cela les philosophes des Lumières (notamment Bentham qui, dans son *Essai sur la pédérastie* de 1785, relève la position libérale des Grecs vis-à-vis de l'amour entre hommes, amour qu'il différencie fondamentalement de l'amitié virile : « Les Grecs connaissaient la différence entre l'amitié et l'amour aussi bien que nous. Ils avaient des mots différents pour les désigner. Il semble donc raisonnable de supposer que quand ils disaient amour, ils voulaient dire amour, et quand ils disaient amitié, ils voulaient seulement dire amitié[31] »). Le code Napoléon le suit sur cette voie[32]. Une telle coupure (fin XVIIe, début

30. H. Ellis, *Études de psychologie sexuelle*, t. II, *op. cit.*, p. 306.
31. D. Eribon, *Réflexions sur la question gay*, *op. cit.*, p. 223.
32. F. Leroy-Forgeot, « “Nature” et “contre-nature” en matière d'homoparentalité », in *Homoparentalités : état des lieux*, *op. cit.*

XIXe siècle) s'explique facilement : le crime contre nature est un crime religieux (de Justinien à la veille de la Révolution en passant par saint Louis). La Révolution et le code Napoléon se positionnent évidemment sur un autre axe, celui du privé et du public : à l'intérieur de la sphère privée, les relations homosexuelles entre personnes consentantes ne sont aucunement passibles de poursuites ; c'est l'outrage à la pudeur, le viol et l'acte sexuel avec un mineur qui sont condamnables.

Le 6 août 1942, dans une loi promulguée sous le gouvernement de Vichy, est adjoint au code pénal un nouvel article incriminant les « actes impudiques et contre nature avec un mineur de moins de vingt et un ans et ayant le même sexe que l'auteur ». Il est intéressant de constater que les deux condamnations, et religieuse, et publique, de l'homosexualité se mélangent. De saint Paul est repris le terme « contre nature » ; la loi républicaine, elle, apporte l'aspect « public » de l'acte. Il suffit, pour insister sur la gravité et l'abomination du crime, d'élever l'âge d'accession à la majorité, mais uniquement dans le cadre des relations homosexuelles. Si une telle loi ne surprend pas de la part du gouvernement fasciste de Vichy (travail, famille, patrie... et religion), il est plus étonnant de constater que le code pénal, à la Libération, reprend exactement les termes de la loi pétainiste : l'ordonnance du 8 février 1945 (art. 331) punit « d'un emprisonnement de six mois à trois ans et d'une amende [...] quiconque aura commis un acte impudique ou *contre nature* avec un individu de son sexe mineur de moins de vingt et un ans » (c'est moi qui souligne). Une autre loi sur l'homosexualité, votée le 25 novembre 1960 (art. 330, alinéa 2), décrète même que, « lorsque l'outrage public à la pudeur consistera en un acte *contre nature* avec un individu du même sexe, la peine sera un emprisonnement de six mois à trois ans et une amende de mille à quinze mille francs», soit nettement plus importante que pour un attentat à la pudeur hétérosexuel (c'est moi qui souligne). Ce cortège de lois homophobes est ponctué par le sous-amendement Mirguet voté le 18 juillet 1960 qui introduit l'homosexualité dans la loi sur les fléaux sociaux, aux côtés de la tuberculose et de l'alcoolisme[33].

Il fallut attendre 1982 pour que ces lois discriminant les relations homosexuelles des relations hétérosexuelles soient abolies. Robert Badinter, alors garde des Sceaux, commença ainsi son discours à l'Assemblée nationale le jour où cette abrogation devait être votée : « 1789 à 1941 : aucune répression légale de l'homosexualité. Ce n'est cependant pas, historiquement, une ère de laxisme libertin, mais le triomphe de la morale bourgeoise. [...] La justice anglaise s'est-elle retrouvée grandie d'avoir condamné Oscar Wilde? En réalité, ces législateurs du XIXe siècle savaient fort bien, je n'ose dire par expérience séculaire, que jamais la répression n'avait eu sur la pratique de l'homosexualité la moindre efficacité. Nul ne le savait mieux, à cet égard, que l'archichancelier de l'Empire, Cambacérès, l'un des auteurs du code pénal, et bien connu du Palais-Royal sous le sobriquet de "tante Hurlurette"[34]. » Et pourtant, plusieurs États européens conservent des dispositions qui différencient la majorité sexuelle en fonction du type de rapport (homo- ou hétérosexuel)[35].

33. M. Mirguet défend ainsi son projet de loi : «Je pense qu'il est inutile d'insister longuement, car vous êtes tous conscients de la gravité de ce fléau qu'est l'homosexualité, fléau contre lequel nous avons le devoir de protéger nos enfants. Au moment où notre civilisation dangereusement minoritaire dans un monde en pleine évolution devient si vulnérable, nous devons lutter contre tout ce qui peut diminuer son prestige.» Archives de l'Assemblée nationale.

34. G. Hocquenghem, «Homosexuels, vous avez changé de patrons», *Libération*, 22 décembre 1982.

35. Citons au passage le groupe pop britannique Bronski Beat et son album *The Age of Consent* sorti dans un pays qui, à l'époque et contrairement à sa politique économique et sociale, se montrait bien peu «libéral» envers les homosexuels!

Ainsi, dans la France de l'an 2000, les parents homosexuels ne sont pas, de par leur homosexualité, passibles de sanctions légales – comme tous les homosexuels. Toutefois, cet état de fait est relativement récent.

Du temps où l'homosexuel était un malade

Au XIXe siècle, l'homosexuel nouvellement né (si l'on en croit Foucault), après avoir été longtemps pris en main par la loi, a rapidement été saisi par la médecine. L'emprisonnement dans le mot « homosexuel » du spectre a permis au discours médical, et notamment psychiatrique, d'en faire un item dans les classifications. On sait que, jusqu'à une date récente, l'homosexualité était rangée parmi les maladies mentales. À la fin du XIXe siècle, les observations de Krafft-Ebing et de ses contemporains classaient les pratiques homosexuelles dans le champ des pratiques sexuelles autres que le rapport hétérosexuel avec sa finalité procréatrice, champ défini par les termes « déviance » ou « perversion »[36].

Une étude dans le cadre d'une thèse de médecine, comme celle que j'ai réalisée sur une population d'enfants élevés dans un « milieu homosexuel », n'aurait pas eu les mêmes fondements si elle avait été faite avant 1983.

36. Freud est ambigu quant à la position des « pervers » dans ces classifications : s'il accorde une place particulière aux homosexuels, à leur suite « viennent toute une série d'anormaux dont l'activité sexuelle s'écarte de plus en plus de ce qu'un homme raisonnable estime désirable. Par leur variété et leur singularité, on ne pourrait les comparer qu'aux monstres difformes et grotesques qui, dans le tableau de P. Breughel, viennent tenter saint Antoine, ou aux dieux et aux croyants depuis longtemps oubliés que G. Flaubert fait défiler dans une longue procession sous les yeux de son pieux pénitent. Leur foule bigarrée appelle une classification, sans laquelle on serait dans l'impossibilité de s'orienter ». S. Freud, *Introduction à la psychanalyse*, Paris, Payot, coll. « Petite Bibliothèque Payot », 1961, p. 284-285.

En effet, les parents de ces enfants auraient été du côté des malades et, avant même de savoir si leurs enfants « allaient bien », on aurait d'emblée décrété que les parents, eux, allaient mal. Mais cette étude a été réalisée en l'an 2000, et l'homosexualité ne fait plus aujourd'hui partie de la classification internationale des maladies mentales. C'est la petite histoire de cette « éviction » dont je voudrais me faire le conteur.

En 1952, aux États-Unis, l'Association américaine de psychiatrie (APA) rédige un manuel, le *Diagnostic and Statistical Manual : Mental Diseases*, plus connu sous le nom de DSM. Il s'agit de la première version d'un ouvrage qui, depuis, a fait couler beaucoup d'encre. À l'époque de sa parution, ce manuel propose une classification qui s'inscrit dans la lignée de la tradition nosographique héritée du XIXe siècle. Il reflète l'évolution de la psychiatrie américaine du milieu du XXe siècle et révèle l'influence des perspectives psychanalytiques sur la profession à ce moment-là. Il y est donc question de névrose et de psychose, au sens où Freud les a définies, c'est-à-dire en rapport avec sa théorie de l'inconscient. La deuxième mouture du manuel, le DSM II, qui date de 1968, reste fidèle à cette tradition psychodynamique[37]. L'homosexualité y trouve sa place en tant que trouble mental, perversion sexuelle telle que définie par la théorie psychanalytique en vogue. Ce n'est qu'à la parution de la troisième version (le DSM III), en 1980, et dans l'optique de la création d'une classification moins psychodynamique, que se pose la question de savoir si l'homosexualité a ou non sa place dans le manuel. Celui-ci se veut objectif (les versions ultérieures défendent toujours ce

37. La psychodynamique désigne les théories psychiatriques s'inspirant des théories psychanalytiques au sens large, de Freud à Lacan en passant par Jung.

point de vue) – c'est-à-dire un outil destiné à tous les psychiatres, qu'ils travaillent au fin fond de l'Oklahoma, à Bombay ou à Nantes –, voire agnostique, ne se revendiquant d'aucune théorie. De la description pure et simple : voilà l'utopie de ce manuel, fortement influencé par l'œuvre d'Émile Kraepelin (psychiatre allemand, né la même année que Freud, qui avait poussé l'art classificatoire à son apogée)[38].

Autour de la place que doit occuper l'homosexualité dans le DSM naît un débat extrêmement polémique opposant les psychiatres de l'APA aux activistes des associations gay et lesbiennes, alors en plein essor. Quelques épisodes croustillants – comme celui des tables rondes auxquelles des psychiatres homosexuels de l'APA assistent masqués pour exprimer leur mécontentement de se voir ainsi des deux côtés de la barrière, soignants et soignés – montrent l'agitation et les difficultés soulevées par cette question. Entre débats scientifiques et compromis politiques, il faut attendre quatorze ans pour voir disparaître l'homosexualité du manuel[39]. La première décision est un tour de passe-passe : si l'homosexualité pose problème, si des psychiatres affirment que les homosexuels ne sont pas si anormaux que ça et si des homosexuels militants tapent du poing sur la table aussi fort, il suffit, pour contenter tout le monde, de reconnaître deux types d'homosexualité, l'une pathologique et l'autre non. Le DSM III distingue ainsi une homosexualité égo-dystonique, incluse dans la classification et donc assimilée à un trouble psychiatrique, et une homosexualité égo-syntonique, qui, sans être une maladie (et donc sans

38. P. Pichot, *op. cit.*

39. Pour une histoire précise, incisive et passionnante de la création du DSM, on pourra se reporter au livre de S. Kirk et H. Kutchins, *Aimez-vous le DSM ? Le triomphe de la psychiatrie américaine*, Paris, Les Empêcheurs de penser en rond, 1998.

apparaître dans la classification), reste un diagnostic différentiel. Voyons ce qu'il dit à ce sujet. L'homosexualité égo-dystonique est classée dans le chapitre « Autres troubles psychosexuels » et répond à deux critères : « A – le sujet se plaint du fait que les excitations de type hétérosexuel soient en permanence minimes, voire absentes ; ce déficit contrarie l'installation et la poursuite de relations hétérosexuelles désirées. B – il existe un mode constant d'excitation de type homosexuel ; le patient soutient explicitement ne pas l'avoir désiré et l'incrimine comme source permanente de désarroi[40]. » C'est donc le vécu subjectif de son homosexualité comme cause d'une souffrance qui permet de la classer dans le champ de la maladie. Le poids de la société (et le fait qu'elle ait ménagé dans une classification une case dans laquelle elle range certains homosexuels et pas d'autres) n'est évidemment pas interrogé. Quant au désir homosexuel, il est carrément shunté. Point d'inconscient : tout est dans le vécu conscient (et si peu subjectif, en fait) d'un patient devenu en fin de compte un objet.

Face à un positionnement si bâtard et si peu soutenable « scientifiquement », l'homosexualité *tonique* (*syn-* ou *dys-*) disparaît en tant que diagnostic du DSM III-R (révisé), publié en 1987[41]. Pourtant, si l'on fouille bien, on trouve encore le terme dans l'index, où il renvoie au diagnostic de « Troubles sexuels non spécifiés ». Ainsi, même absent, le fantôme continue de hanter les pages de la classification. C'est en 1994, dans sa quatrième version[42], que toute référence à l'homosexualité est éliminée du DSM. L'Organisation mondiale de la santé, dans sa classification internationale des maladies mentales, suit point par point l'avis de ce manuel. On a coutume de dire que l'homosexualité n'est plus considérée

---

40. APA, *DSM III : critères diagnostiques*, Paris, Masson, 1983.
41. APA, *DSM III-R : critères diagnostiques*, Paris, Masson, 1989.
42. APA, *DSM IV : critères diagnostiques*, Paris, Masson, 1996.

comme une maladie depuis le début des années 1980 ; on voit que, dans la réalité, il a fallu plus d'une dizaine d'années pour voir disparaître le terme des nosographies médicales.

Le spectre ainsi désincarné vole-t-il maintenant librement, capable de posséder comme il le désire les corps humains ou sociaux ? La question reste entière, le mystère des incarnations demeurant difficilement pénétrable. Quoi qu'il en soit, et au risque de passer pour un radoteur[43], on peut donc affirmer que les parents homosexuels, dans la France de l'an 2000, ne sont pas, de par leur homosexualité, considérés comme des malades – comme tous les homosexuels –, et rappeler qu'il s'agit là encore d'un état de fait relativement récent.

L'homosexualité, entre comportements et structure

Si l'homosexuel n'est plus ni un objet légal passible de poursuites ni un malade entrant dans les classifications des discours médicaux, de quoi parle-t-on quand on parle d'homosexuels ? Car on parle toujours des homosexuels et de l'homosexualité (la preuve : ne suis-je pas en train de vous en parler ?). Dans les années 1980, un psychiatre psychanalyste disait encore : « J'estime avoir mal conduit une analyse si un patient homosexuel angoissé devient un homosexuel content ; l'analyse n'est réussie que s'il devient un hétérosexuel content[44]. » Avant de chercher à savoir s'il était « content » ou non, de quoi parlait ce psychiatre psychanalyste en disant « homosexuel » ?

43. Voir *supra*, p. 85.

44. Interview de Georges Devereux publiée dans *Le Monde dimanche* du 8 juin 1980. Voir aussi la réponse (*ibid.*, 27 juillet 1980) à deux correspondants qui se sont élevés contre ces propos, où Devereux explique, après être revenu sur le fait que, s'il souhaitait « la transformation des homosexuels en hétérosexuels », il ne les y « obligerait pas », qu'il n'est pas « un champion de la

Autant le dire tout de suite, je me garderai dans les pages qui suivent d'avancer ou de poser une « théorie de l'homosexualité ». Si ce spectre qui s'incarne selon son bon vouloir existe vraiment, toute tentative de ce genre s'avérera vaine. Mais il ne s'agit pas non plus, sous prétexte de renoncer à définir une théorie de l'homosexualité (une structure), de ne parler qu'en termes de comportements homosexuels (en posant qu'il n'y a d'homosexualité que dans des actes homosexuels). Je m'imposerais volontiers à ce stade une contrainte, un peu à la façon oulipienne : il s'agirait, tout en décrivant les différentes théories qui ont traité de l'homosexualité, de ne pas faire de ces descriptions des essais explicatifs et de ne pas les comparer les unes aux autres. Cette prudence vis-à-vis d'éventuelles comparaisons qui viseraient à prouver la plus grande pertinence, cohérence ou efficacité de l'une d'entre elles par rapport à toutes les autres nous mettra à l'abri du piège dans lequel tombent nombre de ceux qui pensent l'homosexualité[45]. Il est

norme, alors que tous [ses] écrits témoignent de [sa] lutte incessante contre la tendance à voir dans l'adaptation à une norme sociale une preuve de santé mentale ». On peut néanmoins, avec Foucault, se demander « ce que c'est que cette pudeur sacralisante qui consiste à dire que la psychanalyse n'a rien à voir avec la normalisation ». M. Foucault, *Histoire de la sexualité*, t. I, *op. cit.*, p. 14. Il ne s'agit pas néanmoins ici de comparer Devereux à un Socaridès dont l'homophobie explicite dans ses croisades anti-homosexuelles n'a d'égal que le ridicule et le cynisme avec lequel il invoque *la* psychanalyse dans cette guerre.

45. Ne pas respecter cette règle est le principal défaut des « sommes » sur l'homosexualité. Prenons l'exemple du psychiatre Jacques Corraze, auteur notamment de *L'Homosexualité* (Paris, PUF, coll. « Que sais-je », 1996). Tout en précisant dans un article récent que l'« on continue néanmoins à user de ce terme dans le cadre d'une perspective totalement objective, dénuée de jugement de valeur, [...] l'homosexualité devant être considérée dans sa perspective anthropologique, c'est-à-dire transculturelle », il conclut de façon laconique : « Les recherches faites sur des populations d'homosexuels, à l'aide de tests de masculinité-féminité, révèlent une forte tendance à une différenciation d'avec les hétérosexuels : association des traits de l'autre sexe à ceux de son propre sexe. » J. Corraze, « Homosexualité », *in* Y. Pélicier (dir.), *Les Objets de la psychiatrie : dictionnaire des concepts*, Le Bouscat (Gironde), L'Esprit du temps, 1997.

remarquable que, dans le but de contourner la véritable problématique, toute l'énergie est dépensée à donner un corps à l'homosexualité (ce que j'appelle ici une théorie), quel qu'il puisse être (toute théorie suffisamment bien « ficelée » pourra faire l'affaire), corps faisant alors office de geôle à celui qui fait peur et que l'on refuse d'affronter, je veux bien sûr parler de ce spectre que nous traquons et qui, enfermé dans ce « concept », sera ainsi mis de côté, refoulé, placé où il ne pourra continuer de hanter. Il sera ensuite loisible de discourir longuement sur la boîte/prison – véritable « papier cadeau » appelé « homosexualité » – sans se soucier le moins du monde de son contenu, alors que c'est précisément la confrontation avec ce prisonnier qui serait susceptible de nous faire avancer dans nos « réflexions sur la question homosexuelle ». Mais penser que notre fantôme va rester dans sa boîte bien tranquillement, c'est mal le connaître !

Prenons l'exemple du discours psychiatrique autour de l'homosexualité : il l'envisage, comme d'ailleurs la plupart des objets de la psychiatrie, suivant les deux axes des comportements et de la structure[46]. Sans s'attarder ici sur les discussions et les conflits entre les tenants du comportementalisme et du cognitivisme d'un côté et ceux de la psychanalyse de l'autre, on peut noter que cette distinction répond à des raisons précises et analysables, à des réflexions sur la notion de sujet, voire de philosophie politique[47]. Quoi qu'il en soit, ces deux façons de concevoir l'homosexualité peuvent être résumées ainsi : la première pose

46. Le même Corraze précise qu'« il faut différencier les comportements des désirs lorsqu'on traite de l'homosexualité ». J. Corraze, « Homosexualité », art. cit.

47. On pourra se reporter à l'essai d'Élisabeth Roudinesco où elle oppose l'*homme comportemental* à l'*homme tragique*. Le premier est défini comme un objet dans le marché mondialisé où tout est échangeable, où l'individu laisse la place à une marchandise qui a un prix, où il est circonscrit par une somme de comportements qui le définissent et qui le rendent comparable (et donc échangeable) avec d'autres individus définis de même. Le second est un sujet

l'homosexuel comme un individu présentant des comportements s'inscrivant dans le panel de ceux qui définissent l'homosexualité (par exemple, avoir des relations sexuelles avec des personnes de même sexe ou encore afficher des comportements du sexe biologique opposé) ; la seconde définit l'homosexualité comme inscrite dans la « nature » psychique d'un sujet. Cette « nature » psychique est entre autres caractérisée par l'identité sexuelle de l'individu (vécu subjectif de l'appartenance à tel ou tel sexe) et par son orientation sexuelle (le sexe des personnes avec lesquelles il a des relations sexuelles, dans la réalité ou dans ses fantasmes). La détermination de ces caractéristiques, qu'elle ait lieu dès l'origine de l'existence du sujet ou dans sa construction progressive, est une question centrale dans cette théorisation de la structure homosexuelle. La question de l'inné et de l'acquis n'est évidemment pas loin, mais nous allons y revenir. Ces deux conceptions sont, comme on peut le voir, éminemment intriquées et ne sont pas, à un niveau psychologique, sans rappeler le débat constructivistes *versus* essentialistes : on peut en effet interpréter les comportements comme des réactions d'adaptabilité au milieu extérieur et la structure comme ce qui fait l'individu *en soi*.

Actuellement, l'homosexualité, suivant en cela le mouvement général de la psychiatrie et de la psychologie fortement inspiré des théories nord-américaines (et du DSM que nous décrivions plus haut), est davantage considérée dans le sens des comportements que dans celui des structures. Faut-il y voir une dissolution postmoderne du sujet

---

inscrit dans son histoire, dans la dimension psychanalytique d'un rapport à lui-même et au tragique (au sens classique) : « Par son ambition métapsychologique la psychanalyse acquiert son statut spécifique. C'est lui qui permet d'opposer l'*homme tragique*, véritable creuset de la conscience moderne, à l'*homme comportemental*, piètre créature scientiste inventée par les adeptes du cerveau-machine. » E. Roudinesco, *Pourquoi la psychanalyse ?*, Paris, Fayard, 1999, p. 153.

(ici clinique) ? Cette tendance est en tout cas sûrement en liaison avec la vision constructiviste de l'homosexualité également en vogue outre-Atlantique. Prenons deux exemples pour illustrer ces penchants comportementalistes. Dans son rapport bien connu sur les comportements des homosexuels américains, Kinsey définit l'homosexuel comme « un individu qui a des contacts l'ayant conduit à l'orgasme avec un membre de son propre sexe[48] » ; il détermine même une échelle allant de l'hétérosexualité exclusive à l'homosexualité exclusive en passant par la bisexualité, et cela en fonction de la fréquence des rapports sexuels avec des personnes de son sexe ou de l'autre sexe. De son côté, le DSM III insiste sur le « mode courant d'excitation » qui se porte sur une personne du même sexe, distinguant le fait que ces excitations soient ou non source de « désarroi » pour la personne, qu'elles soient ou non en accord avec sa personnalité (homosexualité égodystonique ou égo-syntonique).

Il ne faut pas s'y méprendre : cette inflexion de tendance répond à des motivations beaucoup plus politiques que scientifiques. Réfléchir en termes de comportements, c'est accepter le corollaire nécessaire d'apprentissage : les comportements, même si leur inscription se fait dans

48. A.C. Kinsey, A.P. Bell et W.S. Weinberg, *Homosexualités : rapport officiel sur les comportements homosexuels masculins et féminins*, Paris, Albin Michel, 1980. Voici un exemple tiré de ce rapport : « Si l'on se réfère à l'attirance sexuelle, on constate que les femmes mariées déclarent plus souvent que les hommes avoir été sexuellement attirées par quelqu'un du même sexe (6,6 % contre 4,6 %), que cela se soit traduit ou non par un passage à l'acte. Sur l'ensemble des personnes ayant eu au moins un rapport sexuel au cours de leur vie (96 % des hommes et 95 % des femmes), 4,1 % des hommes et 2,6 % des femmes ont déclaré avoir eu au moins un partenaire de même sexe. » Ce type d'enquête n'est pas nouveau : Hirschfeld, au début du siècle en Allemagne, évaluait par une enquête le taux d'homosexuels à 6 % de la population estudiantine et à 4,3 % de la population ouvrière, ce qui n'est somme toute pas si loin des fameux 5 % du rapport Kinsey.

l'origine de l'individu – son innéité –, ne sont jamais que des *phénomènes*, des suppléments attachés à l'individu, des notes sur une partition auxquelles on peut accoler un dièse, un bémol… ou un silence. Cette vision des choses n'est pas nouvelle : dès les premiers travaux sur l'inversion sexuelle, la question a été de savoir si cette « anormalité » était congénitale ou acquise. Outre l'intérêt scientifique d'une telle question, l'intérêt moral saute aux yeux ; il suffit de lire Havelock Ellis pour s'en persuader. Celui-ci notait en effet, au début du siècle, que les théories considérant l'inversion sexuelle comme « congénitale et non pas acquise » permettaient de faire en « sorte qu'on ne pouvait l'appeler vice »[49]. Il est bien question de faute : si l'homosexuel ne peut faire autrement qu'être homosexuel, alors il ne saurait être coupable ; il n'a pas la possibilité de choisir, entre le bien et le mal, entre telle ou telle sexualité. Si, au contraire, l'homosexualité est acquise, alors se profile la possibilité d'un traitement médical pour ceux qui, même s'ils peuvent choisir, ne sont pas assez forts (sont trop lâches, dira Adler[50]) pour le faire et doivent donc être aidés, c'est-à-dire soignés. L'intérêt politique est là : si l'on parle en termes de comportement (que celui-ci soit inné ou acquis, peu importe après tout) et si le comportement en question est sujet à une condamnation morale, alors il n'existe que deux options : l'abstinence ou la transformation de ce comportement[51] – en bref, une

49. H. Ellis, *Études de psychologie sexuelle*, t. II, *op. cit.*, p. 55.

50. « Le médecin ne peut juger de l'étendue de ce facteur [le sentiment d'infériorité de l'homosexuel] que lorsqu'il a saisi entièrement la tragique destinée de l'homosexuel, sa lâcheté en face de la vie normale dont l'exploration est rendue parfois difficile du fait que cette lâcheté échappe au sujet. » A. Adler, *La Compensation psychique de l'état d'infériorité des organes*, suivi du *Problème de l'homosexualité*, Paris, Payot, 1956, p. 144.

51. Dans ce domaine, dès 1897, Ellis demandait « l'étude, la prudence et le scepticisme ». Il décrit ainsi la procédure de Schrenck-Notzing, médecin allemand connu pour pratiquer ce genre de traitements et qui lui paraît « tout

mainmise supplémentaire sur le spectre, une possibilité de le modeler, de l'encourager ou de le condamner suivant l'avantage qu'on veut en tirer. Ainsi, il n'est pas étonnant que les associations homosexuelles aient pu rencontrer les psychiatres autour de l'idée de l'homosexualité analysée en termes de comportements. Si toute la complexité et toute la subversion du *désir homosexuel* sont ainsi shuntées au profit immédiat d'individus et de groupes qui agissent dans le cadre d'actions politiques (politiciennes, dirais-je plutôt) et ne voient pas plus loin que le bout de leur nez, cette perte se fait toujours aux dépens du spectre. Le dernier catéchisme de l'Église catholique ne s'y est d'ailleurs pas trompé puisqu'il pose que les homosexuels « ne choisissent pas leur condition homosexuelle [...] et sont appelés à la chasteté » ; il précise en outre que, « par les vertus de maîtrise, éducatrices de la liberté intérieure, quelquefois par le soutien d'une amitié désintéressée *[sic!]*, par la prière et la grâce sacramentale, [ils] peuvent et doivent se rapprocher, graduellement et résolument, de la perfection chrétienne »[52].

Foucault nous invitait à penser la naissance de l'homosexuel, son arrivée au monde parallèle à celle de la psychiatrie proprement dite. Cette naissance correspondait bien sûr à des exigences d'ordre, tout autant des mœurs

autre chose qu'un exemple à suivre » : « Il traite les cas, même les plus prononcés, d'inversion pendant plus d'une année, et à l'aide de plus de 150 séances hypnotiques ; il prescrit des visites fréquentes au bordel, après absorption de fortes doses d'alcool ; les manipulations prolongées d'une prostituée doivent tenter d'amener l'érection. » H. Ellis, *Études de psychologie sexuelle*, t. II, *op. cit.*, p. 289. Jacques Corraze, même s'il prévient le lecteur que « l'application d'une psychothérapie comportementale à un sujet ne peut se faire qu'avec l'accord des deux parties » et qu'« il ne s'agit donc pas, comme certains se plaisent à le répéter, d'une violence exercée à l'encontre du sujet soumis à une volonté extérieure à la sienne », décrit dans le détail les « désensibilisations systématiques » ou les « déconditionnements adversifs ». J. Corraze, « Homosexualité », art. cit.

52. *Catéchisme de l'Église catholique*, articles 2358 et 2359.

que des mots. Mais, pour renforcer cette volonté de pouvoir des puissants sur les « infâmes », comme les appelle Foucault, pour les soumettre en totalité, il ne suffisait pas de classer les individus de l'espèce homosexuelle à côté des autres espèces, il fallait encore pouvoir asseoir leur existence par un discours scientifique. Des psychiatres français de la seconde partie du XIXe siècle comme Magnan, Charcot ou Tardieu, ainsi d'ailleurs que l'Allemand Krafft-Ebing (qui n'a pas fait que créer une classification où se déclinaient les cas cliniques d'homosexuels[53]), voyaient l'homosexualité comme un des signes de la *dégénérescence* des structures cérébrales, arguant notamment que ces anomalies organiques du cerveau ne pouvaient être mises en évidence à l'époque. Les comportements homosexuels leur semblaient l'apanage des malades mentaux ou dégénérés. Et quant à ceux qui présentaient des comportements homosexuels mais n'étaient pas encore parvenus au stade critique de la démence ou de la folie, c'était bien ce devenir-là qui les attendait : quand bien même les homosexuels ont encore l'apparence des gens normaux, leur caractéristique infâme ne tardera pas à apparaître aux yeux de la clinique et des cliniciens. Belle entreprise de verrouillage, en vérité.

Mais, en réalité, la problématique de la structure et celle des comportements se sont rapidement retrouvées, dès la naissance de l'homosexuel, autour d'une préoccupation plus essentielle, aussi bien pour les chercheurs que pour le pouvoir : celle de la notion de sexe psychique et de la plus ou moins « bonne » adéquation de celui-ci avec le sexe biologique. Le premier cas recensé en 1869 par Westphall dans son célèbre article sur le « sentiment sexuel

53. R. von Krafft-Ebing, *op. cit.*, t. II, p. 158-321. Dans sa classification, il opère une graduation de la dégénérescence en stades aboutissant en dernier recours au changement psychique de sexe.

contraire[54] » ne parle-t-il pas d'une femme qui aimait s'habiller en garçon et avait des relations charnelles avec d'autres femmes ? Karl Heinrich Ulrichs (magistrat allemand né en 1825 et mort en 1895 qui écrivait sous le pseudonyme de « Numa Numantis »), connu pour être le père du terme « uraniste[55] », considérait que les comportements étaient finalement secondaires, tout se résumant à l'assertion suivante : *anima muliebus in corpore virili inclusa*, « une âme de femme vivant dans un corps d'homme »[56]. Il n'avait en effet pas échappé aux taxinomistes de l'époque que c'était par cette brèche, celle de la différence entre le masculin et le féminin, que le spectre pouvait s'échapper de sa boîte.

Féminin, masculin ou homosexuel ?

Il faut dire qu'à l'époque d'Ulrichs l'homosexualité, ou plus précisément le *rapport* homosexuel, se montrait difficile à penser autrement qu'en termes d'hétérosexualité (Hocquenghem parle d'une « conception hétérosexuelle

54. Celui-là même où Foucault situe la « naissance » de l'homosexuel. Voir *supra*, p. 79.

55. Notons que le terme *Urning* (« uraniste ») en allemand était opposé à *Dioning* (de « Dioné ») pour l'homme ayant des relations hétérosexuelles. Ces deux termes prennent leur origine dans le discours de Pausanias dans *Le Banquet* de Platon. Celui-ci oppose deux types d'amour : un qu'il qualifie de « céleste » et dont la représentante est Aphrodite Ourania (née uniquement d'un principe masculin, Ouranos) et qui est un amour s'exprimant entre garçons (un amour « honorable ») ; le second est un amour vulgaire, représenté par Aphrodite Pandèmos (issue d'un principe masculin, Zeus, et d'un principe féminin, Dioné), et s'applique aux amours populaires entre hommes et femmes (amours qui s'intéressent aux corps et délaissent la vertu). À propos du *Banquet* de Platon, voir *infra*, p. 183 et suivantes.

56. Freud lit abusivement un « cerveau » de femme dans un corps d'homme, afin d'étayer la thèse de l'inscription de la bisexualité dans une réalité organique. S. Freud, *Trois Essais sur la théorie sexuelle*, *op.cit.*

du monde homosexuel[57]») : il faut, pour un rapport sexuel, un principe masculin et un principe féminin, et si deux corps masculins ou féminins, deux hommes biologiquement et génétiquement mâles ou deux femmes biologiquement et génétiquement femelles, ont des relations sexuelles, il faut que leur sexe soit différencié d'une façon ou d'une autre. S'il ne peut l'être dans leur corps, il devra l'être dans leur tête. Le terme « inversion » est d'ailleurs ambigu : s'agit-il de l'inversion de son sexe psychique par rapport à son sexe biologique ou de l'inversion du sexe du partenaire choisi par rapport à celui que choisissent habituellement les représentants du sien propre ?

Bersani analyse fort justement cette question dans *À la recherche du temps perdu* de Proust : « "Homosexualité" est évidemment impropre à décrire l'attirance d'un homme pour un autre homme si, comme le veut la conception populaire que Proust semble accepter, de tels hommes ont une âme de femme[58]. » Lorsque le narrateur est témoin, à travers une cloison, du rapport sexuel entre Charlus et Jupien, il ne peut comprendre cette relation entre deux hommes anatomiquement mâles que s'il existe une « différence des sexes » quelque part : « On eût dit deux oiseaux, le mâle et la femelle, le mâle cherchant à s'avancer, la femelle [Jupien] ne répondant plus par aucun signe à ce manège[59]. »

Proust répond à la conception de l'époque, celle de Magnus Hirschfeld, entre autres. « Chez Proust, le désir sexuel est toujours hétérosexuel [...] ; l'homosexualité n'est pas ici autre chose qu'une forme déguisée ou erronée de l'hétérosexualité[60]. » Hirschfeld associait, dans l'étiologie

57. G. Hocquenghem, *Le Désir homosexuel*, *op. cit.*

58. L. Bersani, *Homos : repenser l'identité*, Paris, Odile Jacob, 1998, p. 155.

59. M. Proust, *À la recherche du temps perdu*, *op. cit.*, t. III.

60. L. Bersani, *Homos*, *op. cit.*, p. 158 et 162.

de l'homosexualité, l'aspect congénital ou inné en rapport avec la bisexualité biologique fœtale à une dégénérescence qu'il avait tendance à minorer. C'est cette bisexualité et son inscription dans une innéité qui lui faisait parler de « troisième sexe » (qu'il englobait dans la notion de types sexuels intermédiaires). En fonction des « organes sexuels, des différents caractères physiques, de l'instinct sexuel et des différents caractères moraux », il est possible de déterminer, à l'aide de pourcentages, si nécessaire, la dose de féminin au prorata de la dose de masculin : « Le sexe dans son entier ou tel caractère sexuel particulier s'oriente au départ de l'état unitaire fondamental une fois du côté masculin, une autre fois du côté féminin, tandis que dans un troisième cas il prendra une figure mixte [...] ; une fois ce sont des garçons, une autre fois des filles, une autre fois des "ambigus" [intermédiaires sexuels] »[61]. Ni vraiment masculin, ni vraiment féminin, il pensait ainsi protéger les incarnations du spectre en lui accordant une place à part, sans se rendre compte qu'il l'enfermait là hors de l'endroit où se passent les choses : plutôt que de prendre le risque d'accepter l'aspect subversif de l'homosexualité, qui est de réinterroger la « différence des sexes » là où cette différence existe, Hirschfeld préférait la voir en dehors de cette pomme qu'habituellement elle ronge, au risque de lui faire perdre toute existence. Car placer le spectre dans un endroit tiers, en dehors de là où il y a une « différence des sexes »

61. M. Hirschfeld, *op. cit.*, p. 91-108. Hirschfeld n'est pas le seul à penser de cette façon à cette époque, ce qui explique que Proust et ses contemporains « baignent » dans cette opinion. Citons par exemple Edward Carpenter qui, le premier, utilise le terme *cross-dressing* (à propos du transsexualisme) dans l'article « On the connection between homosexuality and divination and the importance of the intermediate sexes generally in early civilisations », *American Journal of Religious Psychology and Education*, n° 4, 1908, p. 281-298.

– c'est-à-dire au milieu des hommes et des femmes –, c'est le voir dépérir, disparaître. Les brebis égarées de cette dualité finiront toujours par se transformer pour revenir à l'un des deux sexes, le masculin ou le féminin : avec le temps, ce troisième sexe pourra bien choisir l'un des deux autres, ceux qui continuent à faire avancer le monde, à le structurer dans l'ordre tissé par les jeux de pouvoir.

Havelock Ellis avait parfaitement bien compris cela. S'il soutenait également la thèse selon laquelle l'inversion sexuelle est congénitale – probablement à des fins humanistes : nous notions plus haut qu'il ne rangeait pas l'inversion dans le monde des vices car, étant innée, elle ne saurait être de la responsabilité de l'inverti –, il a d'emblée tenté de clarifier les choses en soulignant, dès 1891, que toute classification des invertis[62] était inutile et que la seule différenciation pertinente était celle distinguant l'hermaphrodisme psychosexuel de l'homosexualité. Il avançait ainsi à grands pas sur la voie de la nécessaire distinction entre, d'un côté, être homosexuel et, de l'autre, afficher ce que l'on appellera plus tard un genre (disons ici le sentiment d'appartenir à tel ou tel sexe ou encore d'avoir des comportements spécifiques à tel ou tel sexe) différent de son sexe biologique. Ce faisant, Ellis séparait fondamentalement l'homosexualité de ce qu'il appelait l'« éonisme », où « des individus prennent plaisir à se conduire et s'habiller comme des personnes du sexe opposé au leur et [...] pourtant ne peuvent pas être rangés dans la catégorie des invertis[63] ». Il replaçait l'homosexualité là où se passent les choses, au centre de la mêlée,

62. H. Ellis, *Études de psychologie sexuelle*, t. II, *op. cit.*, p. 63. Il est à noter qu'Ellis, dans ses écrits, semble tout mettre en œuvre pour lutter contre « les injustices faites aux invertis ».

63. H. Ellis, *Études de psychologie sexuelle*, t. VIII : *L'Éonisme ou l'Inversion esthético-sexuelle*, Paris, Le Livre précieux, 1965, p. 19.

pourrait-on dire : « les lois de l'amour homosexuel sont les mêmes que celles de l'amour hétérosexuel[64] ».

Mais l'avancée la plus considérable s'opère sous l'impulsion de Sigmund Freud qui, comprenant comme Ellis l'importance de ne pas mettre les « perversions » – dont l'homosexualité – à la périphérie mais bien de les replacer au centre[65], s'attaque à la difficile question de la séparation théorique entre bisexualité psychique d'une part et homosexualité d'autre part. Sa bataille contre la théorie du troisième sexe d'Hirschfeld est d'ailleurs bien connue : « Il [Freud] oppose au libéralisme, qui n'accepte l'homosexualité qu'à condition qu'elle soit enfermée dans un sexe différent, l'universalité du désir homosexuel en tant que traduction du polymorphisme pervers[66]. » Il n'est pas question d'extraire les homosexuels de la position dans laquelle se trouvent tous les êtres humains face à la sexualité : Freud semble paraphraser Ellis en soulignant que « ces pervers se comportent envers leur objet sexuel à peu près de la même manière que les normaux envers le leur[67] ».

Il faut d'abord se persuader que, tout comme Albert Moll et Havelock Ellis entre autres, Freud se montre d'une libéralité étonnante pour l'époque vis-à-vis des homosexuels, même si son jugement peut parfois sembler à l'emporte-pièce suivant les textes (et les personnes à qui ils

64. H. Ellis, *Études de psychologie sexuelle*, t. II, *op. cit.*, p. 68.

65. Une place particulière doit être faite à Albert Moll, médecin allemand (1862-1939) qui a inspiré Freud dans l'élaboration de sa théorie sexuelle. Dès 1897, dans ses *Untersuchungen über die Libido sexualis*, il incluait dans la sexualité dite « normale » le domaine des perversions sexuelles, et notamment la « sensibilité sexuelle contraire ». E. Roudinesco, M. Plon, *Dictionnaire de la psychanalyse*, Paris, Fayard, 1997, article « Moll, Albert ».

66. G. Hocquenghem, *Le Désir homosexuel*, *op. cit.*, p. 70. Hocquenghem reproche néanmoins à Freud d'avoir enfermé cette « perversion », à peine découverte, « non plus géographiquement mais historiquement, dans le système œdipien ». Nous nous sommes largement étendus sur cette question dans l'acte I.

67. S. Freud, *Introduction à la psychanalyse*, *op. cit.*, p. 284.

s'adressent) ou l'époque à laquelle il écrit. C'est d'ailleurs Ellis que Freud cite dans sa célèbre lettre du 9 avril 1935 à une femme américaine qui s'inquiétait de l'homosexualité de son fils : « L'homosexualité n'est évidemment pas un avantage, mais il n'y a là rien dont on doive avoir honte, ce n'est ni un vice, ni un avilissement, et on ne saurait la qualifier de maladie : nous la considérons comme une variation de la fonction sexuelle, provoquée par un arrêt du développement sexuel. Plusieurs individus hautement respectables, des temps anciens et modernes, ont été homosexuels, et parmi eux on trouve quelques-uns des plus grands hommes (Platon, Michel-Ange, Léonard de Vinci, etc.). C'est une grande injustice de persécuter l'homosexualité comme un crime, et c'est aussi une cruauté. Si vous ne me croyez pas, lisez les livres d'Havelock Ellis[68]. »

Dans le premier de ses *Trois Essais sur la théorie sexuelle* – « Les aberrations sexuelles » –, Freud reprend les façons de concevoir l'homosexualité à son époque, de Magnan et sa théorie de la dégénérescence à Ellis et ses réflexions sur l'inné et l'acquis. Mais ce qu'il saisit d'emblée, et c'est la force de ces trois essais, c'est l'endroit où se situe la véritable question : « Afin d'expliquer la possibilité d'une inversion sexuelle, on a eu recours à une théorie qui entre une nouvelle fois en contradiction avec l'opinion populaire. *Pour celle-ci, l'être humain est soit un homme, soit une femme*[69]. » Jusque-là, et c'est le plus grand reproche qu'il adresse à Hirschfeld[70], la question

68. E. Roudinesco, M. Plon, *op. cit.*, article « Freud, Sigmund ». Cette lettre est publiée dans l'*American Journal of Psychology*, n° 107, 1991, p. 786.

69. S. Freud, *Trois Essais sur la théorie sexuelle*, *op. cit.*, p. 45. Souligné par nous.

70. Freud se montre circonspect face au lobbying des homosexuels qui, « par l'organe de leurs représentants scientifiques, se donnent pour une variété humaine particulière, pour un troisième sexe pouvant prétendre aux même droits que les deux autres ». S. Freud, *Introduction à la psychanalyse*, *op. cit.*, p. 284. Cette leçon de 1917 destinée « à la masse » ne

homosexuelle s'est centrée sur celle de l'appartenance des invertis à un sexe ou à un autre. C'est en suivant le terrain déblayé par Ellis et Moll que Freud veut en finir avec ce flou théorique qui n'est que peu opérant d'un point de vue clinique : « L'inversion et l'hermaphrodisme somatique sont dans l'ensemble indépendants l'un de l'autre. » La théorie de la bisexualité psychique, qui est un maillon essentiel dans la conception freudienne de la sexualité, notamment de l'inversion, n'est valide qu'à partir du moment où on lui donne la place adéquate, non pas tant en l'inscrivant dans une constitution « biologique » qu'en la situant dans une origine psychique commune à tous les individus : « La plus importante des perversions, l'homosexualité, mérite à peine ce nom, elle se ramène à la bisexualité constitutionnelle [...] et ce n'est que par des arrêts et contraintes, subis tantôt dans un sens, tantôt dans l'autre, que cet état [bisexualité] se développe en sexualité normale ou en inversion. » Ce n'est effectivement pas en posant que les invertis masculins sont trop féminins pour pouvoir se ranger au sein du genre masculin que l'on comprendra les méandres du désir homosexuel : la transformation opérée à la suite de la possession par le spectre ne consiste pas en un changement de sexe, fût-il psychique. Freud, avec le pragmatisme qui lui est propre, enfonce d'ailleurs une porte ouverte en remarquant qu'« il ne fait pas de doute qu'un grand nombre d'invertis masculins ont conservé le carac-

montre pas toute la libéralité que l'on peut déceler en 1910 : « Il serait aussi aisé, par humanité, de souscrire à leurs réclamations que malaisé d'accepter leurs théories, édifiées sans tenir aucun compte de la genèse psychique de l'homosexualité [...]. Ces deux constatations [l'homosexualité latente et la fixation à la mère] mettent fin et aux prétentions des homosexuels à être reconnus comme "troisième sexe", et à la distinction, tenue pour importante, entre l'homosexualité innée ou acquise. » S. Freud, *Un souvenir d'enfance de Léonard de Vinci*, Paris, Gallimard, coll. « Idées », 1977, p. 78.

tère psychique de la virilité, qu'ils présentent relativement peu de caractères secondaires de l'autre sexe»[71].

Une fois cette distinction posée et la bisexualité constitutionnelle définie et circonscrite, Freud opère un renversement essentiel : pour l'inverti, «l'objet sexuel n'est pas le même sexe, mais la réunion des deux caractères sexuels, le compromis en quelque sorte entre deux motions dont l'une recherche instamment l'homme et l'autre la femme – cependant qu'est maintenue la condition de la masculinité du corps (des parties génitales) –, le reflet, pour ainsi dire, de la propre nature bisexuelle de l'intéressé[72]». Il introduit ici la notion éclairante de narcissisme, ce qui lui permet de dénouer le problème. De la dualité homme/femme il passe à la dualité même/autre, au rapport de l'individu à ce qui n'est pas ou plus lui-même, rapport qui se joue et se résout dans le reflet de sa propre image. «Chez des personnes dont le développement libidinal est perturbé, comme les pervers et les homosexuels, ils ne choisissent pas leur objet d'amour ultérieur sur le modèle de la mère, mais bien sur celui de leur propre personne[73].»

En 1922, Freud, dans un article où il surajoute un nouveau mécanisme qu'il articule autour de la jalousie, rappelle le trépied «liaison à la mère-narcissisme-angoisse de castration, [...] facteurs au reste nullement spécifiques dans l'étiologie psychique de l'homosexualité», tout en précisant qu'il n'a «jamais cru que cette analyse de l'homosexualité [était] complète»[74]. La position de l'homo-

71. S. Freud, *Trois Essais sur la théorie sexuelle, op. cit.*, p. 48-50.

72. *Ibid.*, p. 50.

73. S. Freud, «Pour introduire le narcissisme» (1914), in *La Vie sexuelle*, Paris, PUF, 1969, p. 93. Dès 1910, Freud explique que les homosexuels «se cherchent eux-mêmes comme objets d'amour, en présentant le type d'objet qu'on peut nommer narcissique». S. Freud, *Un souvenir d'enfance de Léonard de Vinci, op. cit.*, p. 80.

74. S. Freud, «Sur quelques mécanismes névrotiques» (1922), in *Névrose, psychose et perversion*, Paris, PUF, 1973, p. 279.

sexualité dans la théorie sexuelle de Freud est en effet, lorsqu'on y regarde de plus près, tentaculaire et constamment mouvante (il remarque lui-même, après avoir tenté une explication de l'homosexualité de Léonard de Vinci, que « ce que nous dénommons, pour raison de commodité, en bloc, homosexualité, résulte peut-être de processus divers d'inhibition psychosexuelle, et le processus que nous avons mis au jour n'est peut-être qu'un entre plusieurs, et en rapport avec un type donné d'"homosexualité"[75] »). Il est tout à fait important de s'appesantir sur la notion d'homosexualité latente et sur l'importance de ses modes d'expression et de son devenir pour garantir la cohésion sociale. Car la crainte subsiste que, si l'homosexualité n'est ni refoulée, ni sublimée, cette cohésion risque d'être rompue, conduisant la société ainsi disjointe à l'explosion. La perspective de l'homosexualité latente dans la théorie freudienne est en effet éclairante pour situer en quoi l'incarnation (ou l'enfermement) du spectre, selon qu'elle (il) se fait de telle ou telle manière, peut être une source soit d'inquiétude, soit au contraire de réassurance, non seulement à l'échelle de l'individu mais aussi au niveau de la société elle-même[76].

Notre objet n'étant pas ici de développer en détail les différents mécanismes que Freud surajoute les uns aux

---

75. S. Freud, *Un souvenir d'enfance de Léonard de Vinci*, *op. cit.*, p. 81.

76. Hocquenghem démonte cela de façon tout à fait judicieuse en analysant les liens entre paranoïa et homosexualité (les interactions entre l'une et l'autre qui en font tantôt la cause, tantôt la conséquence) dans *Le Désir homosexuel*, *op. cit.* On pense ici à ce que nous analysions à propos de la famille – la destruction de l'unité familiale qui entraînerait dans sa chute la société tout entière – dans le premier acte : Freud donne à l'homosexualité une place similaire (si l'homosexualité n'est pas exprimée « comme il faut », il peut arriver le même genre de catastrophes). Le père de la psychanalyse nous décrit ainsi un autre roman du début de l'humanité que je soumets à votre sagacité : « L'homme primitif avait pris l'habitude, chaque fois qu'il se trouvait en présence du feu, de satisfaire à cette occasion un désir infantile : celui de l'éteindre par le jet de son urine [...].

autres pour expliquer l'homosexualité, nous nous en tiendrons à ce « saut théorique » qui, à côté de la question de la « différence des sexes », a introduit celle du rapport du même à l'autre. Lorsque nous développerons, dans l'acte IV, la position des psychanalystes face à cette conjoncture relativement nouvelle qu'est l'homoparentalité, nous retrouverons cette question de l'altérité et de ses rapports avec l'homosexualité.

Même si les observations de Freud ont eu le mérite de déplacer la question sur la problématique du même et de l'autre, de l'endroit où *je* finit à celui où *l'autre* commence, les interrogations sur lesquelles nous ouvrions cet acte sont toujours d'actualité : pour combien de gens encore « gay » est-il synonyme de « tantouze » et « lesbienne » de « camionneuse » ? Beaucoup, probablement. Freud élargissait le problème en pointant l'« homo- » d'« homosexualité » et la difficulté de penser, dans la question homosexuelle, au-delà de la sexualité, la différence élargissement qui s'avère pertinent, même en ce qui concerne la sexualité en général, d'ailleurs : celle-ci ne saurait se résumer à la « différence des sexes », elle ne fait que se développer dans la « différence » au sens large. Néanmoins, tout comme au début du siècle dernier, il subsiste un élément dont il semble difficile de faire abstraction lorsqu'on veut parler de l'homosexualité, à savoir la possibilité d'envisager un rapport sexuel autrement qu'entre deux sexes différents, autrement que dans un cadre hété-

---

L'extinction du feu par la miction répondait ainsi à une sorte d'acte sexuel avec un être masculin [le symbole phallique de la flamme s'élevant et s'étirant dans les airs], à une manifestation agréable de puissance virile au cours d'une sorte de "joute" homosexuelle. Celui qui renonça le premier à cette joie et épargna le feu était alors à même de l'emmener avec lui et de le soumettre à son service. » Renoncer à son homosexualité, c'est s'ouvrir à la civilisation. S. Freud, *Malaise dans la civilisation*, *op. cit.*, p. 38.

rosexuel (au sens de la différence de sexes qui commercent ensemble). Voici ce que met (voire remet) d'abord en question notre spectre : l'ordre des sexes.

Force est en effet de constater, comme nous allons le voir plus loin, que la question du genre et celle de la « différence des sexes » restent au cœur des préoccupations des théoriciens de l'homosexualité, et que les réponses freudiennes apportées à ce problème à travers la notion de narcissisme (ce qui n'a pas non plus échappé à Lacan, qui s'intéressait bien davantage à ce qui se passait dans les miroirs) n'ont pas suffi à décentrer le débat du ♂ et du ♀. C'est dans le dépassement de cette dualité que pourrait véritablement se désincarner le spectre, nous laissant percevoir sa forme évanescente.

Au-delà de l'incarnation homosexuelle : être gay ou lesbienne

Les premiers mouvements gay et lesbiens naissent aux États-Unis dans les années 1960-1970 et calquent leurs modes de résistance et de lutte sur ceux des mouvements féministes et des communautés noires américaines des décennies précédentes. L'origine de ces mouvements peut être analysée selon deux axes : le premier est le regroupement d'individus autour d'une particularité qui les définit, qui leur donne une identité ; le second est la création d'un groupe, forcément plus fort que les individus isolés, pour lutter contre les discriminations ou les injustices qu'ils subissent. Mais, s'il est aisé de reconnaître une personne noire d'une personne blanche (quoique les métissages rendent les limites floues) et si les femmes sont également facilement différenciables des hommes (quoique la confusion des genres puisse aussi faire éclater ces limites), les homosexuels, eux, sont plus difficilement repérables. Notons par ailleurs que la reconnaissance extérieure a une influence probable sur le vécu subjectif d'appartenance à tel ou tel groupe. J'insiste ici sur l'idée, certes grossière, que les signes extérieurs d'homosexualité ne vont pas de soi, loin s'en faut. Quant à la lutte contre les discriminations, pour les communautés noires américaines, le préjudice porte un nom : l'esclavagisme et le racisme qui en découle. Pour les femmes, l'inégalité flagrante des droits civils, du travail, etc., peut difficilement être niée. Et pour les homosexuels ?

D'emblée, dans le mouvement gay et lesbien, s'est donc posée la question de la définition des membres du groupe : l'oscillation entre une définition *essentialiste* prônant qu'il est dans la nature même de l'individu d'être homosexuel – qu'il existe une *structure* homosexuelle – et une définition *constructiviste* où les catégories sociales ne sont que des constructions épistémologiques – où les *comportements* homosexuels ont une place essentielle – prend ici tout son intérêt, intérêt politique bien entendu. D'une façon plus pragmatique, la création d'une communauté gay et lesbienne peut se lire comme la constitution d'individus opprimés en groupe de pression pour lutter contre une injustice (que l'on qualifie actuellement par le terme « homophobie »). C'est sur ce point que Didier Eribon ouvre ses réflexions sur la question gay : « Au commencement, il y a l'injure[77]. » Même si la création d'une identité est de façon fondamentale au centre de la question, toute la problématique va se penser autour de la cohérence d'un groupe unifiant des individus qui ont en commun l'appartenance à une identité ; l'intérêt du groupe étant de lutter contre les

77. D. Eribon, *Réflexions sur la question gay*, *op. cit.*, p. 29.

discriminations, les préjudices que subissent ces individus (qui, par une sorte de feed-back, de retournement, définissent leur identité parce qu'ils appartiennent au groupe en question), voire de pouvoir demander d'éventuelles réparations.

La procédure est pragmatique : il s'agit d'une territorialisation, tout à la fois de l'intérieur et de l'extérieur. Si vous voulez dessiner un bonhomme sur une feuille blanche et que vous ne disposiez que d'un crayon noir, il y a deux possibilités : soit vous noircissez une ombre qui représentera le bonhomme et se détachera de la feuille blanche, soit vous noircissez l'extérieur du personnage, qui se détachera alors en blanc sur fond noir. Ici, les deux processus s'imbriquent intimement et semblent être mis en jeu presque simultanément, de façon coextensive. L'impossibilité de définir l'homosexualité de façon suffisamment stable (ce qui rend l'idée d'un regroupement autour d'elle impossible) en est la première raison. La seconde est le travail déjà réalisé par la société, les législateurs et les médecins pour circonscrire de l'extérieur l'homosexuel. La Lesbian and Gay Pride (qui commémore les événements de 1969 à Stonewall, quartier de New York où des homosexuels et des travestis, en sortant dans les bars du milieu gay, se sont enfin soulevés contre les attaques répétées et violentes de la police américaine) en est l'exemple paradigmatique pour la communauté homosexuelle. Ou comment des individus isolés et impuissants face à cette oppression et n'ayant guère d'autres choix que de se cacher, d'avoir honte – *shame* –, se sont regroupés autour d'un drapeau arc-en-ciel – *The Rainbow Flag* – pour afficher leur fierté – *pride* – « d'en être ».

C'est autour de cette question que Foucault fait son apparition chez les théoriciens gay et lesbiens : pour résumer sa position, exposée plus haut, il voit dans certaines formes d'identité des constructions sociales qui sont un élément essentiel des jeux de pouvoir nécessaires à l'assise d'une domination – ici la domination hétérosexuelle qui, en tant que normalité, peut s'imposer par la construction de l'homosexualité. Les principaux écrits cités par les tenants des études gay et lesbiennes sont ceux des années 1980 : à cette époque, les travaux de Foucault se déplacent de la politique à l'éthique et de l'analytique du pouvoir (avec son acmé dans *La Volonté de savoir*, livre « culte » pour les études gay et lesbiennes) au rapport à soi. Selon lui, la conduite éthique se doit d'être une démarche réellement adoptée, embrassée par les individus, plus que l'un des impératifs moraux universels : il s'agit de la recherche d'un véritable « art de l'existence » passant par une « culture de soi » (Foucault fait ici le parallèle avec une certaine façon de vivre en Grèce antique, citant l'incontournable Diogène Laërce et son *Vie, doctrines et sentences des philosophes* écrit au IIIe siècle après J.-C. : « Les serviteurs étaient esclaves de leurs maîtres, et les gens immoraux l'étaient de leur désir[78] »). Il en arrive tout naturellement au « souci de soi » : on ne peut s'inventer que si l'on se soucie de soi. Dans ce cadre, l'homosexuel a pour Foucault une place à part, une « position en biais » qui ouvre des « virtualités relationnelles et affectives »[79].

Citons encore ces phrases célèbres si souvent reprises : « Être gay, c'est être en devenir. Il ne faut pas être homosexuel mais s'acharner à devenir gay[80]. » Foucault signifie par là que, pour s'échapper de la définition « homosexuel » qui est une condition psychologique, il faut inventer un

78. M. Foucault, *Histoire de la sexualité*, t. II, *op. cit.*, p. 108.
79. M. Foucault, « De l'amitié comme mode de vie », in *Dits et Écrits IV*, Paris, Gallimard, coll. « Bibliothèque des sciences humaines », p. 166.
80. M. Foucault, « Entretien avec M. Foucault », *ibid.*, p. 295.

nouveau style de vie, cultiver un soi qu'il nomme « gay ». On pensera ici au passage de *La Volonté de savoir* où Foucault parle du « discours en retour », c'est-à-dire du fait que les homosexuels utilisent les arguments et les termes de la psychologie et du vocabulaire médical qui les disqualifient. C'est par cette déconstruction de l'ordre et des champs culturels qu'une opposition peut se penser, non pas tant pour critiquer le système en place ou pour s'y intégrer que pour réinventer, créer, « renverser les choses[81] ». L'homosexualité (ou plutôt le fait d'être gay ou lesbienne) doit être perçue comme l'équivalent des pratiques antiques de la maîtrise de soi. La grande force de Foucault, à cette époque, est de politiser les corps et les sexes, et, du coup, de permettre une dépsychologisation des objets jusqu'alors emprisonnés dans un discours dont il était impossible de sortir et qu'il était même impossible de voir tant il nous semblait aller de soi.

Ce qu'ont bien compris les mouvements homosexuels américains, c'est le manque de force d'une attitude consistant à penser en termes d'« homosexualité » (ou même à rechercher une définition) pour fonder une action politique : ne pas être homosexuel mais devenir gay ou lesbienne. Mais si l'avantage de cette récupération « constructiviste » de l'identité est l'efficacité politique immédiate, le « risque » est de voir l'identité ainsi circonscrite devenir plus mouvante et plus sujette aux changements (ne serait-ce qu'en fonction des variations du milieu) que si elle avait été définie de façon « essentialiste ». Cette force constructionniste, qui s'oppose à un diktat essentialiste peuplé de définitions rigides et imposées, peut se révéler un redoutable talon d'Achille. C'est ainsi que, pour se trouver dans la position de tenir un combat qui pouvait

81. M. Foucault, « Le triomphe social du plaisir sexuel », *ibid.*, p. 311

sembler perdu d'avance – à savoir le combat pour garder sa spécificité homosexuelle alors que la condition de l'intégration dans la norme est la nécessité d'être comme la norme l'impose, c'est-à-dire hétérosexuel –, la communauté homosexuelle américaine a tenté une assimilation tout en défendant une singularité séparatiste (Kosowski Segdwick parle de « séparatisme assimilationniste[82] »).

Ces difficiles positionnements théoriques et politiques sont l'objet de ce que l'on a appelé les « Études gay et lesbiennes » (*Gay and Lesbian Studies*). Dans la façon d'envisager ces questions liées au communautarisme (assimilation, singularisation, séparatisme, dissolution, universalisation, etc.), il est possible schématiquement de repérer deux courants. Le premier reste fidèle à l'idée de groupe, considérant que l'affirmation de son identité gay ou lesbienne et la lutte pour les droits et contre les discriminations ne peuvent passer que par un groupe de pression. Même si, d'une certaine façon, elle a été assignée par la majorité ou la norme dominante, c'est de cette place que pourra s'organiser la lutte ; et, une fois dans la place, à l'image du cheval de Troie, il sera toujours possible de faire tomber les murs. Les disciples du deuxième courant, eux, voient dans toute idée de regroupement un renforcement de cette surveillance panoptique[83] et craignent de perdre leur intégrité constitutionnelle par une dissolution dans la masse : autrement dit, toute tentative de subversion de l'ordre établi à partir d'un groupe situé à l'intérieur de la norme (même proche de la périphérie) est illusoire. L'attitude à adopter serait plutôt le retour à la singularité de l'individu, qui

82. E. Kosowski Segdwick, « Construire des significations queer », *in* D. Eribon (dir.), *Les Études gay et lesbiennes*, *op. cit.*, p. 115.

83. M. Foucault, *Surveiller et Punir : naissance de la prison*, Paris, Gallimard, coll. « Tel », 1975. Le « panoptique » est un système carcéral imaginé au siècle dernier, grâce auquel tous les prisonniers pouvaient être vus à chaque instant par les gardiens qui, eux, restaient invisibles.

pourrait lui-même être objet de lutte : être nulle part pour ne pas se faire repérer, et être partout comme autant de points d'attaque répartis sur l'ensemble de la surface cible.

Mais revenons à notre spectre. Cette incarnation gay ou lesbienne a deux mérites par rapport à la précédente (homosexuelle) : le premier est de ressembler davantage à une incarnation « librement consentie » par le fantôme qu'à une prison, tant il semble que le sujet récupère un libre arbitre vis-à-vis du terme qui le définit ; le second est une conséquence du premier, à savoir la puissance politique potentielle (la « résistance », pour reprendre le terme de Daniel Bensaïd[84]) contenue dans cette réappropriation. Toutefois le spectre, dont la particularité est de pouvoir se faufiler par tous et partout, trouvera-t-il ici un lieu suffisamment large, suffisamment peu « circonscrivant », pour œuvrer librement dans ses « hantises » ? D'une certaine manière, lors de la Lesbian and Gay Pride, puisque les gays et les lesbiennes sont dans le défilé, les badauds qui les regardent passer ne sauraient « en être ». Mais ces badauds, parmi lesquels se sont faufilés Nicolas, qui revient du sauna gay, Véronique, de retour d'un lieu de drague homosexuel, Sandra, qui pense à son amante Pascale, ou Benjamin, rêvant à son petit ami François, ne peut-on les appeler « gays » et « lesbiennes » ? Nous relevions à l'instant deux façons de concevoir le spectre et ses incarnations (incarnations décidément difficilement résumables au terme « homosexualité », même pris au pluriel !) : si les incarnations gay et lesbiennes restent hermétiques à une définition théorique délimitée (l'homosexualité), elles ne le sont bien évidemment pas à une territorialisation géographique (la communauté gay et lesbienne). Pour les incarnations queer, en revanche, ce terri-

84. D. Bensaïd, *Résistances : essai de taupologie générale*, Paris, Fayard, 2001.

toire même est trop étroit pour notre spectre. « Queer », serait-ce un terme suffisamment ample pour qu'il puisse exprimer sa capacité subversive ?

Au-delà de l'incarnation gay et lesbienne : être queer

Cultiver un soi nommé « gay » peut être considéré comme encore trop normalisé, trop psychologisé, trop soumis à la domination ambiante. Toute l'ambition du mouvement queer est d'échapper à l'assignation normative dominante : « L'importance du travail de Foucault pour la politique queer [...] consiste dans la tentation de vider l'homosexualité de son contenu substantif, de ses déterminations psychologiques et matérielles, pour en faire le lieu d'une construction permanente et d'un renouvellement des identités toujours changeantes[85] », analyse David M. Halperin. Il faut préciser le contexte politique dans lequel s'inscrit le mouvement queer, à savoir le reaganisme américain, période pendant laquelle la gauche est partagée entre un certain conservatisme et un antihumanisme radical (inspiré par les penseurs français Lévi-Strauss, Lacan, Foucault, Derrida – même si ce dernier « récuse toute assimilation de sa "déconstruction" aux notions "attrape-tout" de postmodernisme et de poststructuralisme[86] »). Les études sur le genre (pierre angulaire des préoccupations queer) prennent ici tout leur sens en tant que moyen possible de lutte pour permettre de « s'écarter des valeurs de la société hétéronormative[87] » au sein desquelles l'appartenance à tel ou tel sexe se situe dans le peloton de tête.

Queer, en américain, veut dire « bizarre » et est utilisé

85. D.M. Halperin, *Saint Foucault, op. cit.*, p. 132.
86. D. Bensaïd, *Résistances, op. cit.*, p. 188.
87. D.M. Halperin, *Saint Foucault, op. cit.*, p. 75.

comme une insulte envers les homosexuels (à l'image de « pédé »). Selon Kosowski Segdwick, le mot signifie « à travers » et vient de la racine indo-européenne *twerkw*, qui a donné également le latin *torquere* (« tordre »), l'allemand *quer* (« transversal »), l'anglais *athwart* (« en travers »)[88]. Le queer se veut antinaturel et anti-essentiel « par essence » ; « il prend son sens dans sa relation d'opposition à la norme[89] ». Le queer tente de théoriser une résistance à la norme : reconstruire l'identité de manière oppositionnelle (après une déconstruction de celle imposée par la domination ambiante) afin de définir le queer en opposition au *normal* plutôt qu'à l'hétérosexuel. Programme ambitieux qui pourrait se résumer ainsi : les queers se définissent par la recherche de leur définition ; « les queers ont une réflexion sur la pratique sociale simplement en étant à la recherche des moyens d'être gay[90] », d'être gay ou quoi que ce soit d'autre… Le queer, pour Kosowski Segdwick, est « une politique qui serait à la fois non séparatiste et non assimilationniste », c'est « la matrice ouverte des possibilités, les écarts, les imbrications, les dissonances, les résonances, les défaillances ou les excès de sens quand les éléments constitutifs du genre et de la sexualité de quelqu'un ne sont pas contraints (ou ne peuvent l'être) à des significations monolithiques. Ce sont ces aventures et les expériences politiques, linguistiques, épistémologiques, figuratives que vivent ceux d'entre nous qui aiment à se définir (parmi tant d'autres possibilités) comme lesbiennes féminines et agressives, tapettes mystiques, fantasmeurs, drag-queens et drag-kings, clones, cuirs, femmes en smoking, femmes féministes ou hommes féministes, masturbateurs, folles, divas, snap !, virils soumis, mythomanes,

88. E. Kosowski Segdwick, *op. cit.*, p. 115.
89. D.M. Halperin, *Saint Foucault*, *op. cit.*, p. 75.
90. M. Warner, *Fear of a Queer Planet*, Minneapolis-Londres, University of Minnesota Press, 1993, p. XIII (ma traduction).

transsexuels, *wannabe*, tantes, camionneuses, hommes qui se définissent comme lesbiens, lesbiennes qui couchent avec des hommes... et aussi tous ceux qui sont capables de les aimer, d'apprendre d'eux et de s'identifier à eux»[91]. Le moyen politique principal que se donne le queer est d'inventer de nouvelles identités plutôt que de se référer constamment à celles qui existent déjà.

On comprend pourquoi l'identité sexuelle (le genre) peut intéresser le queer : les études de genre (*gender studies*) ont pour préoccupation centrale de réinterroger les rapports homme/femme, masculin/féminin (de même que les pratiques sadomasochistes questionnent les rapports dominant/dominé). C'est en travaillant sur la notion de genre qu'une philosophe américaine, Judith Butler, a apporté une pierre essentielle à l'édifice queer.

Voilà que fait retour l'interrogation sur la «différence des sexes» que nous pensions avoir laissée derrière nous, dans les vieux livres des Ulrichs et autres Hirschfeld. Le genre ne s'enferme certes pas, au sein des *gender studies*, dans une vision psychologisée de «sexe psychique», et ce n'est pas tant ce qu'il est que la possibilité subversive qu'il contient qui intéresse ces penseurs de la fin du XXe siècle[92]. Citant

91. E. Kosowski Segdwick, *op. cit.*, p. 115.

92. On peut néanmoins trouver cet «archaïsme» dans les travaux bien connus de Stoller sur le genre. Mais ses préoccupations ne sont certes pas vraiment politiques. Il définit ainsi le genre : «Le terme "identité de genre" renvoie au mélange de masculinité et de féminité dans un individu, ce qui implique que l'on trouve et la masculinité et la féminité chez chacun, mais sous des formes différentes et sous des degrés différents. Ce n'est pas la même chose que l'état de mâle et l'état de femelle, qui ont une connotation biologique. Bien que la masculinité cadre bien avec l'état de mâle et que la féminité aille avec l'état de femelle, le sexe et le genre ne sont pas forcément liés.» R.J. Stoller, *Masculin ou féminin ?*, Paris, PUF, coll. «Le Fil rouge», 1989, p. 30. Stoller sépare totalement la question de l'homosexualité de la question du genre : il définit les homosexuels comme «des garçons et des hommes, ici encore biologiquement normaux, qui, se sachant mâles et s'acceptant comme tels, préfèrent les mâles comme leurs objets sexuels, et inversement pour les filles et les femmes». *Ibid.*, p. 48.

Simone de Beauvoir, Butler pose que « le terme de *gender* sert à "qualifier" les corps en tant que corps humains ; le moment où un enfant devient un être humain est celui de la réponse à la question : "Est-ce un garçon ou bien une fille ?" [...] Personne ne naît avec un genre – le genre est toujours acquis [...] ; [même si] on naît avec un sexe, en tant que sexe, sexué, et [même si] le fait d'être sexué et d'être humain est coextensif et simultané, le sexe reste un attribut analytique de l'humain ; il n'y a pas d'humain qui ne soit pas sexué. Le sexe est un attribut nécessaire à la qualification de l'être humain. *Mais le sexe ne crée pas le genre et le genre ne peut pas être compris comme le reflet ou le mode d'expression du sexe* [...]. Si le sexe et le genre sont radicalement distincts, on ne peut pas en déduire qu'être d'un sexe donné conduit à avoir un genre donné ; en d'autres mots, "femme" n'est pas nécessairement la construction culturelle du corps féminin et "homme" ne traduit pas forcément le corps masculin[93] ».

Si Butler rend un hommage appuyé à Monique Wittig (lesbienne américaine dont le travail sur les liens entre les limites du corps et leurs assignations sociales n'est pas étranger au queer[94]), elle souligne son erreur de vouloir absolument séparer homosexuel et hétérosexuel : « La disjonction radicale posée par Wittig entre hétérosexualité et homosexualité est tout simplement fausse [...] ; il y a des structures de l'homosexualité psychique au sein des relations hétérosexuelles et des structures de l'hétérosexualité psychique au sein de la sexualité et des rapports gay et les-

93. J. Butler, *Gender Trouble, Feminism and the Subversion of Identity*, New York et Londres, Routledge, 1999, p. 142. Cette édition, la seconde de son livre paru en 1990, est augmentée d'une préface où elle analyse l'influence qu'a eue ce livre majeur, curieusement toujours non traduit en français. Ainsi, toutes les citations extraites de ce livre sont traduites par l'auteur. Dans cette citation, ce qui est souligné l'est par nous.

94. M. Wittig, *La Pensée straight*, Paris, Baland, 2001. À propos de Monique Wittig, voir *supra*, p. 74, note 16.

biens [95].» D'une certaine manière, Butler ne fait qu'enfoncer le clou déjà bien planté par les coups de marteau – bisexualité psychique, narcissisme – de Freud [96]. Pour elle, une subversion homosexuelle ne peut prendre naissance que dans une réappropriation des termes créés par les hétérosexuels pour retourner quelque chose au discours dominant [97]. L'exemple qu'elle développe et qu'elle présente dans son livre comme archétype est celui du travestissement (*drag*) qui signe une résistance possible en affirmant l'irréductibilité du genre au sexe : «En imitant le genre, le travesti révèle de façon implicite la dimension d'imitation du genre lui-même – de même que sa contingence [98].» En

95. J. Butler, *Gender Trouble, Feminism and the Subversion of Identity, op. cit.*, p. 155.

96. «La conceptualisation de la bisexualité en termes de *dispositions*, et féminine et masculine, qui poursuivent des buts hétérosexuels par une mise en corrélation de leurs intentions respectives, cette conceptualisation suggère que Freud voyait *la bisexualité comme la coïncidence de deux désirs hétérosexuels au sein d'une même psyché.*» *Ibid.*, p. 73-84.

97. Voir le «discours en retour» de Foucault dans *Histoire de la sexualité*, t. I, *op. cit.*, p. 101. «Les termes de *queens, butches, femmes, girls* et même la réappropriation parodique de *dyke, queer* et *fag* redéploient et déstabilisent les catégories de sexe [biologique, opposé à genre] et les catégories de l'identité de sexe à l'origine péjorative. Tous ces termes peuvent être compris comme des symptômes de l'"esprit hétéro", des modes d'identification à la version de l'oppresseur de l'identité des opprimés.» J. Butler, *Gender Trouble, Feminism and the Subversion of Identity, op. cit.*, p. 156.

98. *Ibid., p.* 175. Leo Bersani se montre critique sur l'éventuelle portée politique que peut avoir le *drag*; il affirme que cette resignification, la parodie, ne fait que «présenter à la culture dominante le spectacle d'une irrévérence politique impuissante», et rappelle que «la subversion, qui demeure dans la pensée de Butler un terme essentiel, signifie avant tout, d'après le dictionnaire, le renversement d'un système»; «il est en tout cas extrêmement douteux que la resignification, ou le redéploiement, ou le mime parodique, puisse jamais renverser quoi que ce soit. Ces activités mimétiques sont bien trop intriquées dans les normes qu'elles cherchent à détourner». L. Bersani, *Homos, op. cit.*, p. 72. Judith Butler répond indirectement à cet argument en posant que «la performativité n'est pas un acte isolé, mais *une répétition et un rituel*, qui arrive à ses fins à travers sa naturalisation dans le corps, compris, en partie, comme une durée temporelle culturellement soutenue». J. Butler, *Gender Trouble, Feminism and the Subversion of Identity, op. cit.*, p. XV. Il s'agit de la nouvelle préface de la réédition de 1999. Souligné par nous.

somme, « l'objectif normatif d'une pratique gay et lesbienne devrait se situer au niveau du *redéploiement subversif* et parodique du pouvoir plus qu'au niveau du fantasme irréalisable de transcender totalement ce même pouvoir[99] » : si cette réflexion sur une portée politique (de résistance) des travestis, de ceux qui montrent au grand jour les « troubles dans le genre », reflète le chemin parcouru dans la façon de percevoir le spectre depuis Freud, celui-ci est maintenant envisagé dans sa capacité subversive de transformation. Cette lecture moderne est tout à fait discernable chez Freud, qui la développe dans une optique plus timide – époque oblige – mais ne souhaite pas tant faire des incarnations du spectre des prisons que des lieux de subversion.

Les débats autour de l'efficacité politique du queer sont nombreux : la question de la création d'un groupe de pression suffisamment fort pour défendre les intérêts de ses membres est-elle ainsi compatible avec la notion de queer ? Dans une tentative de profiter de cette opportunité offerte par une multitude d'individus qui sont autant de puces dans la fourrure de la normalité, un groupe de pression original a vu le jour, la Queer Nation, dont le cri de guerre était : « *We are everywhere.* » Mais, pour fonder une nation, l'utilisation du *nous* est obligatoire, d'où l'ambiguïté d'un tel groupe : même si ses membres sont partout et difficilement identifiables, comment concevoir un passage entre des *je* multiples et un *nous* susceptible d'action politique[100] ? Comment empêcher que, dans la création d'un tel groupe, le terme « queer » ne devienne un « synonyme virtuel » de « gay » mais en entraînant un « dégaiement de la gayness »[101] ? Notons enfin

99. J. Butler, *Gender Trouble, Feminism and the Subversion of Identity, op. cit.*, p. 158. Souligné par nous.

100. L. Bersani, « Trahisons gay », *in* D. Eribon (dir.) *Les Études gay et lesbiennes, op. cit.*, p. 65-72, et L. Bersani, *Homos, op. cit.*

101. D.M. Halperin, *Saint Foucault, op. cit.*, p. 75. Il voit dans cette création un risque homophobe de stigmatiser ceux qui restent gay et lesbiennes,

la difficulté théorique de penser un groupe qui définit son identité autour de la réparation due (eu égard aux préjudices subis par les membres qui le composent avant même sa création en tant que groupe)[102]. Dans cet ordre d'idées, la *Queer Theory*, créée en 1990 par Teresa de Lauretis (en opposition aux *Gay and Lesbian Studies*) pour « insister sur tout ce qu'il y a de pervers dans le projet de théoriser le plaisir et le désir sexuels[103] », est rapidement devenue synonyme des Études gay et lesbiennes dans les librairies.

Le queer ne risque-t-il pas, à son insu, de développer de nouvelles formes de discipline et de normalisation d'autant plus dangereuses et difficiles à repérer qu'elles seraient insidieuses ? Il suffira de choisir la bonne dose de *queerness* pour être branché : le bon piercing, le bon tatouage, la bonne coupe de cheveux *destroy* qui pourra même, éventuellement, rentrer dans un cycle de commercialisation. Halperin, citant Foucault, remarque de façon pertinente qu'aucun groupe social n'incarne le queer car le queer est le renouveau constant : il faut « maintenir la fonction de l'identité queer comme lieu vide pour une identité toujours en création et jamais réalisée[104] ». C'est ici que s'exprime la réelle force du queer, celle de poser une réinterrogation constante et répétée de la

102. On pourra se reporter à un échange de points de vue entre Nancy Frazer, Richard Rorty et Judith Butler : J. Butler, « Merely cultural », *New Left Review*, n° 227, 1998, p. 33-44 ; N. Frazer, « Heterosexism, misrecognition and capitalism : a response to Judith Butler », *New Left Review*, n° 228, 1998, p. 140-149 ; N. Frazer, « Pourquoi il ne suffit pas de vaincre les préjugés : réponse à Richard Rorty », *Mouvements*, n° 12, novembre-décembre 2000, p. 93-97 ; R. Rorty, « La notion de reconnaissance culturelle peut-elle servir une politique de gauche ? », *Mouvements*, n° 12, novembre-décembre 2000, p. 85-92. Un commentaire synthétique et tout à fait éclairant se trouve dans le petit opuscule de Daniel Bensaïd, *Les Irréductibles : théorèmes de la résistance à l'air du temps*, Paris, Textuel, coll. « La Discorde », 2001.

103. Cité par D.M. Halperin, *Saint Foucault, op. cit.*, p. 123-124 : il insiste sur le risque de « codifier les pratiques de résistance ».

104. *Ibid.*

norme. Cela n'est pas sans rappeler l'aspect mobile du lien intrafamilial dont nous parlions dans l'acte I : tout comme pour « ces travestis, ces camionneuses, etc., [qui] sont des formes de genre et de sexualité légitimes, [on peut] faire de même pour les rapports de parenté. Comme pour le travestissement, il convient d'élargir ce que nous désignons comme la "réalité de la parenté" aux familles monoparentales, aux parents de même sexe, aux familles recomposées. Elles sont tout aussi réelles et légitimes que la famille nucléaire hétérosexuelle[105] ». Cette réinterrogation, Butler l'affirme en soulignant que « les actes de subversion courent toujours le risque de devenir des clichés à travers leur répétition[106] ». Si ce mode de réinterrogation (le spectre ?) ne fait que répéter sans déconstruire, il ne saurait faire advenir l'événement subversif seul capable de questionner, voire de *trans*-former (*twerkw*) une ontologie figée par un structuralisme borné, et, de mouvement centrifuge qu'il devrait et pourrait être, il est irrésistiblement rappelé au centre. Il lui faut être constamment décalé, tenu à côté de lui-même, y compris et surtout dans ses incarnations.

Du FHAR à l'APGL : le spectre vole toujours

Le queer est vu, en France, d'un œil méfiant : à juste titre si la méfiance est la même que celle envers l'émiettement postmoderne, la postmodernité étant cette fameuse « fin de l'Histoire », ce lieu et ce temps dans lesquels nous serions censés nous trouver et qui en auraient fini avec les grands discours, ceux dont le maître mot était l'émancipation – qui

105. J. Butler, « Toute forme de parenté est légitime », *Libération*, 24 juin 2000.

106. J. Butler, *Gender Trouble, Feminism and the Subversion of Identity*, *op. cit.*, p. XV.

affirmaient que « le progrès des sciences, des techniques, des arts et des libertés politiques affranchira l'humanité tout entière de l'ignorance, de la pauvreté, de l'inculture, du despotisme, et ne fera pas seulement des hommes heureux mais, notamment grâce à l'École, des citoyens éclairés, maîtres de leur destin[107] » – et qui, au bout du compte, n'auraient fait que nous conduire dans les goulags, à Auschwitz ou à Hiroshima ; beaucoup moins si la crainte est qu'il frappe, comme le dit Halperin, au cœur des privilèges épistémologiques et politiques des tenants des « philosophies » structuralistes, humanistes, essentialistes, etc.[108] : il est difficile de scier la branche sur laquelle on est assis ! Derrière cette inquiétude se cache probablement la tradition républicaine française, qui pose que l'on est en priorité un citoyen avant toute autre appartenance de groupe, ethnique, religieuse ou culturelle – l'exemple du Mouvement des citoyens de Jean-Pierre Chevènement est, à cet égard, des plus frappants... et des plus navrants en ce qui concerne les sans-papiers, humains, certes, mais pas citoyens français. Une solution au problème universel/singulier qui flirterait avec l'appartenance communautaire ne peut être envisagée, dans ce contexte, qu'avec une certaine défiance.

Si l'on survole l'histoire des mouvements homosexuels en France ces dernières années[109], Act Up rappelle, de par son fonctionnement, de nombreux aspects du queer, sa force venant probablement du fait que, bien qu'il soit composé en majorité d'homosexuels, l'accent mis sur la lutte contre le sida permet de polariser des « singularités accourues de toutes parts[110] » : toxicos, pédés, prisonniers,

107. J.-F. Lyotard, *La Condition postmoderne : rapport sur le savoir*, Paris, Éditions de Minuit, 1979, p. 117.

108. D.M. Halperin, *Saint Foucault, op. cit.*, p. 133.

109. Citons ici le remarquable travail, au demeurant bien décrié, de F. Martel, *op. cit.*

110. G. Deleuze, F. Guattari, *op. cit.*, p. 90-91.

etc. Un excellent exemple avant l'heure est le Front homosexuel d'action révolutionnaire (FHAR), fondé dans les années 1970 et dont certains membres n'hésitaient pas à affirmer : « Nous sommes avec les femmes le tapis moral sur lequel vous essuyez votre conscience [...]. Nous ne sommes pas contre les "normaux", mais contre la société normale [...]. Nous sommes 343 salopes [...]. Nous nous sommes fait enculer par les Arabes, nous en sommes fiers et nous recommencerons[111]. » Au-delà du cliché de l'incursion dans l'émission de Ménie Grégoire et de la polémique autour du numéro de *Tout!* de Jean-Paul Sartre, Martel souligne que, « ni identitaire, ni réformateur, ni antidiscriminatoire, le FHAR a choisi un mode révolutionnaire refusant l'assignation des homosexuels à une identité[112] ». Analyse trop rapide, car il était bien question d'identité, mais d'une identité pouvant paraître noyée, entre autres, dans celles d'« homosexuel » ou de « révolutionnaire », une identité queer, pourrait-on dire aujourd'hui.

En 2000, la plus grande association homosexuelle de France est l'APGL (Association des parents et futurs parents gay et lesbiens)[113], une association qui demande à entrer au sein de l'UNAF (Union nationale des associations familiales)... et se voit opposer un refus. Y a-t-il encore une subversion possible lorsqu'une association condense en elle-même et la famille et l'homosexualité ? Le terme « association familiale » est-il compatible avec « association homosexuelle » ? Tout dépend de la façon dont on conçoit la famille et l'homosexualité. Beaucoup

111. FHAR, *Rapport contre la normalité*, Paris, Champ libre, 1971.

112. F. Martel, *op. cit.*, chap. 1 : « Je m'appelle Guy Hocquenghem ».

113. Notons néanmoins qu'en additionnant tous les membres des CGL (centres gay et lesbiens) de France, qui sont certes des associations différentes mais réunies en réseau, on en arriverait probablement au même nombre d'adhérents.

voudront voir dans la famille l'instance normalisatrice et dans l'homosexualité l'entité subversive, alors que ces assignations sont loin d'aller de soi. Nous avons pu voir dans ces deux premiers actes que, si la famille comporte une capacité subversive certaine, l'homosexualité a longtemps été (et est peut-être toujours) un lieu de positionnement arbitraire face à la norme.

Affirmer que l'homosexualité et la famille sont inconciliables ne fait que renforcer l'impression que ces deux « entités » ne sont pas autre chose que des pièges ou des trappes destinés à emprisonner le spectre. Il faut se méfier des trop grandes accointances entre le positionnement scientifique et le positionnement moral, qui iraient dans le sens de ces assignations « trop faciles » (famille = ordre et homosexualité = désordre), lesquelles préfèrent une distinction caricaturale à une possible réapparition du spectre : séparons ceci de cela, la famille de l'homosexualité, trouvons mille et une bonnes raisons pour justifier une telle dissemblance en espérant qu'ainsi jamais ne sera ouverte la boîte de Pandore.

Mais il est tout de même là, notre spectre : il est ce dont on ne *veut* pas parler, ce qu'il faut recouvrir de théories. Si nous ne sommes pas parvenus à lui trouver un nom, c'est peut-être parce qu'il est *toute tentative de subversion de la norme imposée*[114]. L'homosexuel, le gay, la lesbienne et le queer ne sont intéressants que parce qu'ils sont autant d'accidents qui grippent le système de fermeture de la boîte… au même titre que l'entité familiale.

Dans ce cas, sur quoi vont bien pouvoir s'appuyer ceux qui souhaitent enfermer le spectre, inquiets qu'ils sont de

114. Pierre Bourdieu voit dans le mouvement gay et lesbien la subversion d'un ordre symbolique violent. P. Bourdieu, « Quelques questions sur la question gay et lesbienne », *in* D. Eribon (dir.), *Les Études gay et lesbiennes, op. cit.*, p. 45.

son pouvoir potentiel s'il venait à être libéré ? Le néologisme « homoparentalité » et la possibilité pour les homosexuels de faire famille tombent à pic : les enfants, voilà du pain bénit pour nos traumatisés du spectre ! Son enfermement, qui doit passer par la séparation du bien et du mal, du fou et du raisonnable, du « sans risque » et du dangereux, de l'ordre et du désordre, du normalisateur et du subversif, son emprisonnement, donc, va pouvoir se faire dans un nouveau lieu géographique : c'est dans la tête de l'enfant qu'il va être engeôlé ; c'est dans cette tête que l'on recherchera (et trouvera à coup sûr !) les problèmes liés à la question de la « différence des sexes ». Les arguments prouvant que les homosexuels qui élèvent des enfants ne peuvent être de bons parents ou sont dangereux pour leur construction psychique ne seront pas bien difficiles à trouver : il suffira de revenir cent ans en arrière et de parler de la référence aux deux (trois ?) sexes, de la référence à l'altérité au sens large. Cette fois, c'est l'enfant qui est pris en otage. De marches blanches en assomptions de l'enfant roi, il est de toute façon évident que notre société préfère lui ôter sa « perversion polymorphe » au profit d'une « blanche innocence », quitte à lui retirer au passage son statut d'être humain ! Ultime tentative pour enfermer le spectre dans des individus qui « n'en sont pas ».

Mais notre ami le spectre nous a montré qu'il ne se laissait pas si facilement emprisonner, que c'était par la possession qu'il continuait à lutter contre la normalisation à tout va. Ce n'est donc pas en prouvant que les enfants vont bien que l'on pourra faire passer la pilule des parents homosexuels, tout comme ce n'est pas en prouvant que l'homosexualité est « sans danger » que l'on garantira le bien-être de l'enfant (et ne me parlez pas de « principe de précaution » !). En bref, il faut à tout prix éviter de souscrire à cet ultime verrouillage de la capacité de changement (de la force subversive) de la famille et de l'homosexualité. L'*homoparentalité* n'est pas plus dans la tête de l'enfant que la *famille* n'est au sein du triangle magique de l'œdipe ou l'*homosexualité* dans un manuel de psychiatrie.

Le spectre, lui, pour notre plus grande chance, continue de hanter ; probablement parce qu'il sait qu'il reste encore « quelque chose de pourri au royaume du Danemark[115] ».

115. W. Shakespeare, *Hamlet,* acte I, scène 4.

Acte III

Les réalités de l'homoparentalité

Homoparentalité [...] : j'aime bien l'idée de pouvoir associer dans le même mot et homosexuel, et parent. Pour une fois, le terme « homosexuel » est tout de suite paré de quelque chose de noble[1].

Quelques notes préalables à une description des familles homoparentales

Il n'est pas facile de conceptualiser *la* famille homoparentale. Nous avons pu mesurer, dans les deux premiers actes, la difficulté qu'il y aurait à modéliser une telle famille, tant du côté *homo-* que du côté *-parental.* Nous reviendrons d'ailleurs plus loin sur les débats théoriques et souvent passionnés autour de ces questions. Mais, pour l'heure, faisons une pause pragmatique, sortons un peu de la théorie et descendons dans la « vraie vie » afin de découvrir la façon dont vivent et sont perçues *les* différentes

1. Entretien réalisé le 11 mai 2001 avec Christophe, gay vivant en couple et qui a adopté un jeune Haïtien. En reprenant les préliminaires développés dans les deux premiers actes, on pourrait se demander si ce n'est pas plutôt la famille qui devrait s'enorgueillir d'être « parée » de l'homosexualité.

familles homoparentales. Nous ne reviendrons pas plus longuement ici sur la question de *la* famille homoparentale : on acceptera que, dans les descriptions et les présentations des situations « réelles » que nous allons développer, les homosexuels, gays, lesbiennes, voire queers [2] qui vivent ou non en couple et qui ont des enfants font famille. Le terme va ici de soi : nier l'existence d'un lien intrafamilial entre les membres de cette entité sociale n'aurait guère de sens. Quelle que soit la façon dont ils sont « traversés » par le spectre, tous les membres de ces familles homoparentales sont liés les uns avec les autres, et l'appartenance homosexuelle des parents peut tout à fait être analysée comme une donnée secondaire. Ce qui pourrait se dire ainsi : sera considérée comme une famille toute entité sociale qui crée un lien entre ses membres avec une inscription dans la génération (celle des parents et celle des enfants). L'aspect extrêmement polymorphe et varié de ce lien, aux niveaux tant qualitatif que quantitatif, ne devrait faire aucun doute. Refuser l'appellation de famille à certaines entités et pas à d'autres reviendrait finalement à n'en accepter qu'un seul type, un seul *format* : or si la famille se résume à un type schématique figé, il est alors évident que bien peu de familles peuvent prétendre à ce titre, la famille nucléaire étant en effet bien plus une exception qu'une règle.

Avant même de dégager une classification utile permettant de se repérer dans ces nouvelles formes familiales qu'à défaut de dire « homosexuelles » on dira « traversées par le spectre », ou plus simplement « homoparentales », il convient de séparer ce qui est de l'ordre de la réalité du désir d'enfants chez un certain nombre d'homosexuels et

2. Par convention et afin de rester le plus clair possible, nous utiliserons le terme « homosexuels » pour les personnes des deux sexes biologiques qui sont « traversées par le spectre », le terme « gays » pour les hommes et le terme « lesbiennes » pour les femmes, le point sur l'origine et la *valeur* de ces termes ayant déjà été fait précédemment.

ce qui est de l'ordre de la réalité des familles homoparentales déjà existantes. Nous nous concentrerons, dans cet acte, sur l'existence de tous les types de familles homoparentales et aborderons la question spécifique du désir d'enfant à l'acte suivant[3].

S'il semble évident que des personnes ont pu avoir des enfants au cours d'une vie hétérosexuelle et devenir (ou assumer) dans un second temps une vie homosexuelle (qu'ils aient eu ou non pendant leur mariage des rapports homosexuels cachés), force est de constater qu'il existe actuellement une revendication du droit à avoir des enfants dans un contexte homosexuel. On pourra l'expliquer par la visibilité et l'acceptation, dans une certaine mesure, de l'homosexualité, tout au moins comme fait social. Cette donnée peut déjà constituer une première bifurcation dans la classification de ces situations, avec la distinction de deux groupes : celui composé des parents homosexuels qui vivaient une vie hétérosexuelle lors de la conception ou de l'arrivée de l'enfant[4], et celui composé des parents qui se considéraient déjà comme homosexuels au moment de cette conception ou de cette arrivée. Si une telle répartition semble aller de soi, il faut la manier avec d'infinies précautions car elle peut s'avérer des plus réductrices et surtout donner lieu à d'importantes confusions : l'amalgame est fréquemment fait entre l'*orientation sexuelle* du parent au moment où le projet d'avoir un enfant – que nous appellerons le « projet parental », mais nous y reviendrons – se met en place et la possible *référence aux deux sexes biologiques*, à une *différence*

3. Voir notamment la partie « Un suspect désir », *infra*, p. 185.

4. L'utilisation des termes « conception » ou « arrivée » dépend bien entendu de la façon dont l'enfant survient dans la famille et la fait exister et consister. Tout enfant a forcément été *conçu*, mais il peut faire son entrée dans la famille bien après l'avoir été, notamment dans le cas d'une adoption ou d'une naissance grâce à une mère de substitution.

biologique des sexes, comme on pourrait l'appeler, dans le couple parental – en ce sens qu'il est formé soit de personnes de sexes différents (conformation qui, selon certains, serait seule capable de donner à l'enfant une référence à la « différence des sexes »), soit de personnes de même sexe (ce qui l'exclurait de cette « différence »). Un lieu commun sera ainsi de penser qu'un « enfant d'homosexuel », nécessairement, n'aura pas « un papa et une maman », alors qu'il peut être conçu ou élevé par des parents homosexuels de sexes différents, par exemple dans le cas d'une coparentalité[5].

Une telle différenciation semble être en fait au cœur des débats entre partisans et détracteurs de l'homoparentalité. L'utilisation de ces deux catégories de réflexion (l'orientation sexuelle et la différence biologique des sexes) est, il faut le reconnaître, très sensible dans ces joutes théoriques, y compris au niveau juridique. Je prendrai l'exemple des arguments développés par le procureur de la République dans le but de s'opposer à la délivrance d'un agrément pour l'adoption par une personne homosexuelle[6], où il est fait allusion (de manière assez floue en vérité) à l'« orientation sexuelle » de la personne et à une référence possible à l'« altérité sexuelle ». Se fondant sur l'idée qu'il n'existerait aucune preuve « psychologique » de l'innocuité pour un enfant d'être élevé par un célibataire homosexuel (seul cadre d'adoption légal possible en France pour une personne homosexuelle), le procureur de la République, appliquant ainsi le fameux principe de précaution, juge préférable que l'enfant soit élevé dans un milieu où une « référence à l'altérité sexuelle » lui sera offerte, c'est-à-dire celui où l'adoptant aura une orientation sexuelle de type hétérosexuelle. Cependant, il semble oublier qu'il ne s'agit pas ici de l'adoption

5. Voir *infra*, la partie « Les familles homoparentales "élargies" : le cas de la coparentalité », p. 142.

6. Nous décrivons cette législation *infra*, p. 155-156.

par un couple mais bien par un célibataire : comment parler de référence à une altérité sexuelle dans un milieu où, de toute façon, un seul sexe est représenté, celui du célibataire qui adopte ? Soutenir une telle position revient en fait à dire que, pour un enfant élevé dans un cadre monoparental, puisque la différence ne se situe pas dans le couple parental, qui n'existe pas, cette « altérité sexuelle » est contenue soit dans la possibilité future de l'existence de celui-ci – si le célibataire se met un jour en couple (un homosexuel élevant seul son enfant, s'il forme un couple, n'offrira pas cette référence à l'altérité sexuelle, au contraire d'un parent hétérosexuel élevant seul son enfant et qui s'unira avec un partenaire du sexe opposé) –, soit, et c'est plus précisément ce qui semble motiver la décision du juriste, directement dans la tête de l'individu. Et nous voici de nouveau précipités dans les questionnements autour de l'homosexualité comme « trouble » de l'appartenance à tel ou tel sexe : un gay est-il vraiment un homme comme les autres et une lesbienne est-elle vraiment une femme comme les autres ? Comme pour enfoncer le clou, dans une autre affaire d'adoption par une lesbienne, le commissaire du gouvernement évoque d'une façon caricaturale et grossièrement simpliste la différence entre « l'image du père absent » pour l'enfant adopté par une femme célibataire hétérosexuelle et « l'image du père nié » chez une lesbienne. Tout est dit : la lesbienne non seulement ne vivra pas avec une personne de sexe opposé, ce qui est une évidence, mais ira jusqu'à entraîner la négation de ce sexe opposé ! Saut théorique des plus hasardeux, voire des plus fumeux.

Mais, au-delà de ce salmigondis orientation sexuelle/altérité sexuelle, il convient de reconnaître que même une classification construite autour de la seule orientation sexuelle ne va pas de soi. Parlera-t-on ici par exemple des pratiques homosexuelles ? Un homme ou une femme se sentant une attirance pour des personnes de même sexe, ayant même peut-être des rapports homosexuels plus ou moins cachés, mais vivant la plupart du temps une vie hétérosexuelle, peut-il (elle) être considéré(e), même si son histoire le (la) conduit plus tard à assumer une vie homosexuelle, comme homosexuel(le) à l'époque où il (elle) mène cette vie hétérosexuelle ? Bien qu'un consensus semble considérer que ces situations sont exclues de l'homoparentalité, celle-ci étant plutôt définie comme un fait social sous-entendant une reconnaissance *a minima* par la société du statut homosexuel du ou des parents, il ne s'agit que d'une décision arbitraire[7]. Ces situations probablement très fréquentes sont de toute façon, de par leur dimension clandestine, impossibles à recenser ou à observer, d'où leur éviction du champ homoparental.

Plus pertinente et moins sujette à débat pourra être une classification différenciant d'un côté le *contexte d'arrivée de l'enfant* et de l'autre son *parenting*. Le contexte d'arrivée de l'enfant peut être défini autour de deux idées. La première est celle du *projet parental*, qui correspond à la façon dont les futurs parents, qu'ils soient homosexuels ou hétérosexuels, élaborent le projet d'avoir un enfant (à savoir s'ils vont l'élever seuls, en couple ou bien à plus de deux personnes, comme dans le cadre d'une coparentalité, notion que nous développerons un peu plus loin). L'autre versant est ce que nous appellerons les *modes de conception*, qui sont à l'heure actuelle, au vu des données médicales et juridiques – données éminemment variables en fonction des pays –, au nombre de quatre : le rapport sexuel fécondant, l'insémination (qu'elle soit médicalement assistée – insémination artificielle – ou

7. Éric Dubreuil précise, en note de l'avant-propos de son livre d'entretiens, que « ne sont pas considérées ici les familles où l'un des deux parents mène une vie homosexuelle à l'insu de l'autre ou bien très occasionnelle ». E. Dubreuil, *Des parents du même sexe*, Paris, Odile Jacob, 1998, p. 31. La préface est signée par la psychanalyste Geneviève Delaisi de Parseval.

non – insémination artisanale), l'adoption et le recours à une mère de substitution. Le *parenting*, quant à lui, est défini par les rapports entre l'enfant et ses parents, qui l'élèvent, l'éduquent, prennent soin de lui. Ce terme ne trouve pas réellement de traduction en français[8], et il doit être différencié de «parentalité» car il ne renvoie pas à tout le substrat théorique développé dans l'acte I[9] : il s'agit plutôt ici du rapport pragmatique des parents à leur enfant et de celui-ci à ceux-là. Si ces deux nouvelles cases ouvrent d'elles-mêmes une nouvelle possibilité de classification, quelques problèmes de modélisation peuvent apparaître : si le contexte d'arrivée de l'enfant est relativement aisé à circonscrire (l'arrivée de l'enfant répond à tel ou tel projet, fait suite à tel ou tel mode de conception), l'aspect plus diachronique du *parenting* (étalé sur une période variable qui est en fait l'âge de l'enfant) rend sa modélisation plus complexe. Ainsi ai-je rencontré dans l'étude que j'ai réalisée le cas d'un enfant conçu par un couple de lesbiennes mais élevé quelques années plus tard par sa mère, séparée de sa partenaire et vivant avec un homme qui a reconnu l'enfant. De toute évidence, dans les configurations familiales que propose l'homoparentalité, l'idée d'une classification englobant de façon exhaustive toutes les situations imaginables semble bien utopique.

Je relevais plus haut l'approximation d'une classification uniquement organisée, par exemple, autour de la différence arrivée dans un «milieu hétéro»/arrivée dans un «milieu homo». Des divers axes de classification que nous venons de développer peuvent émerger des clefs permettant d'éviter autant que possible les principaux écueils inhérents à l'exercice taxinomique, telle que, par exemple, l'idée reçue décrite

8 Bien que certains auteurs, comme Éric Dubreuil que nous venons de citer, proposent le terme, somme toute assez laid, «parentage». E. Dubreuil, *op. cit.*, p. 294.

9. Voir *supra*, la partie «Lien de filiation, parenté et parentalité», p. 43.

un peu plus haut et qui consiste à penser que des enfants nés dans un contexte homosexuel (à savoir lorsque leur(s) parent(s) vivai (en) t une vie homosexuelle – il s'agit là de la dimension *orientation sexuelle*) n'ont pas accès à des parents de sexes différents (il s'agit là de la dimension *référence à une différence biologique des sexes*). La réalité nous montre que nous sommes en présence d'un amalgame : citons de nouveau le cas de la coparentalité, qui est un projet d'enfant formé par des homosexuels des deux sexes et fait donc référence à deux parents de sexes opposés. Une articulation pertinente serait de tenter de circonscrire les différentes figures de l'homoparentalité en les envisageant tout d'abord du côté du contexte d'arrivée de l'enfant au regard de l'orientation sexuelle du ou des parents et d'une éventuelle référence à une « différence des sexes » des deux membres du couple parental, et dans un deuxième temps du côté du *parenting* selon ces deux mêmes axes de l'orientation sexuelle et de l'altérité sexuelle.

Après ces remarques préliminaires, il est possible, afin de faire le point sur les différentes situations d'homoparentalité susceptibles d'être rencontrées, de proposer une classification en cinq parties, chaque configuration se définissant essentiellement autour de la conception de l'enfant et de son *parenting*. Je développerai pour chacune des situations la position de la justice en France en fonction de sa spécificité.

Les familles « recomposées de façon homoparentale »

Il s'agit actuellement de la configuration la plus fréquente, même s'il semble que sa proportion au sein de la population homoparentale tend à diminuer. L'engouement politique pour la revendication du droit à la parentalité des homosexuels d'une part et l'acceptation plus précoce de son homosexualité (évitant les mariages précipités qui servent souvent de masque à son orientation sexuelle) d'autre part sont les principales raisons de cette diminution. Dans ce cas de figure, le projet parental est formé dans le cadre d'une famille des plus « classiques », où un homme et une femme, qu'ils soient ou non mariés, ont eu un enfant, le plus souvent par rapport sexuel s'il n'existe pas de problème de stérilité ou de troubles dans les relations sexuelles. Le couple parental s'inscrit alors bien évidemment dans une référence à deux parents de sexes différents, et l'orientation sexuelle des parents est hétérosexuelle. Nous avons déjà repoussé l'objection qui consiste à dire que le parent qui va devenir ou assumer son homosexualité est déjà homosexuel à ce moment-là. Il faut préciser que le fait essentiel est que l'enfant né de cette union va devoir faire l'expérience de la séparation de ses parents avant de rentrer dans sa nouvelle famille homoparentale. Cette séparation peut avoir lieu à la suite de la découverte de son homosexualité par un des parents, mais elle peut tout à fait avoir d'autres motifs, cette découverte s'effectuant alors dans un second temps. Nous allons voir que la place de l'homosexualité dans la séparation peut avoir un impact important sur les décisions de justice en ce qui concerne les droits de visite ou la garde des enfants. La séparation des parents n'est jamais un élément anodin dans la vie d'un enfant, et j'aurais tendance à minorer l'aspect « homoparental » de cette configuration par rapport au traumatisme de la séparation sur le développement de l'enfant (comme semblent le suggérer certains résultats de mon étude sur une population d'enfants français conçus ou élevés par des homosexuels). À la suite de cette séparation, l'enfant peut se retrouver dans trois cas de figure : soit il est à la garde principale de son parent resté hétérosexuel et bénéficie d'un droit de visite chez son parent devenu homosexuel, soit il est à la garde principale de son parent homosexuel et bénéficie du même droit de visite chez son parent hétérosexuel, soit enfin il se trouve dans la situation de la garde alternée, le fameux « 50/50 ». Une autre possibilité, que l'on rencontre moins fréquemment, est que les deux parents « deviennent » homosexuels avant, pendant ou même après la séparation. Si le parent homosexuel vit avec un partenaire de même sexe que lui, ce dernier est habituellement appelé « beau-parent », comme dans le cadre familial habituel (le terme anglo-saxon est *step parent*).

Dans ce cas de figure, on comprend évidemment que les revendications politiques des homosexuels n'incluent pas l'accession à la parentalité, celle-ci existant de fait ; elles se concentrent essentiellement sur le respect des droits de garde et de visite pour le parent homosexuel. Il est d'ailleurs significatif de constater qu'aucun opposant à l'homoparentalité (le terme s'entendant *en général*) ne formule d'objection contre ce type de familles, comme si le fait qu'elles existent déjà et que le lien familial qui les définit n'est soumis à aucun contrôle juridique validait leur existence.

Comme nous l'avons dit plus haut, il est essentiel d'analyser l'influence de l'homosexualité dans les décisions de justice concernant ce que l'on appelle la « rupture des liens matrimoniaux ». Il s'agit ici de comprendre en quoi l'homosexualité d'un conjoint peut avoir une influence sur la rupture de ces liens (dans le cas d'un divorce, par exemple) et quelles en sont les conséquences en ce qui concerne la garde et les droits de visite de l'adulte homosexuel (voire l'exercice de ses droits parentaux) vis-à-vis de son enfant[10]. Lors de la séparation, l'homosexualité peut être mise sur le

10. On pourra se reporter ici au travail de C. Mécary, G. de La Pradelle, *Les Droits des homosexuel/les*, Paris, PUF, coll. « Que sais-je ? », 1998, p. 38-45.

devant de la scène et même devenir plus importante que la rupture elle-même, rupture dont elle ne saurait être que le déclencheur ! Dans les faits, l'homosexualité du parent peut effectivement poser plus de problèmes lors des audiences que la séparation proprement dite. On comprend dès lors l'importance de cette question pour le devenir des enfants après la décision de justice. Elle nous intéresse en fait à double titre : elle permet de mieux situer le contexte familial dans lequel va évoluer l'enfant vivant dans un milieu homoparental après une rupture (ses conditions de vie dépendant entre autres du bon déroulement de la rupture), et elle grève, en fonction de la place que l'on accorde à l'homosexualité d'un des partenaires dans la rupture – notamment si elle est considérée comme cause du divorce par le juge (que ce soit le cas ou non, d'ailleurs) –, le droit de garde de l'enfant. Concrètement, l'homosexualité peut être une cause de rupture des liens matrimoniaux dans deux cas : tout d'abord lorsque l'un des deux conjoints fait état « d'un ensemble de faits procédant de l'un ou l'autre qui rendent intolérable le maintien de la vie commune » (article 233 du code civil) – le fait intolérable étant ici évidemment l'homosexualité du conjoint ; mais surtout lorsqu'il y a « violation grave ou renouvelée des devoirs et obligations du mariage » (article 242 du code civil), le partenaire homosexuel ne pouvant de fait, à moins d'être bisexuel, avoir des relations sexuelles avec son conjoint.

Il faut cependant relativiser la place qu'occupe l'homosexualité du parent dans les procédures (on imagine en effet que le conjoint peut facilement sauter sur une telle occasion pour prouver la « perversion » de l'autre !). En effet, elle n'est que rarement révélée, le divorce étant le plus souvent prononcé par « consentement mutuel » ou par « rupture prolongée de la vie commune » (articles 230 et 237 du code civil). Cela dit, l'homosexualité du conjoint peut parfois constituer une faute entraînant le divorce – « faute » dans son sens juridique, bien entendu. Il faut tout d'abord noter que, depuis la loi du 11 juillet 1975 supprimant les causes péremptoires de divorce (dont faisait partie l'adultère, défini comme la relation entre deux personnes de sexes différents), une relation extra-conjugale, qu'elle soit homosexuelle ou hétérosexuelle, est considérée comme une faute. Il fut une époque où tromper sa femme ou son mari avec une personne de sexe différent entraînait systématiquement un divorce à ses torts exclusifs, ce qui n'était pas le cas pour une relation homosexuelle ! Ainsi une liaison, quel que soit le sexe de la personne avec laquelle elle est nouée et s'il n'y a pas de faute de la part du conjoint, entraîne le prononcé du divorce aux torts exclusifs de l'adultérin. De même, certaines jurisprudences sévères considèrent comme faute justifiant la rupture du lien matrimonial l'existence de relations homosexuelles antérieures au mariage, les mettant sur le même plan que l'impuissance. Plusieurs jurisprudences ont même estimé que l'homosexualité d'un des époux (même sans passage à l'acte) rendait excusable l'adultère de l'autre (le divorce étant alors prononcé aux torts partagés). Comme on peut le voir, l'assimilation de l'homosexualité d'un des époux à une faute est très variable et laissée à l'appréciation du juge, dont les interprétations peuvent de toute évidence facilement flirter avec l'homophobie. Mais on peut se demander sur quelles bases sont prises ces décisions. Pour répondre à cette question, qui cache en fait le véritable problème situé bien plus en amont – à savoir ce que les juges entendent par « homosexualité » –, Caroline Mécary et Géraud de La Pradelle nous invitent à nous pencher sur deux arrêts de la Cour de cassation très distants dans le temps (19 juillet 1909 et 17 avril 1975) [11]. Dans la première affaire,

11. *Ibid.*, p. 40.

il est jugé que « l'attachement excessif et accaparant » du partenaire « pour une personne étrangère » justifie le divorce ; reste à l'autre conjoint à apporter la preuve, tout en demeurant dans le cadre de l'intimité de la vie privée, de « l'attachement excessif » de son époux pour une personne du même sexe. Il ne s'agit plus là d'une question de passage à l'acte, de rapport sexuel, mais bien d'« attachement ». La seconde affaire parle d'une relation trop « tendre » entre le mari et un autre homme. En fait d'adultère, il ne s'agit donc plus réellement de relations sexuelles mais bien d'affection. On peut se poser la question de la différence entre une « affection homosexuelle » – entre deux hommes ou entre deux femmes – et une amitié – toujours entre deux hommes ou entre deux femmes ; mais peut-être certains juges pensent-ils que, dans le premier cas, les deux hommes ou les deux femmes concernés ne sont pas aussi identiques – voire symétriques (notamment en ce qui concerne leur identité sexuelle) que dans le second. Encore une fois, la définition de l'homosexualité tangue entre comportements et structure.

Comme le montrent ces exemples, l'homosexualité d'un conjoint est loin d'être un élément inopérant dans le jugement d'un divorce et peut même influer sur celui-ci en entraînant des torts variables en fonction de la situation… et surtout du juge. Mais si les conséquences des différentes modalités de divorce concernent surtout le règlement de la pension alimentaire ou les prestations compensatoires – conséquences sur lesquelles nous ne nous pencherons pas –, elles ont également un impact essentiel sur les droits parentaux, ainsi que sur les droits de garde et de visite. Il convient de préciser un point important : selon l'Assemblée parlementaire du Conseil de l'Europe en date du 1er octobre 1981, « la garde, le droit de visite et l'hébergement des enfants par leurs parents ne doivent pas être limités pour la seule raison du penchant homosexuel de l'un d'entre eux ».

De plus, en ce qui concerne l'exercice de l'autorité parentale, l'article 287 du code civil dispose que, « selon l'intérêt des enfants mineurs, l'autorité parentale est exercée soit en commun par les deux parents après que le juge a recueilli leur avis, soit par l'un d'eux. En cas d'exercice en commun de l'autorité parentale, le juge indique le parent chez lequel les enfants ont leur résidence ». L'article 288 précise en outre que « le parent qui n'a pas l'exercice de l'autorité parentale conserve le droit de surveiller l'entretien et l'éducation des enfants [...] ; un droit de visite et d'hébergement ne peut lui être refusé que pour des motifs graves ». Voilà qui délimite globalement le terrain et les règles en fonction desquels le juge désigne souverainement le parent qui aura la garde de l'enfant – sachant qu'il peut bien sûr s'aider d'une enquête sociale ou d'une audition de l'enfant si cela est possible. C'est donc à ce même juge qu'incombe la tâche de déterminer si l'homosexualité d'un des parents va à l'encontre de l'« intérêt de l'enfant » ou constitue un « motif grave ».

Dans les faits, les jurisprudences sont nombreuses et variées : elles montrent que, au niveau tant du droit d'hébergement que de l'exercice de l'autorité parentale, les cours d'appel considèrent l'homosexualité comme étant soit une donnée préjudiciable à l'intérêt de l'enfant, soit un élément anodin. À titre d'exemple, en 1984, la cour d'appel de Paris, tout en considérant que l'homosexualité de la mère était un élément inopérant au regard de la fixation de résidence de l'enfant, a attribué la garde de celui-ci au père pour des « raisons psychologiques », puisqu'il vivait en concubinage avec une femme et présentait donc « un plus grand facteur d'équilibre que le pseudo-foyer de la mère avec la présence intermittente de son amie ». Ces présupposés psychologiques, que nous pourrons relever dans la plupart des décisions de justice que nous évoquerons, sont couramment invoqués par les juristes ; mais sur quelles bases ? Certains arrêts font même le lien entre « mœurs homosexuelles » et pathologies psychiatriques, ou encore entre homosexualité et comportement violent. Au contraire, certaines cours administratives considèrent l'homosexualité comme n'étant pas une cause de refus des droits d'hébergement (garde attribuée à une mère homosexuelle vivant avec une autre femme), des droits de visite (accordés à un père homosexuel) ou de l'exercice de l'autorité parentale (accordée à un père homosexuel vivant avec un autre homme)[12]. De telles disparités laissent songeur.

Ce bref aperçu de la jurisprudence nous permet d'insister sur trois points. Tout d'abord, l'homosexualité de l'un des parents ne laisse en rien présager sa capacité à exercer ses prérogatives parentales, celles-ci étant à l'appréciation des juges. En second lieu, l'homosexualité est souvent mise en parallèle par les instances juridiques avec des troubles des conduites ou des pathologies psychiatriques, aussi bien d'ailleurs pour montrer sa dangerosité que son innocuité. Enfin, l'intérêt de l'enfant est, la plupart du temps, mis en rapport avec les répercussions psychologiques et sociales de l'homosexualité du parent. La question se pose, bien entendu, de savoir à partir de quels présupposés théoriques liant l'homosexualité du parent au bon développement psychosocial de l'enfant les juristes peuvent être assurés de prendre la bonne décision et de faire les bons choix pour ce dernier. De là à penser que les positions personnelles des juges concernant l'homoparentalité en particulier et l'homosexualité en général tiennent une place essentielle dans ces décisions, il n'y a qu'un pas que je franchis sans trop de risques. Je me prends à espérer que, si ces juges lisaient le début de notre deuxième acte sur la façon dont on se situe vis-à-vis du spectre, s'ils domptaient leurs *a priori*, alors les décisions prises dans toutes ces affaires seraient moins fantaisistes et plus cohérentes.

12. *Ibid.*, p. 44-45.

Les familles homoparentales « élargies » : le cas de la coparentalité

La coparentalité est l'accord entre un gay et une lesbienne pour concevoir ensemble un enfant qui sera ensuite élevé dans l'une, l'autre ou les deux familles du père et de la mère biologiques, que ceux-ci vivent ou non avec un partenaire de même sexe – ce dernier étant habituellement appelé « coparent » (le terme anglo-saxon est *social parent*). L'accord entre deux homosexuels est le cas le plus fréquent, quoiqu'il arrive parfois qu'un homosexuel fasse appel à une personne hétérosexuelle. La famille dans laquelle est élevé l'enfant correspond donc tout à fait à ce que l'on nomme habituellement une « famille élargie », au sens où l'entend par exemple Irène Théry qui parle, à propos de la notion de coparentalité (dans son acception large, c'est-à-dire lorsque l'enfant est élevé dans le cadre élargi des nouvelles familles formées par ses parents séparés, et non limitée au contrat entre homosexuels), d'un « idéal, maintenu après la séparation, [qui] n'a cessé de s'affirmer [et qui] veut rendre compte du “droit de l'enfant à conserver ses deux parents” [13] ». Cette configuration présente en effet de multiples points communs avec la situation familiale après un divorce ou une séparation : les parents biologiques et légaux de l'enfant forment deux foyers distincts dans lesquels il évolue et où il partage son temps. À ce titre, il est intéressant de noter que les deux parents et leurs conjoints élaborent la plupart du temps ce que l'on appelle une « charte de coparentalité [14] » :

---

13. Ministère de l'Emploi et de la Solidarité (rapporteur I. Théry), *op. cit.*, p. 52.

14. Celle-ci s'élaborait de façon spontanée, quoique bien moins organisée et circonscrite, il y a quelques années. On pourra se reporter à un article assez ancien pour une approche psychiatrique de ce mode de parentalité en France : R. Teboul, F. Moreau, « Un enfant pour un couple homosexuel ? La parenté homosexuelle », *Nervure*, vol. IV, n° 6, 1991, p. 76-81.

il s'agit d'un contrat écrit, élaboré par l'Association des parents et futurs parents gay et lesbiens (APGL), par lequel chaque personne impliquée dans le projet parental et la conception proprement dite se positionne et pose noir sur blanc son rôle dans la prise en charge, le *parenting* de l'enfant. Ce document permet de fixer à l'avance le cadre juridique et social de l'entente. Il pose par exemple, en ce qui concerne les deux futurs parents légaux, l'autorité parentale, le lieu de résidence de l'enfant, les droits de visite, les pensions, etc. Il évoque donc les situations de divorce « à l'amiable », l'originalité étant de régler la situation de séparation avant même la conception de l'enfant. Cette charte vise également à déterminer les rôles des coparents qui, comme nous le montrerons plus loin, n'ont aucune existence légale vis-à-vis de l'enfant. Pour résumer, on peut dire que l'intérêt de ce contrat est double : il permet la circonscription des droits et des devoirs de chacun et, même s'il n'a pas réellement de valeur légale (bien qu'il puisse être déposé chez un notaire), peut servir de base juridique pour une éventuelle médiation.

Dans les faits, nous l'avons vu, la conception de l'enfant peut se dérouler de trois façons. La situation la moins fréquente est celle du rapport sexuel entre les deux personnes – c'est bien évidemment l'orientation sexuelle des protagonistes qui en fait l'éventualité la moins souvent retenue. Une deuxième possibilité est de recourir à l'insémination « artisanale ». Concrètement, l'homme prélève son sperme par masturbation (des parents m'ont confié que ce recueil s'effectue souvent dans des boîtes de pellicules photographiques) et le confie à sa partenaire qui réalise une insémination à l'aide d'une seringue. Aux États-Unis, les enfants conçus par ce mode sont appelés, de façon assez inélégante il est vrai, des *turkey baster babies* par la communauté lesbienne[15]. Le terme « artisanale », qui peut sembler curieux dans ce contexte, est en fait à opposer à « artificielle », qui est d'usage lorsque l'insémination est effectuée dans un cadre médical. Cela laisse entendre que, dans ce dernier cas, l'affaire est entre les mains de techniciens, ce qui est somme toute assez judicieux (nous comparerons plus loin ces deux termes[16]). Notons ici que de nombreux futurs parents ayant recours à ce mode de procréation font tout de même appel à des médecins, ne serait-ce que pour se faire prescrire des aides hormonales à l'ovulation. Cela se pratique en toute illégalité puisqu'un médecin ne peut apporter légalement une aide à la procréation que dans le cadre des lois de 1994 ; hors de ce cadre, il s'expose à des sanctions, notamment de la part du Conseil de l'ordre. Ce sont d'ailleurs ces lois de bioéthique qui expliquent la rareté de la troisième possibilité de conception d'un enfant dans une coparentalité, à savoir le recours à l'insémination artificielle avec le sperme du conjoint (ici, le gay participant au projet de coparentalité) sous assistance médicale. Les nouvelles réglementations nécessitent que les demandeurs se fassent passer pour des concubins et prouvent leur infertilité, ce qui est bien sûr beaucoup plus compliqué. Ainsi, le plus souvent, les enfants nés de ce mode de procréation ont été conçus avant 1994.

Cette configuration familiale est tout à fait éclairante car elle illustre les choix que j'exposais plus haut à propos des axes de classification permettant de se situer dans les différentes formes d'homoparentalité, et pointe du doigt les caricatures du genre : famille homosexuelle = pas de papa ou pas de maman. Si, en effet, tant en ce qui concerne

15. Le *turkey baster* est l'instrument qui sert à arroser la dinde de Thanksgiving avec son jus et qui est utilisé comme seringue dans ce type d'insémination.

16. Voir *infra*, p. 169.

le *mode d'arrivée* (notons que le nombre de personnes incluses dans le projet parental peut varier) que le *parenting*, l'orientation sexuelle des parents est homosexuelle, il existe bien pourtant une référence à la différence biologique des sexes dans le couple parental puisque les deux parents biologiques, qui sont aussi généralement les parents légaux, bien que n'étant pas hétérosexuels, sont de sexes différents. Il s'agit d'ailleurs souvent d'un choix conscient et revendiqué : la plupart des personnes ayant eu recours à la coparentalité expriment facilement leur désir que l'enfant ait « un papa et une maman ». Marc, père d'une petite Marion qu'il a eue dans le cadre d'une coparentalité, affirme ainsi : « En ce qui concerne notre cas, celui de Marion et de la famille atypique que nous formons, j'ai la certitude que l'enfant vit dans un quotidien où les deux genres humains sont présents et représentés [17]. »

La notion essentielle dans la coparentalité est celle du contrat. Il s'agit dans cet accord entre un gay et une lesbienne de donner à l'autre et de recevoir ce qui n'existe pas dans son couple à soi (couple homosexuel et donc de même sexe), à savoir le sexe biologique différent qui permettra la reproduction. Un rapprochement peut être proposé : celui des mariages d'intérêt qui étaient en vogue jusqu'à une date récente, et le sont encore dans certains milieux ; les mariages d'État dans le but d'avoir un héritier mâle susceptible de monter sur le trône ; ou encore la nécessité, pour un homme qui possède des terres ou des titres, d'avoir une femme, non par amour, mais pour pouvoir transmettre son patrimoine à son fils. Quant au plaisir, à l'amour, ils sont dans ces exemples réservés aux relations avec les maîtresses ou favorites. Dans le cas de la coparentalité, il s'agit bien d'une union visant, pour chacun des

17. E. Dubreuil, *op. cit.*, p. 144-145.

deux parents, à avoir un enfant ; la vie amoureuse et sexuelle sera vécue dans le couple éventuel que forme le parent avec un partenaire de même sexe. Cette analyse relativise la « nouveauté » que représente la configuration coparentale. La seule chose inédite est que les homosexuels ne sont plus obligés de « jouer » aux hétérosexuels pour avoir des enfants.

Pour comprendre la position de la justice vis-à-vis de la coparentalité, penchons-nous sur l'affaire de Mlle L., jugée le 9 mars 1994 par la Cour de cassation. Mais avant de rentrer dans la description des faits, il nous faut poser plusieurs points : tout d'abord, les parents biologiques n'existent que s'ils ont reconnu l'enfant, et ils ne deviennent parents légaux qu'à partir de ce moment. On peut d'ailleurs imaginer que ce soit par exemple le compagnon du père biologique qui reconnaisse l'enfant, cette reconnaissance s'effectuant dans le cadre juridique habituel. Il en va de même pour le nom de famille de l'enfant.

Ces points sont importants pour comprendre le jugement qui se situe en 1994, l'insémination ayant eu lieu plus tôt, donc avant que ne soient promulguées les lois dites de « bioéthique ». Il s'agit d'une insémination artificielle (et donc non artisanale) dans le cadre d'une coparentalité où la lesbienne et le gay ont fait croire à une situation de concubinage. Cet exemple vaut néanmoins, comme jurisprudence (les faits s'étant déroulés avant les lois de 1994), pour une insémination artisanale. Une femme homosexuelle vivant avec sa compagne a recours à une insémination artificielle avec don de sperme d'un donneur gay non anonyme qui s'engage avec elles dans une coparentalité – et reconnaît d'ailleurs l'enfant à sa naissance. Après un déménagement du couple, le père, se trouvant éloigné de son enfant, fait tout naturellement une demande de droit de visite et de garde. Mlle L., refusant l'exercice en commun de l'autorité parentale qu'a accordé la cour d'appel de Bordeaux saisie par le père, fait un pourvoi en cassation sous le motif que « la convention par laquelle un homme engagé dans une relation homosexuelle accepte de donner son sperme à une femme également engagée dans une relation de ce type, en vue de la procréation d'un enfant par insémination artificielle, contrevient à l'ordre public, que cet homme ne saurait en raison de l'illicéité de cette convention, qui est contraire à l'ordre public et constitue un détournement de l'insémination artificielle, demander à exercer sur l'enfant l'autorité parentale normalement dévolue à la mère ». On peut trouver incroyable (voire pervers) de la part de cette mère d'interpréter d'une telle façon un geste auquel elle a activement participé pour concevoir son enfant. Quoi qu'il en soit, la Cour de cassation ne l'a pas suivie, considérant que seule comptait la reconnaissance de l'enfant par le père et que les mobiles et la méthode de procréation étaient secondaires. Le droit français est donc clair sur la procréation artisanale chez les homosexuels : « Celle ou celui qui reconnaît l'enfant a des droits et des devoirs sur cet enfant, le cadre de la procréation étant secondaire [18]. »

Contrairement aux parents légaux qui ont reconnu l'enfant (et qui sont le plus souvent les parents biologiques mais pas obligatoirement, comme nous l'avons déjà noté), les coparents n'ont pas d'existence légale. En effet, au regard de la loi française, un enfant ne peut avoir que deux parents de sexes différents ; les coparents n'ont donc aucun lien légal avec l'enfant. Le seul cadre envisageable serait celui de l'adoption simple, par un coparent, de l'enfant de son ami de même sexe. Mais le parent biologique ayant reconnu l'enfant à sa naissance et laissant le coparent adopter son enfant par adoption simple perdrait alors l'autorité paren-

18. C. Mécary, G. de La Pradelle, *op. cit.*, p. 56-58.

tale ! En dehors de la question de l'adoption simple, théoriquement possible [19], la place des coparents bénéficie d'un nouvel éclairage grâce à une jurisprudence du 6 janvier 2000 dans l'affaire d'un couple de lesbiennes ayant eu recours à une insémination artisanale dans le cadre d'une coparentalité. La mère biologique met au monde deux enfants dont elle devient la mère légale. Après dix ans de vie commune, le couple se sépare et la mère légale interdit à son ex-amie de voir les enfants. Cette dernière intente alors une action en justice pour avoir un droit de visite. Le juge aux affaires familiales de Bressuire (Deux-Sèvres) lui donne raison dans un arrêté du 6 janvier 2000 s'appuyant sur l'article 371-4 du code civil (souvent utilisé au bénéfice des grands-parents), qui précise qu'« en considération de circonstances exceptionnelles le juge aux affaires familiales peut accorder un droit de correspondance ou de visite à d'autres personnes, parents ou non ». Le juge a ainsi estimé que cette « seconde mère » était « largement impliquée dans la vie quotidienne et l'éducation » de l'enfant. Il s'agit ici d'une reconnaissance implicite de ces familles élargies en France.

À l'étranger, l'état du droit permet à des coparents d'adopter l'enfant de leur conjoint de même sexe. Les positions sont variées en fonction des pays (voire des États dans les régimes fédéraux) et en constant mouvement, notamment à cause de l'évolution de la reconnaissance légale des couples homosexuels. L'exemple des Pays-Bas concernant la reconnaissance du couple homosexuel est remarquable : jusqu'en avril 2001, le concubinage homosexuel était reconnu et une attribution automatique du droit de garde et de visite du partenaire légal était possible ; depuis cette date, les homosexuels peuvent accéder au mariage et adopter des

19. Un arrêté très récent (21 juin 2001) du tribunal d'instance de Paris a d'ailleurs autorisé l'adoption simple de trois enfants par leur « mère sociale », mais la mère biologique a perdu son autorité parentale.

enfants au même titre que les mariés de sexes différents[20]. En Colombie-Britannique (province du Canada), depuis février 1998, les membres de couples gay et lesbiens ont les mêmes droits et devoirs que les couples hétérosexuels en matière de droit de garde ou de visite des enfants d'un des conjoints après une séparation. De même, en Californie, le coparent a le droit d'adopter l'enfant de son conjoint de même sexe si le couple possède une reconnaissance légale[21].

La coparentalité, si elle reste un moyen « facile », dans sa réalisation concrète, pour concevoir un enfant, se révèle être aussi une configuration complexe. Outre que plusieurs personnes entourent l'enfant pour l'élever, prendre soin de lui, être dans le *parenting*, ce qui peut entraîner des complications difficiles à gérer en cas de discorde ou de séparation entre toutes les personnes impliquées dans le projet parental, une difficulté supplémentaire réside dans l'absence de reconnaissance des coparents, qui rend leur position instable. Et même si les décisions juridiques – comme cette adoption simple ou ce droit de visite accordés au coparent – semblent aller dans le sens d'une reconnaissance de ce type familial élargi, elles ne sont, à l'heure actuelle, que des exceptions qui confirment la règle.

Les familles où l'enfant a été adopté par un gay ou une lesbienne

S'il existe une configuration sujette à débat, c'est bien celle de l'adoption d'un enfant par les homosexuels. Le problème de l'homoparentalité semble se résumer, dans les

20. A. Franco, « Gay, gay, marions-nous à l'hôtel de ville d'Amsterdam », *Le Monde*, 3 avril 2001.

21. F. Leroy-Forgeot, *Les Enfants du PaCS : réalités de l'homoparentalité*, La Ferté-Saint-Aubin (Loiret), L'Atelier de l'Archer, 1999.

médias, à cette question, et l'une des raisons les plus évidentes de cette polarisation est l'aspect juridique inhérent à l'adoption : ce mode d'arrivée d'un enfant dans une famille passe par des procédures multiples, complexes, faisant intervenir nombre de représentants de l'État, des assistantes sociales aux juges en passant par les psychologues. Bien que le législateur se soit efforcé d'estomper l'écart évident qui existe entre l'arrivée d'un enfant dans une famille par adoption et la naissance après un rapport sexuel fécondant – entre la demande d'agrément et la réponse, un délai de neuf mois est obligatoire –, il existe une différence beaucoup plus fondamentale que les conditions concrètes d'arrivée de l'enfant : la nécessité d'un accord de l'État. Cet accord, qui se matérialise par l'agrément, est indispensable pour adopter, non pour faire des enfants par un rapport sexuel ; les familles adoptives doivent avoir l'aval explicite de la société pour exister, contrairement aux familles où les enfants arrivent directement après un rapport sexuel. Il faut certes, dans ce dernier cas, une reconnaissance légale des parents (l'annonce par ceux-ci de la naissance de l'enfant à la société), mais la société ne mène pas d'enquête pour savoir si oui ou non ils peuvent devenir parents. Concernant l'adoption, au contraire, l'État donne d'abord son accord pour que l'enfant soit élevé par un ou des parents (c'est l'agrément) et, dans un deuxième temps – démarche identique à toute reconnaissance d'un enfant –, crée le lien de filiation entre cet enfant et son ou ses parents (c'est la décision du tribunal de grande instance). Comme si la présence d'un lien biologique était suffisante pour justifier la capacité éducative ou psychologique des parents. Ce qui pourra s'entendre ainsi : le lien biologique vaut agrément.

Une autre raison de la concentration de l'inquiétude, en fait liée à l'homoparentalité, sur la question de l'adoption est la configuration de la famille où l'enfant va être élevé : dans l'adoption, et plus particulièrement dans l'adoption plénière où toute filiation antérieure est annulée, l'enfant n'a plus comme référent parental que son père (sa mère) adoptif(ve), avec, éventuellement et en dehors de toute reconnaissance légale, le conjoint de même sexe que lui (qu'elle) – celui-ci n'existe théoriquement pas aux yeux de la loi. Dans la littérature, ce conjoint est habituellement appelé « second parent » ou « parent social » du fait qu'il n'existe pas d'autre parent légal, l'adoption par deux personnes n'étant autorisée, à l'heure actuelle, que si elles sont mariées et donc de sexes différents. Si nous reprenons notre grille d'analyse de départ, au niveau tant du *mode d'arrivée* (le projet parental étant formé, légalement, par une personne – même si dans la réalité il s'agit souvent d'un couple de gays ou de lesbiennes : nous verrons plus loin les contorsions auxquelles ils doivent se livrer pour parvenir à adopter) que du *parenting*, l'orientation sexuelle du parent est homosexuelle et il n'y a donc pas de référence à une différence biologique des sexes dans le couple parental, couple légalement inexistant.

Tout est donc réuni dans cette configuration pour qu'elle se situe au centre des débats : un seul parent qui, s'il se met en couple, n'offrira pas une référence aux deux sexes biologiques dans le couple parental ; une obligation de passer par les institutions étatiques et judiciaires pour accéder à la parentalité. Ceux qui veulent trancher le débat de l'homoparentalité en répondant à la question « Est-ce une bonne ou une mauvaise chose que des homosexuels conçoivent ou élèvent des enfants ? » trouvent dans cette conformation un raccourci rapide et facile ; il suffit de répondre à la question : « Faut-il leur accorder le droit à l'adoption ? » Ce qui revient à une singulière simplification des réalités de l'homoparentalité et des réflexions qui en émergent.

Une autre source d'inquiétude est bien sûr la reconnaissance légale de la possibilité, pour un *couple* d'homosexuels – de personnes de même sexe –, d'adopter et d'être parents de cet enfant. Les craintes face à cette possible reconnaissance d'une « parenté de même sexe », ainsi qu'elle est souvent appelée – configuration qui existe, comme nous l'avons déjà vu, aux Pays-Bas, par exemple –, sont au centre des débats, ce changement dans le système de parenté étant jugé radical, voire dangereux, par nombre de psychanalystes et d'anthropologues. Nous y reviendrons plus précisément dans l'acte V.

Dans l'un des ouvrages de référence en pédopsychiatrie, le *Traité de psychiatrie de l'enfant et de l'adolescent* de Lebovici, Diatkine et Soulé, une analyse intéressante de l'institution de l'adoption est proposée : elle « apparaît, dans tous les pays et sous tous les régimes, quand il est nécessaire de légaliser la transmission et l'intégrité d'un patrimoine, d'une fonction, d'un titre, d'un pouvoir en l'absence d'héritier naturel ou en raison de son incapacité à en avoir un[22] ». L'adoption est donc avant tout un dispositif légal et juridique pour pallier l'absence d'héritier dont souffrent certaines personnes. Si, actuellement, on ne parle plus d'héritier mais d'enfant, on peut souscrire à cette analyse et reconnaître que l'adoption n'a, à l'origine du moins, pour finalité ni de donner des parents à un enfant qui n'en a pas, ni de donner un enfant à des parents qui ne peuvent en avoir, mais bien d'assurer une descendance permettant à des adultes – sous-entendu des hommes – de transmettre nom et biens : l'inscription dans la génération par la transmission relègue au second plan la question du désir d'enfant. En France, l'adoption est inscrite par Napoléon dans le code civil en 1804. Il s'inspire du droit romain, lequel prévoyait que la fonction et les pouvoirs impériaux, à

22. M. Soulé, J. Noël, « L'adoption », *in* S. Lebovici, R. Diatkine, M. Soulé, *Nouveau Traité de psychiatrie de l'enfant et de l'adolescent*, Paris, PUF, t. IV, 1985, p. 2681-2699.

Rome, ne se transmettent pas forcément par la filiation biologique mais plutôt par l'adoption d'un successeur (choisi entre autres pour ses capacités et ses qualités). Cet héritier n'était pas forcément un enfant, et il s'agissait même le plus souvent d'un adulte. Les relations entre l'adulte qui adoptait et l'adulte adopté ne se résumaient d'ailleurs pas nécessairement à des questions de transmission de patrimoine, mais pouvaient être de nature sentimentale et amoureuse : on pense bien sûr aux liens unissant Hadrien et Antinoüs, décrits notamment par Marguerite Yourcenar. Ce type d'intérêt secondaire de l'adoption, revendiqué jusqu'à une date récente par certains homosexuels (réclamant de pouvoir adopter leur amant), représente probablement une inquiétude supplémentaire vis-à-vis de l'adoption par les homosexuels. Une interprétation de cette utilisation « détournée » de l'adoption (je mets ici des guillemets car résumer l'adoption à l'inscription dans la chaîne des générations ne va pas de soi si l'on regarde la façon dont cette institution était perçue au cours des siècles) est qu'elle offre un cadre de reconnaissance à une union qui n'en a pas d'autre : le fait de pouvoir adopter son conjoint permet également d'inscrire la relation que l'on a avec lui dans le tissu sociétal. (On pourra faire ici le rapprochement avec l'épisode des marraines de guerre.) Une sorte de Pacs avant l'heure, en somme. Précisons qu'à l'époque de Napoléon la loi indiquait que seuls les célibataires de plus de cinquante ans pouvaient adopter des héritiers (des « enfants » ?) de plus de vingt-cinq ans. On peut imaginer que les motivations de Bonaparte prenaient probablement leurs racines dans ses préoccupations personnelles (la stérilité de Joséphine).

Mais, loin de se limiter au besoin d'un seul homme, fût-il empereur, l'adoption change rapidement de but et devient un projet politique présenté comme une « consolidation des mariages stériles » et une « vaste carrière de secours des enfants». C'est dans la logique du familialisme d'État que nous avons décrit dans le premier acte[23], et aussi de façon pragmatique pour prendre en charge les nombreux orphelins dus à la Première Guerre mondiale, qu'en 1923, après avoir été réservée aux célibataires, l'adoption des enfants mineurs est autorisée pour les couples mariés de plus de quarante-cinq ans. Comme l'analyse Jean-Pierre Dumas, « d'abord conçue comme un moyen de perpétuer un nom ou de transmettre une fortune, parfois utilisée abusivement comme une source de main-d'œuvre gratuite, souvent envisagée comme une consolation pour des couples stériles, cette institution a été progressivement orientée dans le sens de l'intérêt exclusif des enfants abandonnés ou orphelins[24] ». L'adoption passe de la nécessité de donner un héritier à un homme à celle de donner un enfant à des parents, puis finalement à celle de donner des parents à un enfant[25]. Le parallèle avec la filiation dite « naturelle » se précise et montre une préoccupation nouvelle, qui est d'inscrire dans la loi différents types de liens intrafamiliaux. La mouture moderne de l'adoption (la loi du 11 juillet 1966, dite

23. Voir *supra*, p. 24-25

24. Cité par Y. Honhon in *PaCS et Filiation*, mémoire pour le DEA de droit privé, présenté et soutenu le 28 juin 2001 à l'université de droit et de sciences politiques de Nantes sous la direction de M. Raymond Le Guidec, p. 31.

25. Le pédopsychiatre François Jésu et le juge pour enfants Jean-Pierre Rosenczveig posent ainsi que « ni l'occurrence du Pacs, ni la reconnaissance de l'existence de couples homosexuels en mal d'enfants ne sauraient faire déroger à un principe essentiel : l'adoption vise à donner de nouveaux parents à un enfant ne disposant plus juridiquement de ses parents de sang et non pas à "servir" un enfant à ceux qui ne peuvent ou ne veulent biologiquement en avoir ». Ce qui leur permet d'opposer l'adoption – dont le but est de donner un ou des parents à un enfant –, à laquelle ils acceptent que des homosexuels puissent accéder, à l'insémination artificielle – où il s'agit de donner un enfant à un ou des parents – qui doit leur être interdite. Cette analyse passe ainsi sous silence les origines de l'institution de l'adoption, qui rendent cette différence « un enfant pour des parents » *versus* « des parents pour un enfant » beaucoup plus complexe à établir. F. Jésu, J.-P. Rosenczveig, « Le fallacieux épouvantail de l'adoption », *Le Monde*, 9 octobre 1998.

«Novack», du nom de Didier, adopté en octobre 1954 par Suzanne Novack et que ses parents ne purent reprendre après neuf ans de procédure) entérine d'ailleurs le calquage de l'ancienne *légitimation adoptive* sur la filiation légitime en instaurant l'adoption simple et l'adoption plénière. L'adoption simple est la régularisation légale d'un contrat de famille à famille, instituant l'enfant de la famille déjà existante comme enfant de la famille créée par les adoptants : les liens de l'adopté avec sa famille d'origine ne sont pas rompus (les deux noms s'accolent), mais l'autorité parentale de la famille d'origine est annulée. Ce type d'adoption est révocable. L'adoption plénière, elle, constitue une famille analogue à la famille légitime. Ainsi, l'enfant adopté devient l'enfant de l'adoptant (mais aussi des parents de celui-ci, qui deviennent donc ses grands-parents) à l'exclusion de toute autre appartenance familiale. Ce type d'adoption est irrévocable et l'enfant adoptable doit, dans ce cas, être dépourvu de tout lien de filiation préexistant. L'adoption plénière équivaut donc bien à la création d'un lien de filiation, d'où les inquiétudes sur lesquelles nous ouvrions cette partie.

Afin de comprendre ce qu'est une procédure d'adoption, il est essentiel de dresser un portrait global des dispositions légales qui la régissent : il ne s'agira pas dans ces quelques lignes de la décrire en détail mais de mettre en relief les points importants qui permettent de comprendre la position dans laquelle se trouvent les homosexuels qui souhaitent adopter des enfants. Les conditions préalables sont contenues dans les articles 343 à 370-2 du code civil. Entre 1966 et 1996, de nombreux textes se sont succédé (six refondements pour cette seule période), modifiant les dispositions légales tant en ce qui concerne l'âge et le statut des adoptants que la nature du lien de filiation créé par l'adoption. Ce sont ces remaniements nombreux qui donnent un aspect de patchwork à ces articles de loi. Les dernières modifications proposées en 2001 par les nouvelles lois sur la famille, dont l'intérêt principal est l'harmonisation des conditions d'adoption à l'étranger, ne devraient faire qu'ajouter une brique supplémentaire à un édifice jamais réellement repensé dans ses fondations. Les remaniements centrent d'ailleurs indifféremment la question sur le statut de l'enfant ou sur celui de l'adoptant. Depuis la dernière mouture, à savoir la loi Mattei du 5 juillet 1996, un célibataire qui souhaite adopter doit être âgé d'au moins vingt-huit ans (article 343-1 du code civil) et, si l'adoption est demandée par plusieurs personnes, il doit s'agir d'un couple marié avec une « ancienneté » d'au moins deux ans (article 346-1). L'adoptant doit également avoir quinze ans de plus que l'adopté (sauf si celui-ci est l'enfant du conjoint).

En outre, tous les enfants ne sont pas susceptibles d'être adoptés : si l'enfant est né en France, il faut qu'aucun lien familial ne préexiste. C'est bien évidemment la condition *sine qua non* pour que la filiation créée par l'adoption puisse se calquer sur la filiation légitime. Dans les faits, les enfants qui peuvent être adoptés sont ceux recueillis par une œuvre d'adoption autorisée et ayant fait l'objet d'un consentement à l'adoption. Ils peuvent avoir été admis dans la catégorie des pupilles de l'État sous la tutelle du préfet (« enfants de la DDASS ») : ils ont été remis aux services de l'Aide sociale à l'enfance (ASE) parce qu'ils étaient soit des enfants non reconnus, soit des enfants de parents inconnus, soit des enfants abandonnés (la loi française autorise le dépôt et l'abandon d'un enfant de moins d'un an par ses parents, ces derniers n'encourant aucune peine et gardant l'anonymat), soit des enfants de parents déchus de leurs droits (par exemple, depuis 1994, en cas de désintérêt manifeste de la part des parents, le tribunal peut être saisi pour rendre l'enfant adoptable), soit enfin des enfants nés sous X « placés en vue d'adoption » trois mois et un jour après leur naissance si leur génitrice n'a pas usé de son droit à se rétracter et à les reconnaître (loi du 8 janvier 1993)[26]. Notons enfin que les enfants de plus de deux ans peuvent être adoptés sans avoir été recueillis par l'Aide sociale à l'enfance ou une œuvre d'adoption (article 348-5 du code civil), et que cette disposition est aussi valable pour les enfants de moins de deux ans s'il existe un lien de parenté jusqu'au sixième degré entre l'adopté et l'adoptant. En ce qui concerne les enfants d'origine étrangère, la situation est plus confuse. Elle dépend notamment de la législation interne du pays d'origine de l'enfant. La nouvelle refonte des lois sur la famille actuellement en cours devrait tenter d'instaurer une harmonisation entre toutes ces législations, les nombreux abus (achats d'enfants, trafics véritablement sordides) étant bien connus. Ces enfants sont généralement confiés en vue d'adoption par décision juridique dans le pays concerné. Les futurs adoptants peuvent s'adresser aux organismes français compétents ou bien, en démarche individuelle, à l'autorité du pays.

La procédure d'adoption est une démarche longue et difficile, qui met bien souvent à rude épreuve les nerfs des futurs parents. Elle comporte deux grandes étapes : celle de l'agrément et celle de la décision judiciaire. Toute personne qui souhaite adopter (aussi bien un enfant français qu'un enfant d'origine étrangère) doit se soumettre à une enquête sociale (articles 63 et 100-3 du code de la famille et de l'aide sociale). Celle-ci, réalisée par des assistantes sociales, des psychologues ou des psychiatres, permet au président du conseil général de « s'assurer que les conditions d'accueil offertes par le demandeur sur les plans familial, éducatif et psychologique correspondent aux besoins et à l'intérêt de l'enfant adopté ». C'est lui qui, dans un délai de neuf mois (toute l'idéologie de la loi est

26. Pour plus de détails sur l'accouchement sous X, voir *infra*, p. 173.

contenue dans ce délai qui se calque sur le temps moyen de grossesse d'une « femelle » de l'espèce humaine), choisit de refuser ou d'accorder cet agrément. Cette enquête est souvent difficilement vécue par les demandeurs, d'autant plus s'ils sont homosexuels, l'état de la jurisprudence les contraignant, comme nous allons le voir, à dissimuler cette réalité : ainsi, le futur adoptant doit mentir si la question de son orientation sexuelle se pose ; si deux personnes de même sexe vivent ensemble, le conjoint qui n'est pas le demandeur doit déménager le temps de l'enquête.

Je voudrais ici ajouter quelques remarques concernant la façon dont cette enquête est menée. Les services sociaux se trouvent dans une situation proche de la toute-puissance et qui leur permet, en fonction de leur positionnement vis-à-vis du spectre[27], de considérer l'homosexualité comme un élément secondaire ou au contraire comme l'élément central et prépondérant justifiant le refus ou l'accord de l'agrément. Je citerai à titre d'exemple le commentaire du psychologue dans un document explicitant le refus d'agrément envoyé par le conseil général de Vendée à un gay qui avait fait une demande d'adoption : « Dans la situation de M. H., cet enfant aura à se construire entre deux hommes. Or le développement psychologique d'un enfant demande que puissent se structurer les conflits infantiles et la personnalité de l'enfant, dans le jeu des désirs, des interdits, des identifications, des interrelations complexes *père-mère-enfant.* Dans ces processus intervient, entre autres éléments, la *différence sexuelle* [...]. Malgré les motivations sérieuses de M. H., je donne un avis défavorable à ce projet de l'agrément en vue d'adoption parce qu'il ne correspond pas aux *besoins psychologiques d'un enfant* » (c'est moi qui souligne). Il ne s'agit plus d'appliquer le principe de précaution, mais bien d'affirmer la dangerosité du milieu pour l'enfant en arguant à nouveau

27. Voir *supra*, acte II.

de la fameuse « différence des sexes ». Ce psychologue, si certain de ce qui convient à un enfant pour se développer, oublie que, *légalement* (c'est après tout le cadre dans lequel il doit trancher), si la procédure d'adoption ne concerne pas un couple marié, elle concerne nécessairement une personne célibataire, qui aura bien du mal, toute seule, à offrir à l'enfant les « interrelations complexes *père-mère-enfant* ». Pourtant, il y a fort à parier que ce spécialiste n'adresserait pas ce genre de commentaire à un célibataire hétérosexuel ; on peut légitimement se demander pourquoi, et l'inviter à clarifier la place qu'il donne à l'homosexualité en tant que telle et non à son corollaire : « Ce qui est mis ici en question, ce n'est pas que le demandeur soit homosexuel, mais qu'il puisse vivre avec quelqu'un du même sexe que lui », lit-on entre les lignes. Se méfier de l'homosexualité n'étant plus moralement soutenable (et même passible de poursuites pour homophobie), il est toujours possible de se montrer circonspect, voire hostile, face à « l'absence de différence sexuelle », concept plus politiquement correct : le problème avec les homosexuels, ce n'est pas qu'ils sont homosexuels, c'est qu'ils couchent avec des gens du même sexe qu'eux !

Mais revenons à la procédure : si l'agrément est accordé par l'administration, le demandeur doit alors déposer une requête auprès du juge du tribunal de grande instance, qui seul peut statuer sur l'adoption. L'agrément n'est qu'un document censé aider le juge à évaluer la pertinence de la demande, mais celui-ci reste souverain dans sa décision, pouvant même aller contre un refus d'agrément de l'administration. En somme, si l'agrément est dans les faits systématiquement exigé par le juge du tribunal de grande instance (qui ne commande pas lui-même d'enquête et doit donc s'en référer à l'enquête administrative), il n'est pas réglementairement la condition *sine qua non* de la prononciation d'une adoption.

Pour en finir avec ce tableau global, quelques chiffres peuvent montrer ce qu'est l'adoption en France : en 1991, sur 20000 couples ou personnes isolées attendant un enfant à adopter, 12000 personnes ont reçu l'agrément administratif. Cette même année, le nombre d'adoptions simples était de 2000. En 1994, le nombre d'adoptions plénières était de 4500. Et, en 1998, 3777 enfants adoptés étaient étrangers, dont 1343 d'origine vietnamienne[28]. L'inadéquation entre le nombre d'agréments accordés, le nombre d'enfants adoptables et le nombre d'adoptions prononcées donne une idée du parcours du combattant dans lequel s'engagent les demandeurs, surtout s'ils sont homosexuels.

Avant de décrire plus spécifiquement l'adoption par un homosexuel, il convient de rappeler un point essentiel qui prouve que la justice est discriminatoire quand la demande d'adoption émane d'un homosexuel : l'argument presque systématiquement opposé à ce dernier est l'absence, dans le foyer qu'il propose pour accueillir l'enfant, d'un parent de sexe opposé, alors que l'adoption est légalement autorisée pour les célibataires !

Nous allons tenter de montrer en quoi ce présupposé, résumé en deux lignes, en est un : lorsqu'un homosexuel souhaite adopter (il ne peut le faire légalement qu'en se présentant comme célibataire), il se tourne le plus souvent vers l'adoption plénière. Comme nous l'avons noté plus haut, le refus de l'agrément pour la simple raison que le demandeur est de sexe masculin et célibataire est illégal[29]. Afin de mieux comprendre la position de la jurisprudence

28. P. Verdier, « L'agrément des personnes qui souhaitent adopter un pupille de l'État à la lumière de la doctrine et de la jurisprudence », *Revue de droit sanitaire et social*, 1992, p. 354.

29. Jugement du tribunal administratif d'Orléans en date du 22 janvier 1991. C. Mécary, G. de La Pradelle, *op. cit.*, p. 49 et 51.

face à la question de l'adoption par des homosexuels, nous prendrons le cas de Philippe F., dont l'affaire est la référence sur cette question. En 1992, M. F., qui est gay, sollicite de la part de l'administration un agrément dans le but d'adopter un pupille de l'État. De l'enquête il ressort que M. F., professeur agrégé, présente toutes les qualités intellectuelles et humaines requises. Pourtant, en 1993, l'administration refuse l'agrément en raison de « l'absence de référence maternelle constante » (alors que, rappelons-le, il s'agit d'une demande d'adoption par un célibataire !). Ayant effectué un recours gracieux, M. F. se voit opposer une fin de non-recevoir qui confirme la décision de l'administration en invoquant son « choix de vie ». Il saisit alors le tribunal administratif de Paris pour faire annuler le refus d'agrément de l'administration. Ce dernier, dans un jugement du 25 janvier 1995, prononce l'annulation des décisions attaquées. En effet, il juge que le terme « choix de vie » est clairement spécifié comme étant pour l'administration synonyme d'homosexualité, et que cette homosexualité, eu égard aux conclusions des enquêtes psychosociales, est un aspect de la personnalité du demandeur qui ne peut justifier un refus d'agrément que si elle s'accompagne d'un comportement préjudiciable à l'éducation de l'enfant. L'administration saisit alors le Conseil d'État qui rend le 9 octobre 1996 un arrêt infirmant la décision du tribunal administratif, posant que M. F., « eu égard à ses conditions de vie et malgré des qualités humaines et éducatives certaines, ne présente pas des garanties suffisantes sur les plans familial, éducatif et psychologique pour accueillir l'enfant adopté ».

Ce sont les conclusions du commissaire du gouvernement (qui représente l'état du droit sur les questions que doivent trancher les juridictions administratives telles que le Conseil d'État) sur cette affaire qui permettent de mieux en comprendre les tenants et les aboutissants. Précisons tout d'abord qu'il conclut finalement à l'annulation de la décision du tribunal administratif de Paris, suivi en cela par le Conseil d'État, en soutenant que « l'administration n'a pas motivé son refus d'agrément par l'homosexualité de M. F. en tant que telle mais par les risques qui lui ont paru en résulter pour l'enfant ». Il reconnaît donc, et c'est ce qui fait de l'affaire Philippe F. une référence en la matière, que le Conseil d'État est saisi d'une question de principe : l'homosexualité (le « choix de vie ») de M. F. est-elle une raison suffisante pour justifier le refus de l'agrément par l'administration ? Pour y répondre, le commissaire du gouvernement développe dix arguments, quatre en faveur de la délivrance et six en sa défaveur : la délivrance pourrait être accordée à un homosexuel parce que la loi autorise l'adoption d'un enfant par un célibataire, parce que chacun a le droit de choisir sa vie sexuelle, parce que l'exercice de l'autorité parentale peut être dévolu à un parent homosexuel et enfin parce que l'agrément administratif n'est pas le prononcé de l'adoption, qui relève de la seule compétence du tribunal de grande instance. Mais les arguments « contre », plus nombreux, font pencher la balance du côté du refus de l'agrément : il n'existe pas de droit à l'enfant ; le parallèle entre l'autorité parentale exercée par les homosexuels et la possibilité pour eux d'adopter un enfant n'est pas pertinent car, dans un cas, il existe déjà un lien de filiation, alors que, dans l'autre, il s'agit de le créer ; la question de savoir s'il existe un risque psychologique pour l'enfant peut être discutée mais, dans le doute, il convient de lui donner « un environnement familial stable et épanouissant » avec une référence à l'altérité sexuelle (principe de précaution !) ; la loi n'a pas autorisé expressément l'adoption par des homosexuels ; l'agrément est important car, à travers lui, « la société exprime ce que doivent être pour elle les aptitudes des adoptants » et, aux yeux du commissaire du gouvernement, « le corps social ne [...] paraît pas prêt à admettre qu'un enfant soit confié à certaines personnes» ; enfin, l'agrément ne s'impose pas au juge, qui «peut prononcer l'adoption s'il estime que les requérants sont aptes à recueillir l'enfant et que l'agrément est conforme à l'intérêt de l'enfant».

De cette démonstration deux points importants doivent être mis en exergue car ils recoupent ceux que nous avancions pour expliquer la focalisation de l'inquiétude face à l'homoparentalité sur l'adoption : il s'agit de la configuration familiale et de son influence sur l'enfant (avec la question de l'orientation sexuelle et de la référence aux deux sexes dans le couple familial), et de l'aspect juridique inhérent à l'adoption en ce sens qu'il crée *ex nihilo* le lien de filiation [30]. En ce qui concerne le premier point, à savoir l'éventuelle répercussion de l'homosexualité du parent sur un enfant (troisième argument défavorable avancé par le commissaire du gouvernement), dans le doute, le législateur conseille une référence à l'« altérité sexuelle ». L'altérité sexuelle ne doit pas être comprise ici comme la présence d'un couple de personnes de sexes différents (puisque l'on se situe dans le cas d'un célibataire), mais comme une altérité inhérente au statut de l'individu en fonction de son orientation homo- ou hétérosexuelle. La distinction entre l'orientation sexuelle d'une personne et la possible référence à une « altérité sexuelle » qu'elle serait à même d'offrir à l'enfant est ici assez floue (voir l'exemple du père « absent » ou « nié » pour une femme hétérosexuelle ou lesbienne [31]). Quel que soit l'angle d'approche du problème de l'homoparentalité, il est toujours question de la définition de l'homosexualité, ici afin d'imaginer les éventuelles répercussions de celle d'un parent sur l'enfant dont il aurait la charge. Un moyen de répondre à moindre coût est bien sûr

30. Voir *supra*, p. 149-150.
31. Voir *supra*, p. 131.

d'en revenir aux bonnes vieilles définitions qui, comme nous l'avons vu, n'en sont pas réellement : l'homosexuel n'est ni vraiment une femme (qui sait qu'elle est une femme, ce qui la différencie d'un homme), ni vraiment un homme (qui sait qu'il est un homme, ce qui le différencie d'une femme), mais autre chose, quelqu'un qui n'a pas accès (dans quelque champ que ce soit, symbolique ou autre) à l'« altérité sexuelle ». Le second point important, la question de la différence entre une filiation déjà existante et l'adoption qui vise à créer une filiation, est développé dans le deuxième argument défavorable du commissaire du gouvernement : l'homosexuel qui a déjà eu un enfant de manière « naturelle » (quel que soit son mode d'arrivée) est de fait parent de cet enfant ; il faut « faire avec ». On peut considérer dans ce raisonnement que cette personne homosexuelle a eu son enfant « en tant qu'hétérosexuel » (ce qui rejoint le parti pris habituel consistant à dire que les parents des enfants nés dans un contexte hétéroparental étaient à l'époque hétérosexuels même s'ils sont « devenus » par la suite homosexuels), puisqu'il lui fallait forcément l'être pour donner naissance à un enfant de cette façon. Dans le cas de l'adoption, la question de principe est de valider, positivement, l'accès des homosexuels à un lien de filiation.

Quoi qu'il en soit, les remarques de ce représentant de la justice en France montrent, s'il en était besoin, que la question de l'adoption par un homosexuel cristallise toutes les inquiétudes liées à l'homoparentalité. Notons pour conclure que M. F. a saisi la Commission européenne des droits de l'homme qui, après avoir reconnu en 2001 la requête comme recevable, devra statuer sur la conduite à tenir vis-à-vis de la justice française.

Mais l'affaire de M. F. n'est pas unique en son genre ; de nombreuses affaires semblables apparaissent, les candidats homosexuels à l'adoption semblant accepter de moins en moins facilement de cacher leur homosexualité. Une autre jurisprudence récente, cette fois-ci autour de la demande d'une lesbienne vivant en couple, illustre cette nouvelle réalité. Après une enquête sociale ayant entraîné le refus de l'agrément, la décision du tribunal administratif de Besançon (Doubs) du 24 février 2000 est allée, comme le droit le permet, contre ce refus en acceptant que la femme puisse adopter. Une telle décision va explicitement à l'encontre de celle du procureur de la République qui s'était clairement prononcé dans l'affaire de M. F. Notons tout de même que, comme dans cette dernière affaire, le président du conseil général va probablement faire appel. L'agrément avait été refusé en raison de « l'absence d'image ou de référent paternel susceptible de favoriser le développement harmonieux d'un enfant adopté ». Encore une question d'altérité... Mais le juge a estimé qu'il existait « d'incontestables qualités humaines éducatives » et des « garanties suffisantes sur les plans familial, éducatif et psychologique pour accueillir un enfant adopté », étudiant le dossier d'un point de vue essentiellement éducatif.

Ces deux affaires permettent de tirer quelques conclusions sur la question de l'adoption par des homosexuels. En premier lieu, l'arrêt du Conseil d'État du 9 octobre 1996 (affaire de M. F.) rend extrêmement difficile, voire impossible, l'adoption par un homosexuel. Et même si, comme nous venons de le voir dans l'affaire de Besançon, le tribunal de grande instance peut prononcer l'adoption quel que soit l'avis de l'administration, dans les faits il ne va qu'exceptionnellement à son encontre, et il est très rare qu'il ordonne une enquête de son propre chef. En France, le seul moyen pour un homosexuel d'adopter un enfant est donc de cacher son homosexualité. Comme le résume fort justement F. Leroy-Forgeot, il faut être « une femme jeune se présentant comme célibataire et souhaitant adopter un enfant d'origine étrangère[32] ».

Précisons, pour conclure, que toutes ces dispositions légales sont en constant changement, tant en France qu'à l'étranger ; les lois et les jurisprudences évoluent très rapidement ces derniers temps, que ce soit dans le domaine de la famille en général ou dans celui de l'homoparentalité en particulier. Alors que de nombreux pays européens reconnaissent le couple homosexuel (la Norvège depuis 1993, la Suède depuis 1994, l'Islande et la Hongrie depuis 1996 et enfin le Danemark depuis 1998), la possibilité d'adopter est le plus souvent exclue des dispositions légales qui le concernent. Il existe néanmoins dans certains pays des modalités permettant au partenaire de même sexe d'adopter l'enfant de son conjoint, comme en Islande, dans certains États américains (la Californie notamment) ou encore en Angleterre, où une jurisprudence du 11 avril 1997 a autorisé la conjointe d'une mère à adopter son enfant. La Hollande reste le seul pays où cette prudence généralisée vis-à-vis des homosexuels n'a pas cours : en 2001, après avoir autorisé en 1998 l'adoption d'un enfant par deux personnes de même sexe (dans un cadre bien précis, l'enfant devant par exemple être néerlandais)[33], elle a reconnu le mariage des homosexuels, et donc le droit de ces couples d'hommes ou de femmes mariés[34] à l'adoption, se positionnant de façon très nette en faveur de l'homoparentalité adoptive (l'adoption par deux personnes de même sexe).

On pourra noter avec une certaine ironie que les arguments avancés contre les homosexuels qui prétendent à

32. F. Leroy-Forgeot, *Les Enfants du PaCS*, *op. cit.*, p. 39.

33. Cette avancée faisait suite à une décision remarquable de la Cour d'Amsterdam en 1995, autorisant l'adoption d'un enfant par une femme homosexuelle avec laquelle il vivait de fait depuis sept ans. Voir notamment l'article de C.H. Van Nijnatten, « Sexual orientation of parents in Dutch family law », *Medical Law*, vol. 14, n°s 5-6, 1995, p. 359-368.

34. À propos de la loi sur le mariage aux Pays-Bas, voir *supra*, p. 148.

l'adoption sont exactement les mêmes que ceux qui étaient opposés aux personnes (hétérosexuelles) souhaitant adopter il y a trente ans, à savoir le danger pour le développement psychologique de l'enfant, son équilibre, la consistance du milieu familial, etc. L'UNAF (Union nationale des associations familiales) voyait d'un très mauvais œil l'entrée de ces familles « atypiques » en son sein ; en 2000, alors que l'APGL (Association des parents et futurs parents gay et lesbiens) demande son intégration, elle ressent la même inquiétude[35]. Et les associations de familles adoptives ne sont pas les dernières à considérer ces nouvelles familles avec une certaine méfiance !

Les familles où l'enfant est né par insémination artificielle

Cette configuration ne concerne bien évidemment que les lesbiennes, qu'elles vivent ou non en couple. L'insémination a la plupart du temps lieu à l'étranger (Belgique, Hollande ou Royaume-Uni), la loi française la réservant aux couples mariés ou vivant en concubinage. Si on analyse ce cas de figure en termes de *mode d'arrivée* et de *parenting*, on note une similitude avec l'adoption puisque le projet parental, même si l'insémination ne concerne physiquement qu'une seule femme, peut être formé seul ou à deux, et que le *parenting* de l'enfant né de cette façon sera assuré par une ou deux femmes homosexuelles (nous réfléchirons plus loin sur la place accordée au père biologique qui a donné son sperme), lesquelles ne fourniront naturellement pas la fameuse référence aux deux sexes biologiques dans le couple parental.

35. Voir *supra*, p. 123.

Le terme « insémination artificielle » n'est plus très utilisé car il est jugé à juste titre trop flou. On parle plutôt d'« aide médicale à la procréation » (AMP), terme substitué à « procréation médicalement assistée » (PMA), qui remplaçait « procréation artificielle » (PA). L'évolution de la terminologie montre clairement la difficulté d'envisager la conception en dehors d'un rapport sexuel fécondant. Le terme « procréation artificielle » a été abandonné car, dans les pays industrialisés, on ne peut plus réellement parler de « procréation naturelle », sauf à être accidentelle. Les différents moyens de contraception et les stimulations de l'ovulation sont en effet très répandus et, d'une certaine manière, l'insémination naturelle du vagin d'une femme par le pénis d'un homme sans qu'il y ait *décision* de fécondation (et donc utilisation de stratégies que l'on pourrait tout à fait légitimement appeler « artificielles ») n'existe plus guère, si tant est qu'elle ait jamais existé (du moins à partir du moment où l'homme et la femme ont compris l'origine fécondante du rapport sexuel entre eux).

Face aux dérives scientifiques (et scientistes) auxquelles pourraient mener les possibilités fabuleuses de la fécondation *in vitro* (en opposition à *in vivo*), notamment du fait des conditions de contrôle absolu qu'elles offrent (l'idée de faire « ce que l'on veut » du sperme et des ovules sans avoir à répondre à l'individu qui les a cédés, ces substances pouvant être considérées comme de simples *émanations* d'un être humain), un contrôle du législateur est rapidement devenu une nécessité. C'est ainsi qu'aujourd'hui, en France, l'aide médicale à la procréation est régie par la loi n° 94-654 du 24 juillet 1994, dite « loi de bioéthique ». Elle prévoit entre autres la gratuité des dons (de gamètes, d'embryons), l'anonymat, et désigne les établissements habilités à ces pratiques. L'AMP est définie de façon précise : elle « s'entend des pratiques cliniques et biologiques permettant la conception *in vitro*, le transfert d'embryon et l'insémination artificielle, ainsi que toute technique d'effet équivalent permettant la procréation en dehors du processus naturel» (article 152-1 du code de la santé publique). Il est donc bien question d'opposer de l'artificiel à du naturel. Nous évoquions, à propos de la coparentalité, l'insémination «artisanale» en opposant ce terme à «artificielle»[36] : dans l'insémination artisanale, il n'y a pas de recours à un médecin; il s'agit d'une pratique réellement privée, ne rentrant pas dans le cadre de la vie publique (publique au sens de l'engagement d'un tiers qui se voit assigner, de par sa déontologie, son éthique et son appartenance à une corporation reconnue socialement, un rôle en rapport avec l'ordre public). Un rapport fécondant après masturbation de l'homme, récupération de son sperme et introduction de celui-ci dans le vagin de la femme est, si l'on veut rester cohérent, tout à fait naturel. Le trajet du sperme, joliment appelé *artisanal*, est simplement un peu plus long et sinueux que dans une «pénétration classique». Je reste volontairement ici dans l'aspect technique et en dehors de toute considération affective – laquelle a naturellement une place essentielle dans l'acte sexuel, mais ce n'est pas ici la question. Il semble bien que l'opposition naturel/artificiel corresponde à la distinction privé/public. Nous expliquions en effet plus haut, toujours au sujet de la coparentalité, que la lesbienne et le gay qui s'engagent ensemble font assez souvent appel à un médecin compatissant qui leur prescrit une aide hormonale à l'ovulation pour maximiser les chances de fécondation lors de l'insémination, ce en toute illégalité bien entendu. Le statut du médecin dans ce cas détermine l'aspect privé ou public de l'acte. Exerçant en dehors du cadre qui fait de lui un médecin, c'est-à-dire l'extension d'un corps social qui a des comptes à rendre à la société tout entière et dont cette dernière attend

36. Voir *supra*, p. 144.

certaines choses et pas d'autres, on peut tout à fait considérer qu'il agit dans un cadre privé et que l'insémination est *artisanale*. Si l'on considère au contraire que sa fonction de médecin prime sur tout autre statut lorsqu'il met en pratique son art (deux données sont importantes pour analyser cette question : la première est de savoir s'il est rétribué pour cette aide ou s'il l'apporte gracieusement, dans un cadre « familial », la seconde est de considérer le serment d'Hippocrate, qui engage chaque médecin à tout moment où il exerce son « art »), alors l'acte prend une dimension publique et l'on pourrait parler d'une insémination *artificielle*. L'assignation sociale me semble donc être prépondérante dans cette distinction. D'où l'aspect éminemment politique de tout positionnement en faveur ou contre l'accès des lesbiennes à cette pratique.

On distingue plusieurs types d'aide médicale à la procréation en fonction des différentes techniques utilisées. Celles-ci vont de l'insémination artificielle avec sperme du conjoint jusqu'aux transferts d'embryons, comme la FIVETE – consistant à recueillir l'ovocyte (de la mère ou d'une donneuse anonyme) et le sperme (du conjoint ou d'un donneur anonyme) afin d'obtenir par culture *in vitro* un embryon que l'on réimplante dans l'utérus – ou encore le GIFT *(Gamet Intra Fallopian Transfer)*, par lequel on transfère directement les gamètes des deux partenaires dans les trompes de la femme. La technique qui intéresse plus particulièrement les lesbiennes recourant à l'aide médicale à la procréation est l'insémination artificielle avec donneur (IAD), où le sperme provient d'un anonyme. En France, 1 % des couples mariés ou concubins recoure chaque année à cette méthode, et elle est à l'origine de 0,5 % de la natalité (environ 3 500 naissances par an).

Mais l'utilisation de ces techniques est régie par des dispositions légales qui en délimitent le champ d'application en déterminant notamment qui peut y accéder : la loi précise ainsi que l'AMP a pour objet de « répondre à la demande parentale d'un couple » afin de « remédier à l'infertilité dont le caractère pathologique a été médicalement diagnostiqué. Elle peut avoir pour objet d'éviter la transmission d'une maladie d'une particulière gravité » (article 152-2 du code de la santé publique). L'AMP est donc ouverte aux couples formés d'un homme et d'une femme « vivants, en âge de procréer, mariés ou en mesure d'apporter la preuve d'une vie commune d'au moins deux ans et consentant préalablement au transfert des embryons ou à l'insémination ». En revanche, de façon tout à fait explicite, elle est, sous quelque forme que ce soit, légalement inaccessible aux couples formés de personnes de même sexe ou aux célibataires. Il est intéressant de faire une comparaison avec les conditions nécessaires à une adoption, qui sont, comme nous le précisions plus haut, être marié ou être célibataire (le concubinage étant exclu). On peut s'étonner de cette différence de statut, mais elle s'explique en réalité très facilement : en 1804, le code Napoléon clôt le débat tumultueux sur la famille, décidant qu'elle n'existe que dans le mariage (les « bâtards » nés en dehors de ce cadre sont dits « sans famille »)[37]. De plus, le statut de la femme mariée (juridiquement incapable et soumise à la puissance maritale) renforce la position prépondérante de l'homme. Il paraît logique dès lors que l'adoption, qui est un moyen de légaliser et de transmettre un patrimoine, soit réservée aux couples mariés (et donc en réalité à l'homme, seul désigné pour en assurer la magistrature) ou aux hommes célibataires. La loi concernant la procréation médicalement assistée est élaborée cent quatre-vingt-dix ans plus tard et intègre les avancées sociales, notamment en ce qui concerne les droits

37. Ministère de l'Emploi et de la Solidarité (rapporteur I. Théry), *op. cit.*, p. 27.

des femmes, acquises au cours de cette période. Le droit à l'AMP s'entend donc pour un couple formé d'un homme et d'une femme (leur statut marital étant secondaire). Ce qui compte n'est pas tant la question de la transmission de biens ou d'un patrimoine que l'idée même de la conception et de l'engendrement. Il n'est pas question d'héritier et de transmission mais d'enfant et de filiation : si l'institution de l'adoption, comme nous le soulignions plus haut, vise de plus en plus à donner des parents à un enfant dépourvu de liens familiaux, l'aide médicale à la procréation a explicitement pour but de « répondre à la demande parentale d'un couple » en lui donnant un enfant. On pourra de même remarquer que l'adoption nécessite un agrément, alors que la loi de 1994 ne l'exige pas pour une aide médicale à la procréation : Marcella Iacub l'explique par le fait que l'insémination artificielle ressemble beaucoup plus à un rapport sexuel et ne nécessite donc pas que les futurs parents justifient du milieu où va être élevé l'enfant, contrairement à l'adoption qui ne rappelle en rien une procréation (nous reviendrons sur ce point dans le prochain acte en analysant l'état et le devenir de la famille en France[38]).

Ainsi, un couple de lesbiennes ou une lesbienne célibataire ne peuvent légalement, du moins en France, bénéficier d'une aide médicale à la procréation ; tout médecin qui prêterait son concours à une insémination *artificielle* dans ce cas se verrait passible de sanctions[39]. La seule possibilité pour elles est donc de se tourner vers les pays étrangers, où les lois leur permettent l'accès à la procréation médicalement

38. Voir *infra*, p. 200.

39. Dans son article « Seconde maman », paru dans *Le Nouvel Observateur* daté du 17 février 2000, Sophie des Déserts décrit le parcours d'une lesbienne qui a rencontré, dans les années 1980-1990, une gynécologue parisienne pratiquant régulièrement (pour 700 francs par séance) des inséminations artificielles avec du sperme d'étudiant en médecine. et dont le cas a été instruit par le Conseil de l'ordre.

assistée. Les pays limitrophes de la France autorisant cette pratique sont le Royaume-Uni[40], la Belgique et les Pays-Bas. Ces deux derniers pays sont privilégiés par les lesbiennes françaises qui veulent concevoir leur enfant de cette façon. En Belgique, chaque centre hospitalier réglemente seul les modalités de l'insémination artificielle : l'équipe de Baetens, qui a beaucoup travaillé et écrit sur ces questions, préfère réserver l'insémination aux couples de lesbiennes plutôt qu'aux célibataires[41]. Le choix fréquent de la Belgique pour pratiquer l'insémination a d'ailleurs valu aux enfants conçus de cette façon et dans ce pays le surnom – donné par une journaliste du *Monde* – de « bébés Thalys », du nom du train reliant Paris à la Belgique.

Les législations européennes divergent sur un autre point notable : l'accès de l'enfant aux informations relatives à son origine biologique (la connaissance de l'identité de son géniteur). Il s'agit d'un débat important en France, avec, outre la question de l'anonymat des donneurs de sperme pour les inséminations, celle de l'accouchement sous X. Je fais partie des nombreux psychiatres et psychologues qui constatent les désastres liés à l'impossibilité d'accéder à l'identité de son ou de ses géniteurs. Rappelons que la loi de 1973 autorisant l'accouchement sous X avait essentiellement pour but d'éviter les abandons sauvages d'enfants (avec les consé-

40. Cette pratique est autorisée en dépit du rapport Warnock demandé par le gouvernement anglais et qui allait contre le recours à la procréation médicalement assistée par les lesbiennes et les femmes célibataires hétérosexuelles, insistant sur le fait qu'un enfant se développe dans de meilleures conditions au sein d'un couple hétérosexuel (principe en accord avec les présupposés théoriques de la loi française actuelle). S. Golombok, J. Rust, « The Warnock Report and single women : what about the children ? », *Journal of Medical Ethics*, vol. 12, n° 4, 1986, p. 182-186.

41. P. Baetens *et al.*, « PMA et nouvelles formes de familles, une étude sur les inséminations artificielles de femmes seules et homosexuelles », *Thérapie familiale*, Genève, vol. 17, n° 1, 1996, p. 51-60.

quences dramatiques que l'on imagine) en permettant à une femme de laisser le bébé dont elle ne pouvait ou ne voulait pas s'occuper aux autorités compétentes. Un scandale récent en Allemagne montre la difficulté d'être univoque dans la condamnation d'une loi qu'il convient néanmoins de réviser : pour éviter que les mères qui n'ont pas la possibilité d'accoucher anonymement abandonnent leurs enfants sur des pas de porte, voire dans des poubelles, des boxes équipés pour accueillir un bébé sont mis à leur disposition, ce qui leur permet de laisser l'enfant dans des conditions décentes[42]. Un élément fondamental sépare sur ce point la Belgique des Pays-Bas : dans le premier pays l'accès de l'enfant à ses origines biologiques est impossible, alors que dans le second l'enfant peut connaître l'identité de son parent biologique à dix-huit ans (il existe deux casiers de donneurs, A pour les anonymes et B pour les donneurs connus).

La notion de l'anonymat du père est importante dans la façon dont certains pédopsychiatres envisagent l'aide médicale à la procréation pour les lesbiennes. François Jésu explique ainsi que « l'adoption ne laisse la porte ouverte à aucune fiction, à aucun déni portant sur la réalité biologique de la procréation. Elle reste symboliquement, primitivement et définitivement inscrite dans le postulat de la "différence des sexes" comme condition de reproduction et de survie de

42. Ces boxes ne sont pas sans rappeler les « tours d'abandon » du XVIIIe siècle, qui étaient des guichets tournants où l'enfant pouvait être déposé afin d'être immédiatement recueilli par des religieuses. On peut en voir des exemplaires au musée de l'Assistance publique-Hôpitaux de Paris. Pascale Kremer écrit : « Un projet de loi sur l'accouchement sous X est actuellement en cours de vote au Parlement. Il tend à favoriser la levée ultérieure du secret, mais ne la rend pas obligatoire : la mère est ainsi incitée à laisser son identité au moment de l'accouchement, sous pli tenu secret, mais elle n'y est pas contrainte. Quant à l'enfant, devenu adulte, il ne pourra connaître l'identité de sa mère que si cette dernière, recontactée, l'accepte. » P. Kremer, « La Cour européenne des droits de l'homme appelée à se prononcer sur l'accouchement sous X... », *Le Monde*, 18 octobre 2001.

l'espèce humaine», ce qui lui permet de conclure que «l'enfant adopté au sein d'un couple homosexuel ne peut ignorer longtemps qu'il est né de l'union d'un homme et d'une femme». En revanche, «la garantie de ce repère symbolique essentiel est beaucoup moins assurée dans le contexte de l'assistance médicale à la procréation», ce qui peut entraîner le risque que «l'enfant soit considéré – et amené à se considérer – comme le pur objet procréatif d'un couple parental condamné à la stérilité de par ses choix sexuels», d'où le souhait de François Jésu que «[le législateur] renforce l'interdit d'accès des couples homosexuels aux techniques d'assistance médicale à la procréation»[43]. Cette analyse me semble inexacte, et ce pour deux raisons : tout d'abord, le fait d'ignorer l'identité de son géniteur ne signifie pas que l'on ignore qu'il s'agit d'un homme; ensuite j'ai pu noter une constante chez l'immense majorité des lesbiennes que j'ai rencontrées ayant eu recours à une insémination artificielle : le fait qu'elles tenaient à faire savoir à leur enfant que leur père biologique, un homme, existait quelque part. L'idée d'une procréation en dehors de la rencontre entre deux sexes différents me semble être davantage le fantasme de certains chercheurs que celui des homosexuels.

Pour en finir avec l'hétérogénéité des législations, on pourra noter la particularité de l'Islande, qui reconnaît les couples de personnes de même sexe mais interdit le recours à la procréation médicalement assistée aux couples non mariés (qu'ils soient homo- ou hétérosexuels). Une analyse de Flora Leroy-Forgeot explique de façon tout à fait convaincante cette disparité entre les cadres juridiques concernant l'insémination artificielle à travers le monde : «Le recours aux procréations médicalement assistées pour les lesbiennes dépend essentiellement de la nature étatique ou privée du contrôle de ces techniques [...], le contrôle

43. F. Jésu, J.-P. Rosenczveig, art. cit.

étatique est d'ailleurs plus fort, donc moins favorable aux homosexuels, dans les contextes républicains et nationalistes, et moindre, donc plus favorable, dans les contextes monarchiques et fédératifs[44]. »

En ce qui concerne le statut légal de la mère génitrice et de sa compagne (la « mère sociale », comme elle est le plus souvent désignée dans la littérature) vis-à-vis de l'enfant, le cadre législatif est tout à fait simple et découle des dispositions que nous avons développées tout au long de cet acte : même si l'insémination artificielle a eu lieu à l'étranger, puisque l'enfant naît « directement de la mère », celle-ci est de fait considérée comme ayant un lien de filiation avec lui, la reconnaissance ayant lieu à la naissance. La compagne qui souhaite créer un lien de filiation avec cet enfant ne peut le faire que si elle demande une adoption simple[45]. Le statut de la mère sociale est donc tout à fait comparable à celui des coparents dans la coparentalité : elle n'existe pas légalement.

Les familles où l'enfant a été conçu grâce à une « mère de substitution »

Nous refermerons ce passage en revue des différentes configurations homoparentales par la question des « mères porteuses ». Cette situation est encore très marginale en France, pour la bonne raison qu'elle y est illégale, et les gays qui souhaitent y avoir recours doivent une fois de plus se rendre à l'étranger. Ces contraintes rendent l'option souvent très compliquée à réaliser et très onéreuse. La question éthique de l'utilisation du corps de la femme est

44. F. Leroy-Forgeot, *Les Enfants du PaCS*, *op. cit.*, p. 43.

45. Laquelle est, comme nous l'avons vu, quasiment impossible à obtenir en France. Voir *supra*, p. 147.

ici particulièrement vive, et cette possibilité est d'ailleurs regardée d'un œil méfiant, y compris par la plupart des homosexuels, déjà parents ou souhaitant le devenir, que j'ai rencontrés. On pourrait comparer cette situation à celle, plus fréquente, d'un homosexuel (homme ou femme) proposant à un couple hétérosexuel de « porter » son enfant, la mère biologique qui ne reconnaît pas l'enfant – celui-ci l'est par l'homosexuel(le) grâce à des pirouettes juridiques compliquées – pouvant être assimilée à une mère porteuse, à la différence près – et elle n'est pas anodine – qu'elle n'est pas rémunérée. L'analyse est la même qu'en ce qui concerne l'adoption et l'insémination artificielle (le projet parental peut être celui d'une ou de plusieurs personnes ; en ce qui concerne le *parenting*, l'orientation sexuelle du ou des parents est homosexuelle, et il n'y a pas de référence à une différence biologique des sexes dans le couple parental).

Cette « solution » est généralement celle choisie par les gays car, si les lesbiennes seules ou en couple peuvent, pour avoir un enfant, en dehors de l'adoption et sans passer par une coparentalité, se tourner vers la procréation médicalement assistée, le gay qui ne souhaite pas qu'une femme s'occupe avec lui de l'enfant ne peut recourir qu'à une mère de substitution, qui ne sera mère « que » neuf mois. La façon de traiter la question des origines biologiques de l'enfant découle bien entendu de ce choix. Dans l'adoption – où les parents biologiques d'origine qui n'ont pas pu ou voulu s'occuper de l'enfant sont le plus souvent inconnus des adoptants, ou peuvent être rencontrés, mais très brièvement, lors de la récupération de l'enfant si celui-ci est étranger – ou encore l'insémination – où le donneur est la plupart du temps anonyme – il n'y a pas, comme dans le cas du recours à une mère de substitution, de contact étroit avec la personne de l'autre sexe biologique qui, en fournissant une partie de ses caractéristiques physiques (le sperme, l'ovule, l'utérus), permet de concevoir l'enfant. Cette dernière option implique en effet le plus souvent de trouver la future mère porteuse, de subvenir à ses besoins pendant la grossesse, et donc de tisser avec elle pendant neuf mois (voire plus en comptant les tractations) des relations qui sont, aussi cru que le mot puisse paraître, commerciales. La plupart du temps, après la naissance de l'enfant, il y a perte de contact. Je ne prétends pas bien sûr que toute élaboration psychique ultérieure avec l'enfant est impossible, mais un réel travail sur la façon dont ce projet s'est déroulé et sera révélé (sous quelque forme que ce soit : par les mots ou par tout autre moyen de communication et de relation entre les parents et l'enfant) doit être réalisé et peut être difficile à faire. Mais c'est après tout aussi le cas pour toutes les situations atypiques que sont l'adoption ou l'insémination artificielle, et même pour le mode de procréation « normal » (c'est-à-dire par un rapport sexuel entre les parents qui élèveront l'enfant – « normal » renvoyant ici davantage à la fréquence qu'à la normativité). La question des origines rattrape toujours les enfants, quel que soit leur mode de conception. On peut toujours supposer qu'elle va davantage de soi pour un enfant dont les deux parents de sexes opposés qui assurent le *parenting* sont également les parents biologiques que pour un enfant né d'une mère « porteuse » et élevé par son père homosexuel, mais cette présomption n'a rien d'évident, et encore moins d'innocent.

Le cadre légal correspondant à cette configuration est des plus simples : la pratique est interdite par la loi n° 94-653 du 29 juillet 1994, qui précise que « toute convention portant sur la procréation ou la gestation pour le compte d'autrui est nulle » (article 16-7 du code civil). Un arrêt rendu par la Cour de cassation le 31 mai 1991 a même interdit à une femme stérile d'adopter un enfant porté par une autre femme qui avait accouché sous X, précisant que « l'ultime phase d'un processus d'ensemble destiné à permettre à un couple l'accueil à son foyer d'un enfant conçu en exécution d'un contrat tendant à l'abandon à sa naissance par la mère [...] est un détournement de l'institution de l'adoption[46] ». C'est la raison pour laquelle les gays qui aspirent à créer un lien de filiation avec un enfant par ce biais le font à l'étranger (le plus fréquemment dans certains États américains), où cette pratique est légale, et reconnaissent seuls l'enfant à sa naissance, la mère porteuse accouchant anonymement et laissant au père l'entière responsabilité parentale.

Limites et atypicités

Chaque configuration de la famille homoparentale a été rapportée à ce que nous avons appelé la « référence à une différence biologique des sexes dans le couple parental ». La finalité de cette notion, somme toute bien peu intéressante dans la pratique, est en fait de permettre d'évacuer une idée reçue : l'impossibilité qu'auraient les parents homosexuels d'« offrir » à leurs enfants une référence à la « différence des sexes », nécessaire à leur développement. Au-delà de la question de l'importance de cette « différence des sexes » dans la construction du psychisme ou même de la pensée (que nous avons déjà soulevée avec les travaux de Françoise Héritier sur la *valence différentielle des sexes*[47] et sur laquelle nous nous appesantirons dans le prochain acte), il est évident, après avoir survolé toutes ces formes de famille dont le point commun est l'homosexualité du ou

46. C. Mécary, G. de La Pradelle, *op. cit.*, p. 57-58.
47. Voir *supra*, p. 56.

des parents, que cette particularité, précisément, n'entraîne pas forcément l'absence pour l'enfant d'un père ou d'une mère qui s'occupent de lui (assurent son *parenting*). Je pense bien évidemment à la coparentalité, ou encore au cas d'un enfant né dans une famille « hétérosexuelle » et élevé dans une famille « homosexuelle ». Mais, je le répète car cela me semble être une donnée clinique essentielle, très rares sont les parents homosexuels élevant leur enfant seuls ou avec leur conjoint de même sexe qui ne font pas *référence* devant l'enfant à son autre parent biologique (qui est donc du sexe opposé à celui du parent qui l'élève), même si celui-ci ne participe pas à son *parenting*[48]. Comme je l'ai déjà signalé, le fantasme d'auto-engendrement ou d'un engendrement par deux personnes de même sexe ne me semble pas caractériser les individus traversés par le spectre – les homosexuels, les gays, les lesbiennes ou les queers ; il s'agit plutôt du résidu d'une façon de concevoir l'homosexualité et ses rapports avec la « bonne marche » de la société.

Toutes ces réflexions sur les différents types de famille pourraient conduire à concevoir un *gradient d'acceptabilité* en fonction des situations, avec en tête l'enfant né d'un couple hétérosexuel « classique » et en lanterne rouge l'enfant né d'une mère porteuse. Cette idée est très sensible dans la récupération politique (au mauvais sens du terme, le sens « politicien ») de l'homoparentalité : ainsi, si le parti des Verts, à la veille de l'élection présidentielle de 2002, fait de l'autorisation de l'adoption pour les homosexuels un cheval de bataille électorale, il n'envisage pas pour ces couples la possibilité de recourir à l'aide médicale à la

48. On pourra me reprocher de rester ici dans un cadre purement éducatif – je dirais plutôt « conscient » : certes, le fait qu'un parent fasse référence à une idée (verbalement, par exemple) devant son enfant n'implique pas que cette idée sera effectivement une référence pour l'enfant. Je développe cette question de la référence « inconsciente » (notamment à la différence, qu'il s'agisse de celle des sexes ou de celle des générations) dans l'acte IV.

procréation ou à une mère de substitution. On touche là aux limites de l'acceptable. C'est une chose que je peux d'ailleurs tout à fait entendre, mais cela manque singulièrement de recul et de mise en relief dans le positionnement à l'égard de la configuration homoparentale. Quoi qu'il en soit, dans l'inacceptable on pourra toujours trouver, si on le souhaite, plus atypique et inquiétant. Je pense ainsi à Natacha qui, alors qu'*elle* était né*e mâle*, est devenu*e une femme* après une chirurgie plastique et un traitement médical, qui bien entendu est resté*e le père* de ses enfants, et qui me parlait de sa situation d'une façon réellement touchante, ni « désadaptée », ni inquiétante ; atypique peut-être. Une femme qui est un père, voilà de quoi faire passer la pratique des mères porteuses dans la normalité !

Il n'est pas question de prôner un relativisme à tout crin et de prétendre que toutes les situations se valent et sont interchangeables. Ce que je veux mettre ici en exergue, c'est l'illusion qui consiste à penser que ce qui différencie une situation d'une autre est son inscription ou non dans quelque chose de l'ordre de la nature. La société se doit de se fixer des limites, tout comme l'individu (Juan David Nasio définit bien la castration comme l'acceptation ou la reconnaissance du fait que « les limites du corps sont plus étroites que les limites du désir[49] »). Mais la nécessité de poser des bornes n'implique en rien que cette tâche doive s'inscrire dans de faux présupposés qui cachent son véritable dessein : un dessein totalitaire qui justifie les choix de la société, les choix culturels, non pas sur la base d'un courage politique mais plutôt sur celle d'une pseudo-inscription dans la nature, dans je ne sais quel ordre universel.

Ainsi, dans le cas de l'acceptation légale de tel ou tel type de « famille homoparentale », il semble que, si l'existence

49. J.D. Nasio, *Enseignement des 7 concepts cruciaux de la psychanalyse*, Paris, Payot, coll. « Petite Bibliothèque Payot », 1992.

des enfants nés dans un milieu hétéroparental et secondairement élevés dans un milieu homoparental, ou encore nés dans des familles dites « coparentales », n'est guère remise en question, c'est parce qu'ils ont été conçus de façon « naturelle », par un rapport sexuel, même si celui-ci se complexifie un peu dans le cadre « artisanal » de la coparentalité. Comme si l'aspect privé, par opposition au public, garantissait l'inscription dans la nature de cette façon de concevoir des enfants. L'artificiel est considéré, lui, comme étant du domaine public, la société donnant ou non son aval à une pratique qui, quand elle relève du domaine privé – et s'inscrit donc dans la nature –, s'en passe bien : l'agrément pour l'adoption, le cadre des lois de bioéthique pour l'insémination et le recours aux mères de substitution (encore que, sur une autre échelle allant du « totalement naturel » au « totalement artificiel », l'aide médicale à la procréation, de par sa similitude avec une procréation par rapport sexuel, serait plus proche de la nature que ne l'est l'adoption ; l'absence d'agrément pour une insémination artificielle aurait tendance à le confirmer). Le privé garantit le naturel, le public l'artificiel, et le naturel garantit le privé tout comme l'artificiel le public. Ou comment faire d'un raisonnement tautologique un très pratique paravent. Ce qui autorise certains psychanalystes à affirmer que « l'homosexualité relève de la simple vie privée[50] ». Et le jour où la vie privée sera réduite à une portion congrue, faudra-t-il un agrément pour donner la vie par un rapport sexuel ? La question s'est déjà posée dans le cas des personnes handicapées mentales qui se sont vues stérilisées de force dans une « démocratie » occidentale à la veille de l'an 2000. N'oublions pas qu'il n'y a pas si longtemps, l'homosexualité était considérée comme un handicap.

---

50. M. Aulagnon, « La question controversée de l'adoption d'enfants par les couples homosexuels », *Le Monde*, 1er juillet 1997.

Acte IV

« Pour ou contre l'adoption par les homosexuels » : le faux débat

Asseyez-vous seulement ici, bélître,
parce qu'en quelque part que je me mette,
ce sera toujours la place au-dessus de vous[1].

Sophistes et philosophes

Le Banquet de Platon est un livre ambigu.

Le moins que l'on puisse dire, c'est que Platon a fait ses preuves. Le geste platonicien peut encore être revendiqué près de deux mille cinq cents ans après sa mort. Et pourtant, Émile Chambry, grand connaisseur de Platon et des racines grecques de la philosophie, ne sait trop comment comprendre les allusions *explicites* du *Banquet* : « Le manteau de la philosophie sert à couvrir ici de singuliers *égarements*, et l'on aurait bien de la peine à prendre Platon au sérieux si l'on ne savait combien il est difficile

1. M. de Cervantès, *Œuvres romanesques complètes*, t. I, Paris, Gallimard, coll. « La Pléiade », 1949, p. 753.

aux meilleurs esprits d'échapper aux *erreurs* de leur temps[2]. »

Mais rappelons rapidement ce qu'est *Le Banquet* : il s'agit de l'évocation par Apollodore d'un banquet auquel il n'a pas assisté mais qu'il s'est fait raconter, d'une fête organisée seize ans plus tôt chez un certain Agathon. Vrai poète, riche, beau et loué par toute la cité, il organise ce repas après avoir reçu un prix pour l'une de ses tragédies et convie, entre autres personnages illustres, Aristophane et Socrate. Le thème de la discussion est l'amour, et chaque convive doit s'acquitter d'un éloge à celui-ci. Deux discours vont retenir ici notre attention : celui de Pausanias et celui de Socrate. Pausanias défend, nous l'avons déjà noté plus haut[3], la supériorité de l'amour entre hommes, entre un homme mûr et un jeune homme, plus précisément, amour qu'il qualifie de « céleste » (c'est-à-dire inspiré de l'ancienne déesse Aphrodite née du seul Ouranos) et qu'il oppose à l'amour « populaire » entre un homme et une femme (c'est-à-dire inspiré de la plus récente Aphrodite dont la mère est Dioné). Si en effet l'amour populaire n'est que l'amour des corps, celui de l'homme pour la femme quelles que soient leurs vertus respectives, l'amour « uraniste » – tel que le qualifiera plus tard Ulrichs – est quant à lui centré sur l'âme et sur la transmission de vertus belles et bonnes : il ne saurait être un commerce entre deux âmes vulgaires. Bien au contraire, l'une est mûre, pleine de connaissances qu'elle ne demande qu'à transmettre à un jeune garçon qui, par la beauté de son corps, montre sa prédisposition à laisser croître au sein de son âme pure la connaissance du Beau. C'est surtout cette partie du *Banquet* qui a marqué l'esprit

2. Platon, *Le Banquet*, in *Œuvres complètes*, t. III, Paris, Garnier Frères, 1964, p. 12-13. C'est moi qui souligne.

3. Voir *supra*, note 55, p. 97.

des homosexuels, qui trouvèrent dans cet éloge de l'amour par Pausanias la reconnaissance et la bienveillance qu'ils ne recevaient guère dans la «vraie» vie (celle qui donnait le spectacle de la peine de travaux forcés purgée par Oscar Wilde à la veille de 1900, des arrestations par la police dans les bars gay de Christopher Street à New York à la fin des années 1960 ou encore de la déportation en Allemagne dans les années 1930… entre autres persécutions).

Le discours de Socrate est plus complexe : par l'intermédiaire d'une «sage femme», Diotime, de qui il tient son savoir sur l'amour, il présente celui-ci comme le meilleur guide («auxiliaire») de l'homme qui voudrait accéder au monde intelligible, s'extraire du monde sensible et toucher de l'esprit «la beauté divine elle-même sous sa forme unique[4]». Il s'agit de l'exposé de la doctrine platonicienne dans tout ce qu'elle a de plus «classique». Mais pour en arriver à présenter l'amour comme aide à un tel dessein philosophique, Platon, par la bouche de Socrate (ou Socrate par la plume de Platon), développe quelques idées sur la génération et l'immortalité. C'est à partir de ces lignes que j'introduirai la mise en perspective des débats autour de l'accession des homosexuels à la parentalité.

Un suspect désir

Il existe deux types d'hommes pour Diotime : «Ceux qui sont féconds selon le corps se tournent de préférence vers les femmes, et c'est leur manière d'aimer que de *procréer des enfants*, pour s'assurer l'immortalité, la survivance de leur mémoire, le bonheur pour un avenir qu'ils se figurent

4. Platon, *Le Banquet*, *op. cit.*, 211e.

éternel. Pour ceux qui sont féconds selon l'esprit [...], les choses qu'il convient à l'âme de concevoir et d'*enfanter* [sont] la sagesse et les autres vertus. Pressé de ce désir, [l'homme] s'attache donc aux beaux corps de préférence aux laids, et s'il rencontre une âme belle, généreuse et bien née, cette double beauté le séduit entièrement. En présence d'un tel homme [...], il *enfante et engendre* des choses dont son âme était grosse depuis longtemps ; présent ou absent, il pense à lui et il nourrit en commun avec lui le *fruit de leur union*. De tels couples sont en communion plus intime et liés d'une amitié *plus forte que les pères et les mères* parce qu'ils ont en commun *des enfants plus beaux et plus immortels*[5]. »

Il est aisément imaginable que certains puissent voir dans ces quelques lignes des arguments confirmant l'idée selon laquelle il ne saurait être question pour les homosexuels d'avoir de « vrais » enfants, leurs amours, « entre eux », étant déjà en rapport avec quelque chose de l'ordre de la filiation : ils ont de quoi satisfaire leur envie d'immortalité, et leur inscription dans la génération peut se faire par la transmission du Beau (nombre de ceux qui ont laissé leur nom à la postérité – Platon, Michel-Ange, Proust, etc. – n'étaient-ils pas homosexuels ?). Pourquoi souhaitent-ils en plus des enfants ? C'est vouloir le beurre et l'argent du beurre ! En outre, des esprits prudents pourraient s'inquiéter, au vu de ce qu'ils « transmettent » aux enfants, du risque d'abus sexuel sur ceux qu'ils « éduqueraient » ; ou quand « pédérastie » rime avec « pédophilie ». Il est d'ailleurs remarquable que la quantification du risque pour les enfants élevés par des gays d'être « abusés » ait été la première donnée étudiée dans les travaux américains sur les familles homoparentales. L'assimilation pédo-

5. *Ibid.*, 208e-209c. C'est moi qui souligne.

philie-homosexualité, qui pouvait expliquer, du moins il y a quelques années, l'inquiétude face à une loi accordant aux homosexuels le droit d'adopter des enfants, prend peut-être sa source, si l'on ne tient pas compte de l'homophonie entre « pédérastie » et « pédophilie », dans ce discours de Platon. L'inscription dans le temps – l'immortalité – est en effet dans *Le Banquet* fondamentalement différente selon qu'elle est le fruit des amours pour le même sexe ou pour l'autre sexe : ces deux types de filiation, « selon le corps » et « selon l'esprit », ne sauraient se recouper, et si les homosexuels qui sont féconds selon ce second principe venaient à se retrouver dans une relation de père à fils avec un enfant, alors cette relation forcément « monstrueuse » (au sens tératologique du terme) pourrait ouvrir la porte aux dérives d'une éducation impliquant le passage à l'acte sexuel.

Car il est bien question ici d'immortalité, chacun en voulant sa part : « le même principe selon lequel la nature mortelle cherche toujours, autant qu'elle le peut, la perpétuité et l'immortalité[6] ». Comment diable l'homme, qui est mortel, va-t-il pouvoir malgré tout accéder à l'immortalité, quelle que soit d'ailleurs la raison qui le pousse à la désirer si intensément ? Platon pose que cette immortalité passe par l'inscription de l'individu dans la génération, c'est-à-dire dans ce qui viendra après lui et avec quoi il est lié : puisque le corps de cet individu est mortel, c'est autre chose qui est transmis. Cette transmission se fait soit directement, « selon le corps », en ayant des enfants (et c'est alors le « sang » qui est transmis), soit par le fait de laisser à la postérité un nom, une œuvre ou toute autre inscription qui passera l'épreuve du temps, « selon l'esprit ». Chacun sa manière, dit Platon. Mais vivons-nous dans un monde si « structuré » que les rôles soient clairement distribués ? Afin d'esquisser une

6. *Ibid.*, 207d.

réponse, revenons à ce désir d'immortalité et à cette distribution des rôles pour y accéder. Selon que l'on choisit une lecture plutôt sociologique ou plutôt psychanalytique, deux explications de cette double catégorisation (« selon le corps »/« selon l'esprit ») peuvent être avancées. Soit il s'agit, comme dans le cas de la société rêvée par les Anciens, de répartir correctement les tâches, à savoir d'un côté ceux qui doivent faire des enfants pour que la cité ne se dépeuple pas, de l'autre ceux qui doivent penser ou philosopher afin de diriger *raisonnablement* cette cité. Chacun participe, à son niveau, à faire « avancer » la cité, ou tout au moins à éviter qu'elle ne s'effondre. L'autre raison qui pourrait expliquer une répartition aussi rigide des moyens de satisfaire sa recherche d'immortalité est l'agréable sensation de garder pour soi la méthode permettant d'accéder à une telle félicité et de ne pas la partager avec son voisin ; sentiment qui a à voir avec un certain égoïsme ou une certaine toute-puissance, lié en tout cas à la volonté de garder des acquis chèrement payés. Un peu comme un enfant qui veut profiter seul de son jouet et refuse de le prêter à ses camarades : « Je ne te prêterai pas mon moyen d'être immortel, tu n'as qu'à te contenter du tien ! » Et quand on ne veut pas prêter ses jouets, tous les prétextes sont bons. Et quand on voit le jouet du voisin, il est parfois difficile de ne pas désirer le posséder, de ne pas en être jaloux.

Nous n'allons bien évidemment pas, pour résoudre le lien entre homosexualité et parentalité, en rester à cette interprétation somme toute assez cocasse. Mais l'analyse des raisons et prétextes avancés par les uns et les autres dans les controverses autour de cette question sera souvent éclairée de façon stimulante par cette explication toute bête. Gardons-la donc en tête, ne serait-ce que pour pouvoir relativiser ces débats qui sont parfois, nous allons le voir, d'une rare violence.

La motivation qui pousse des individus à « vouloir » des enfants peut également se penser en termes de *désir d'enfant*. Car enfin l'enfant n'est pas une marchandise que l'on choisit dans un supermarché. Si certains psychanalystes, comme Christian Flavigny, ont raison d'affirmer que l'enfant n'est pas un « bien social », je souscris avec beaucoup moins d'enthousiasme à l'idée qu'il est une « valeur pour la société »[7]. D'où le sentiment de malaise lorsque l'on parle, comme nous le faisions dans l'acte précédent – à propos de l'aide médicale à la procréation, de l'adoption ou encore des mères de substitution –, de « choisir tel ou tel mode de conception », de « n'avoir que telle ou telle solution pour avoir un enfant », de « se tourner vers ceci ou cela », etc. Mais la notion de désir d'enfant est bien ambiguë en vérité : vouloir un enfant pour un couple fécond, est-ce un désir d'enfant *normal*? Et vouloir un enfant même lorsque la « nature » ne permet pas à ce couple de personnes de sexes différents d'en avoir un (en cas de stérilité, de maladie grave de l'un des conjoints, etc.), est-ce un désir d'enfant *recevable*? Et vouloir un enfant lorsque l'on n'est pas en couple ou

7. C. Flavigny, « L'enfant n'est pas un bien social », *Le Monde*, 16-17 juillet 2000. On pourra se reporter à un autre article écrit par ce psychiatre-psychanalyste : « Le Pacs, l'enfant et Freud », *Libération*, 19 octobre 1999. On pourrait certes se féliciter de sa tentative de penser, dans ce dernier article, au-delà du désir d'enfant ou du droit à l'enfant, un désir et un droit à être parent, voire de penser le désir tout court, mais on regrettera que ces notions soient amalgamées : « S'agissant des nouvelles requêtes (le droit à l'adoption par un adulte isolé [qui n'est d'ailleurs pas vraiment une requête nouvelle, comme on l'a vu dans l'acte III] ou par un couple d'homosexuels), le législateur ne peut occulter le fait qu'il s'agit de la demande d'un droit (celui d'être parent) que les intéressés se contestent par ailleurs (dès lors que leur vie sexuelle n'est pas potentiellement procréatrice) », ce qui lui fait parler d'une « évidente contradiction de la requête » ou encore « d'un désir parental ayant contourné la question de l'enfantement ». Au-delà du côté fumeux (voire homophobe) de cette explication – les homosexuels ayant choisi de ne pas être parents n'auraient qu'à assumer –, on s'étonnera tout de même de lire, sous la plume d'un psychanalyste, cette idée d'une « vie sexuelle » qui n'est pas « potentiellement procréatrice ».

alors en couple homosexuel, c'est-à-dire de même sexe (la fameuse « stérilité » du couple homosexuel), est-ce un désir d'enfant *acceptable* ? Ce qui inquiète, dans la question du désir d'enfant, c'est la place que prend l'enfant à venir pour le ou les adultes qui deviennent ses parents. Arrivera-t-il dans un contexte qui lui permettra de s'épanouir, de se développer, sans être trop enfermé dans le désir de ses parents ? C'est toute la question de l'enfant imaginaire et du deuil qui doit nécessairement être fait à l'arrivée de l'enfant réel, celui qui confronte ses parents à la réalité.

J'aimerais citer l'argument avancé par un psychologue sollicité dans l'enquête d'agrément demandée par la DDASS au sujet d'un homme vivant avec un autre homme déjà père adoptif d'un enfant et souhaitant à son tour adopter : « Notre évaluation n'a pas fait apparaître quelque élément de l'ordre du désir d'enfant. L'enjeu principal de cette demande d'agrément est, selon nous, dans une forme de défi, d'obtenir la légitimation du jeu des équivalences à défaut de prendre le risque psychique de créer sa propre Loi symbolique. » J'avoue ne pas bien comprendre, dans le contexte de cette affaire que je ne développerai pas ici, cette histoire d'équivalence... Mais peu importe : ce qui semble clair à ce psychologue, c'est que les motivations du demandeur (en rapport avec son homosexualité, et donc avec le fait que le foyer qu'il forme est composé de deux personnes de même sexe) ne sont pas satisfaisantes, en ce sens qu'elles ne révèlent pas une qualité psychique suffisante pour accueillir cet enfant. Bref, la problématique psychologique du futur adoptant fait que n'émerge pas d'« élément de l'ordre du désir d'enfant ». Cela me semble paradigmatique du fait que le désir d'enfant doit être calibré tant au niveau de sa qualité (un désir psychiquement acceptable) qu'à celui de sa quantité (ni trop, ni trop peu) pour laisser supposer que l'enfant qui va naître de ce désir, ou être adopté par son biais, aura des chances de se développer correctement. Un désir d'enfant normal, en somme. J'ai souvent entendu parler de l'égoïsme des homosexuels, qui veulent un enfant pour eux-mêmes sans tenir compte de ce qui est bon pour lui, justement comme on va faire son marché : « Tout de même, ça va être dur pour lui dans la cour d'école ! Comment va-t-il supporter le regard des autres, de ceux qui savent que son ou ses parents sont homosexuels ? » Si l'on écarte l'idée que les homosexuels n'ont aucun désir d'enfant même quand ils souhaitent avoir des enfants – car, contrairement au psychologue que je viens de citer, j'aurais tendance à considérer qu'une personne qui fait une demande d'adoption, même s'il est question de défi ou de militantisme, fait preuve d'un désir d'enfant (le militantisme n'empêchant pas le désir), lequel est de qualité variable en fonction de chacun, et peut même être d'une qualité suffisamment inquiétante pour justifier un refus d'agrément –, il est toujours possible d'avancer que l'égoïsme, si égoïsme il y a, réside dans le fait que le désir d'enfant de l'homosexuel peut être si fort et si intense qu'il risque de ne plus laisser à l'enfant la place pour respirer, au sens psychique du terme : un trop grand désir d'enfant, en somme.

Mais quel est donc ce *suspect désir* ?

Comme nous le notions plus haut, la première cause de suspicion envers les homosexuels ayant des enfants a été le risque de pédophilie. Même en dehors de la question spécifique de l'homoparentalité, le désir d'enfant (désir d'avoir ou d'élever un enfant, d'enfanter ou d'assurer un *parenting*) se distingue-t-il, par sa nature profonde, si facilement du désir *pour* un enfant ? Que les deux s'enracinent dans quelque chose de l'ordre de la sexualité, la psychanalyse nous l'a assez bien démontré. Mais désirer être parent d'un enfant est, dans les faits, bien entendu très différent de désirer sexuellement (au sens habituel du mot) un enfant. Il n'est pas question ici de sous-entendre que le désir d'être parent ou de le devenir est le même que celui d'un pédophile, mais plutôt de rappeler que le « désir d'enfant » prend ses racines dans la sexualité. C'est la volonté d'extraire ce désir du champ de la sexualité humaine qui permet d'expliquer l'idée reçue selon laquelle un pédophile est nécessairement un homme – une femme, qui enfante réellement dans son corps, ne pouvant être soupçonnée d'avoir des désirs d'un autre type pour les enfants. C'est également du refus de l'aspect « sexuel » (au sens où Freud peut l'entendre) du désir d'enfant que procède son inscription dans une « naturalisation » (dans cette optique, il n'est pas question de sexualité mais de procréation).

La question des droits de l'enfant est souvent mise en avant lorsqu'on parle de ce désir, de sa bonne qualité et de sa juste quantité : « Un enfant a des droits, et un de ces droits est de ne pas avoir à légitimer le désir des adultes d'être parents », entend-on souvent. Il ne faut pas confondre, nous dit-on partout, les *droits de l'enfant* et le *droit à l'enfant*. Mais, dans un régime républicain comme celui de la France, un individu, fût-il un enfant, peut-il avoir des droits que d'autres citoyens n'ont pas ? Car ce qui fonde notre République, ce sont après tout les droits de l'homme, que ce dernier soit homme, femme, enfant ou homosexuel. Il est néanmoins tout à fait compréhensible et souhaitable que le mode d'exercice de ces droits diffère en fonction des individus. La Convention internationale des droits de l'enfant (CIDE) exprime ainsi cette idée que l'enfant a des droits tout à fait particuliers (que l'on pourrait appeler des « attentions » – même inscrites dans la loi – afin de les distinguer des droits fondamentaux qui fondent l'ontologie du citoyen). Nous reviendrons sur ces dispositions dans la partie suivante lorsque nous nous pencherons sur l'état de la famille en France de nos jours. Le psychiatre

François Jésu insiste à juste titre sur la différence entre droits et désirs : « Tous les désirs individuels ne sont pas légitimes. Ils ne peuvent s'imposer en tant que tels ni à autrui, ni aux institutions. Donner au désir un statut de droit à conquérir reviendrait à valider son caractère impérialiste en affirmant qu'il est juste, par définition, d'en exiger la satisfaction et que ce qui y fait obstacle peut et doit être surmonté par tous les moyens et en toutes circonstances[8]. » Cette inscription des droits dans l'ordre social, au contraire des désirs qui « ne peuvent s'imposer en tant que tels ni à autrui, ni aux institutions[9] », est séduisante et pertinente. Mais dans le cas du désir d'enfant, son évaluation « objective », comme pour l'exemple de l'agrément que nous prenions plus haut, rend cette limite entre l'intime – le privé (où les désirs n'ont pas la légitimité d'une inscription dans la loi) – et le social – le public (où les droits sont inscrits dans la loi) – beaucoup plus difficile à repérer. Car il est malgré tout bien question de types de désirs différents, dont certains peuvent prétendre à une légitimité (le désir d'un couple homme-femme qui *désire* avoir un enfant en couchant ensemble) tandis que d'autres ne le peuvent pas (le désir d'avoir un enfant en l'adoptant, qui nécessite une légitimation supplémentaire par l'agrément). Il semblerait en outre que le suspect désir, qui s'oppose au désir normal, est celui qui n'est pas justement dosé. Un désir mal positionné entre le « ni trop », qui enfermerait l'enfant dans une coque étouffante, et le « ni trop peu », qui l'empêcherait tout bonnement de venir au monde ; un désir qui nierait à l'enfant ses droits et ne saurait, dans cette différence fondamentale entre désir et droit, passer de son statut de désir à celui de droit. Comme si quelque chose dans le désir d'enfant des

8. F. Jésu, « Droits de l'enfant et soutien à l'homoparentalité », *Journal du droit des jeunes*, février 2000.
9. *Ibid.*

homosexuels le rendait foncièrement différent de celui des hétérosexuels : force est en effet de constater que la question ne se pose pas dans les mêmes termes lorsqu'un homme et une femme veulent avoir ensemble leur enfant. C'est là qu'apparaît de nouveau le fait que l'aspect « naturel » du rapport sexuel (dans la conception des enfants) est le garant de la bonne dose de désir et de la possible inscription, sous une autre forme légitimée, dans la loi.

Notons toutefois, au-delà de la différence inhérente à l'orientation sexuelle de l'individu, que cette question d'un désir qui nierait à l'enfant ses « droits de l'enfant » est également souvent mise en avant dans le cas des hétérosexuels qui souhaitent adopter ou demandent l'AMP : car pour avoir un enfant par ces moyens, il faut réellement faire des pieds et des mains, remplir des formulaires, rencontrer des évaluateurs, se demander si « ça va marcher », essuyer les plâtres, faire avec les refus, les fausses espérances, etc. – de quoi mettre à rude épreuve tout désir d'enfant ! Mais une chose est sûre : à travers un tel parcours, ce désir est éclairé différemment. Alors de deux choses l'une : soit le temps et les épreuves vont jusqu'à le métamorphoser, jusqu'à en changer la *nature* – le dénaturer ; soit la nature de ce désir originel, celui qui a fait que des adultes souhaitaient avoir un enfant, est foncièrement différente selon qu'on se situe dans le cas d'un couple qui va *simplement* avoir un enfant par rapport sexuel fécondant ou dans n'importe quel autre cas (de l'hétérosexuelle qui « se cherche » un homme pour « faire un bébé toute seule » au gay qui dépense de grosses sommes d'argent pour faire appel à une mère de substitution). De toute façon, quel que soit leur désir à l'origine, les homosexuels, en couple ou seuls, qui veulent avoir des enfants doivent cheminer longtemps, et ce chemin parcouru est forcément plus long qu'un rapport sexuel fécondant.

Il semblerait au bout du compte que le désir normal, celui qui s'oppose au suspect désir, soit un désir *naturel* garanti par la façon *naturelle* de faire des enfants : un homme est instinctivement attiré par une femme, leurs désirs respectifs correspondent, comme une prise mâle avec une prise femelle, le désir commun, le désir hétérosexuel, les pousse dans les bras l'un de l'autre, ils font l'amour, leurs gamètes masculins et féminins se rencontrent et un enfant est conçu qui naîtra neuf mois plus tard. *Le désir d'enfant ne serait-il un désir normal que lorsqu'il prend ses racines dans le désir sexuel d'un homme pour une femme?* Si oui, alors inutile de chercher à déceler chez les homosexuels un désir suffisamment satisfaisant pour qu'il puisse rendre acceptable l'arrivée d'un enfant. Ce qui les pousse l'un vers l'autre, c'est le *désir homosexuel.* Et c'est peut-être lui, en fin de compte, le *suspect désir*.

Affirmer que le désir d'enfant a quelque chose à voir avec la perpétuation de la race n'a rien de vraiment original. Mais peut-on réellement donner le nom de « désir » à ce qui s'apparente plutôt à un instinct? Car si, pour exister, le désir normal doit s'enraciner dans un ordre naturel, il ne correspond pas vraiment à ce que l'on peut entendre par « désir ». Mais comment pourrait-on alors définir le désir? « Tendance spontanée et consciente vers une fin connue ou imaginée, le désir repose donc sur la tendance dont il est un cas particulier et plus complexe et il s'oppose d'autre part à la volonté (ou à la volition) en ce que celle-ci suppose de plus : 1) la coordination au moins momentanée des tendances; 2) l'opposition du sujet et de l'objet; 3) la conscience de sa propre efficacité; 4) la pensée des moyens par lesquels se réalisera la fin voulue[10] », dit le *Vocabulaire technique et critique de la philosophie* d'André Lalande que nous

10. A. Lalande, *op. cit.*, article « Désir ».

avions déjà appelé à la rescousse sur la question de la famille. Posons déjà que ce qui pousse un animal mâle vers un animal femelle, qui sont en tant qu'animaux en dehors de la conscience de la finalité fécondante de l'acte sexuel, ne saurait être qualifié de « désir » ; on y reconnaîtra plutôt un instinct social de conservation à des fins de perpétuation de l'espèce. Ce n'est pas par hasard que la tentative d'une définition du désir émerge autour de la question de l'homosexualité : car le rapport entre deux individus de même sexe, qu'ils soient animaux ou hommes, ne saurait avoir de finalité fécondante. La justification de la *force* qui pousse ces deux êtres l'un vers l'autre doit donc être cherchée ailleurs. Même les rapports sexuels « protégés » (en ce sens qu'ils ne sont pas fécondants) entre un homme et une femme doivent trouver une légitimité ailleurs que dans l'instinct de survie de l'espèce. Cette force ne saurait revendiquer une telle *excuse* pour être expliquée. C'est le cas de toutes les *perversions*, si l'on entend ce terme au sens de rapports sexuels en dehors d'une finalité procréatrice. Notre objet n'étant pas ici de fonder une théorie du désir, je poserai simplement que c'est cette force que j'appelle « désir ».

Hocquenghem souligne fort justement que, pour beaucoup, « l'homosexualité est conçue comme une névrose régressive, tout entière tournée vers le passé, incapable de regarder en face l'avenir d'adulte et de papa tracé à chaque individu du sexe masculin. Puisque le désir homosexuel ignore la loi de la succession des stades, puisqu'il est incapable de s'élever à la génitalité, il doit être une régression, comme le contre-courant d'une évolution historique nécessaire, comme le remous formé à la surface du fleuve [11] ». Ce désir ne saurait en effet être utile à la société, à la perpétuation de l'espèce. Alors comment pourrait-on trouver, chez cette « fin de race », ne serait-ce que l'embryon d'un désir

11. G. Hocquenghem, *Le Désir homosexuel*, *op. cit.*, p. 114.

d'enfant si l'on entend ce désir comme le but et la finalité de l'histoire naturelle de l'instinct permettant la continuation de l'espèce, instinct qui commence dans le rapprochement d'un mâle et d'une femelle? «Aussi faut-il que chaque homosexuel se ressente comme une fin de race, l'achèvement d'un processus dont il n'est pas responsable et qui s'arrête à lui [...]. L'homosexuel ne peut être qu'un dégénéré, puisqu'il n'engendre pas, une artistique fin de race.[12]» Dans ce type de discours, s'il y a inscription dans un avenir, dans une immortalité pour l'homosexuel, elle ne pourra être que de l'ordre de la création, de l'«œuvre», comme le dit Platon, «sublimée», dira plus tard Freud, et sûrement pas dans le fait d'être un «vrai parent».

Je conclurai ces quelques lignes sur les entrecroisements entre désir d'enfant et désir homosexuel par une évocation du *coming out*[13], au cours duquel «avouer» son homosexualité n'est pas moins inquiétant pour les jeunes homos que d'annoncer à leurs parents qu'ils n'auront pas de petits-enfants. Bien souvent, ce qui «déçoit» un père, ce n'est pas l'homosexualité de son fils, mais le corollaire qui lui semble forcément attaché : ne pas avoir de petits-enfants, et donc voir son nom disparaître à jamais.

Et pourtant, les homosexuels ont des enfants.

Pauvre petit Atlas

Le début de ce millénaire est marqué en France par une volonté de repenser la famille. L'édition d'un ouvrage comme celui-ci s'inscrit dans la droite ligne de cette pré-

12. *Ibid.*, p. 113-114.

13. Le *coming out*, ou «sortie du placard», est le fait d'annoncer son homosexualité à son entourage. Il se différencie de l'*outing*, qui est la révélation, généralement par un groupe militant, de l'homosexualité d'un personnage public, la plupart du temps sans son accord.

occupation qui s'affiche autant dans les pages de la revue *Esprit* que dans celles de *Femme actuelle.* Et pourtant, la France reste marginale dans ce domaine, dans la mesure où l'idée d'une politique familiale n'est pas vraiment en vogue chez nos voisins européens, leur droit se centrant en général de façon quasi exclusive sur la question de l'individu. Le familialisme d'État que nous évoquions dans le premier acte et sa place privilégiée dans la construction républicaine expliquent probablement en grande partie cette « exception française [14] ».

Commençons ce rapide état des lieux par une requête qui fait partie des revendications de l'APGL et qui me semble significative de l'évolution de la société en ce qui concerne la famille et les questions qu'elle soulève : la création d'un livret de l'enfant [15]. D'un point de vue tout à fait pragmatique, on comprend parfaitement que l'Association des parents gay et lesbiens formule cette demande : une telle substitution permettrait logiquement aux coparents qui participent à un projet de coparentalité d'être inscrits « quelque part ». Cette volonté de reconnaissance est d'ailleurs parallèle à celle des familles « éclatées » (comme on le disait à une certaine époque) après un divorce. Mais cette demande de changement, si légitime qu'elle puisse paraître, induirait des conséquences notables : elle instituerait par exemple l'enfant comme le centre de la famille, comme celui qui la fait consister. Loin d'être définie de l'extérieur, c'est-à-dire comme une brique qui tire son *ex*istence des liens qu'elle tisse avec les autres briques qui l'entourent, constituant avec elles le mur qu'est la société (la famille « alvéolaire » que je définissais plus haut [16]),

14. F. Jésu, « Droits de l'enfant et soutien à l'homoparentalité », art. cit. Sur la notion de familialisme, voir *supra*, p. 24.

15. « Fidèles à l'idée que l'enfant crée la famille et non l'inverse, nous proposons un livret qui soit propre à l'enfant. » M. Gross, E. Dubreuil, « Le devoir des familles homoparentales », *Libération*, 16 mars 1999.

16. Voir *supra*, p. 26.

cette entité, si était instauré un livret de *l'enfant*, existerait d'elle-même centrée autour de l'enfant, comme un mini-système solaire où ce dernier représenterait le Soleil et ses parents (si nombreux puissent-ils être, en fonction du projet parental) les planètes reliées à lui par l'attraction des liens intrafamiliaux. Je ne chercherai pas ici à juger cette idée de la famille, mais il est certain que sa place et sa définition en seraient profondément bouleversées. On peut suivre François Jésu lorsqu'il écrit que l'enfant est reconnaissable à « son droit à n'être qu'un enfant, et non pas le centre permanent de la sollicitude et des préoccupations des adultes [17] ». L'enfant, comme les autres membres de la famille ou comme tous les membres de la société si on regarde celle-ci ou celle-là de plus près, doit porter (supporter) une place en rapport d'une part avec ce qu'il est et d'autre part avec ce qu'il peut tolérer. Mais, tout comme je signalais plus haut mon inquiétude à l'idée d'une disparition, au profit d'une pseudo-« angélisation », de l'humanité de l'enfant (dans tout son polymorphisme pervers), je ne cacherai pas ici ma préoccupation face à cette place qui lui est accordée avec pour *mission* implicite de maintenir tant bien que mal dans une certaine forme ces édifices qui n'en finissent plus (postmodernité oblige !) de se casser la figure. Pauvre petit Atlas !

On ne peut de toute façon que constater la place essentielle que prend l'enfant dans la définition de la famille, celle-ci devenant d'une certaine manière beaucoup plus asymétrique que lorsqu'elle s'insérait dans un projet familialiste de soutien de la société. La Convention internationale des droits de l'enfant (CIDE) que nous évoquions plus haut

17. F. Jésu, « Droits de l'enfant et soutien à l'homoparentalité », art. cit. Dans le même ordre d'idées, on pourra remettre en question l'expression « avoir des enfants » et lui préférer « être dans un rapport de parent à enfant », ce qui permettrait, comme l'écrit fort justement François Jésu, de « considérer l'enfant avant tout comme un sujet (qu'on élève) plutôt que comme un objet (qu'on possède) ».

parle ainsi de « droits de l'enfant » et d'« intérêt supérieur de l'enfant », notions qui participent de la nécessité de « hisser la réflexion juridique jusqu'à un niveau éthique où doit pouvoir être affirmée la prééminence de l'intérêt de l'enfant sur celui des adultes[18] ». Et c'est dans cette lignée (nous ne reviendrons pas sur les réflexions développées au sujet des droits de l'enfant, du droit à l'enfant, etc.) que je peux souscrire au diagnostic formulé par François Jésu, bien que je reste plus circonspect que lui face à cet état de fait : « La réforme attendue du droit de la famille devrait donc au total permettre de réaffirmer, de consolider ou de refonder des positions de principe articulées à la prise en compte objective, et non pas abstraite ou idéologique, des aspirations et des réalités quotidiennes vécues par les différents formes de familles et en premier lieu par les enfants[19]. »

Au-delà de la place prépondérante que prend l'enfant, depuis une date relativement récente, au sein de la famille, deux tendances évolutives peuvent être notées en ce qui concerne le droit de la famille : au niveau tant des lois que des jurisprudences, une primauté nouvelle semble être donnée à la « filiation maternelle » d'une part et au « coït réel et fécond » d'autre part[20].

La première évolution représente une véritable inversion de tendance, avec le passage d'une filiation centrée essentiellement sur le *pater familias* à une filiation maternelle. Le cortège des modifications de la législation française depuis les années 1970 peut en effet être lu dans ce sens : la loi Veil de 1975 donne aux femmes le droit de disposer de leur corps en dehors de la société ou du père.

18. *Ibid.* Cet article décrit fort bien les tenants et les aboutissants de la CIDE.
19. *Ibid.*
20. Je me fais ici le porte-parole de la thèse extrêmement convaincante de la juriste Marcella Iacub, qu'elle développe entre autres dans deux articles : « Le triomphe des mères », *Le Monde des débats*, mars 2000, et « Homoparentalité et ordre procréatif », *in* D. Borrillo, E. Fassin et M. Iacub, *Au-delà du PaCS, op. cit.*

Les lois de bioéthique de 1994 interdisant les maternités de substitution entrent également dans ce cadre : un homme ne peut se passer d'une mère légale pour avoir un enfant, à la différence des femmes, qui peuvent en avoir un sans père légal. De même, la réforme de 1972 du droit relatif à la filiation accorde à la femme la possibilité, par la recherche en paternité, d'attribuer l'enfant mis au monde à son géniteur, faisant de celui-ci le père légal, alors que la loi de 1993 interdit la recherche en maternité en cas d'accouchement sous X. Les femmes semblent donc avoir le pouvoir, dans le cadre légal, de désigner ou d'exclure le père. L'histoire de la famille serait-elle partie d'un *pater* tout-puissant pour arriver à une mère pouvant choisir l'existence ou non d'un père (légal) ? Bien qu'actuellement une place particulière semble être accordée au père (création pour lui d'un congé parental, livret du père, etc.), il s'agit davantage de renforcer son rôle dans le *parenting* que d'infléchir l'évolution que je viens de souligner.

La seconde tendance rejoint nos interrogations précédentes sur la légitimité de l'invocation de la nature pour justifier un ordre ou des règles qui, du coup, tireraient de ce fondement une sorte d'indiscutabilité. Je veux parler de la superposition, ou du calquage, de la filiation sur la procréation. Comme nous l'avons noté plus haut, la parenté n'implique pas obligatoirement l'engendrement direct de l'enfant par le parent[21] ; il semblerait néanmoins que les tendances législatives actuelles aillent dans le sens d'une superposition de la capacité à procréer (que j'appellerais les « compétences procréatives »), qui fait nécessairement appel à l'altérité sexuelle du couple fécond – un homme et une femme en tant que géniteurs –, et de la capacité à être parent (les « compétences parentales »), qui ne néces-

21. Voir *supra*, la partie « Lien de filiation, parenté et parentalité », p. 43.

site pas cette référence à l'altérité sexuelle. La conclusion lumineuse de cette superposition étant que les compétences parentales ne font aucun doute si les compétences procréatives existent. Un exemple frappant, et ce n'est pas la première fois que nous l'évoquons, est qu'un agrément (en tant que « certificat » de compétence parentale) est nécessaire pour l'adoption mais pas pour la procréation médicalement assistée. L'adoption est en effet forcément plus éloignée d'un acte procréatif que la procréation médicalement assistée, car ressemblant moins à un coït naturel. Il est bien entendu qu'un couple homosexuel, composé de deux personnes de même sexe et donc incapable de procréer *seul*, est très loin de correspondre à cette superposition.

Jacques Toubon, garde des Sceaux au moment des premiers remous autour des propositions de loi du Pacs, jugeait de façon très pragmatique l'adoption par les homosexuels hors de propos, la France devant plutôt, au vu de la dénatalité galopante, se centrer sur les couples et les familles réellement féconds. On retrouve la vieille idée de l'inutilité des homosexuels pour une perpétuation de la société : « ces gens-là qui, tout en ne procréant pas, ont une tendance à se multiplier[22] ». Précisons néanmoins, comme nous l'avons déjà fait dans les deux premiers actes, qu'il s'agit là d'une crainte tout à fait nouvelle, parallèle à la création de la famille française comme unité reproductrice de la société au XIXe siècle : on ne retrouve pas cet argument quand on étudie l'inversion avant, comme le dit Foucault, la « naissance de l'homosexuel ». Être ou ne pas être « fécond selon le corps »... On pourra voir ici un paradoxe dans le refus d'accorder aux homosexuels le droit d'être ce qu'après tout la société, depuis si long-

---

22. Un préfet de police cité par G. Macé dans *Lundis en prison* (Paris, 1870) et repris par G. Hocquenghem dans *Le Désir homosexuel*, *op. cit.*, p. 116.

temps, leur reproche de ne pas être : parents d'enfants. Pourtant, en analysant de plus près ce paradoxe, on s'aperçoit qu'en réalité on ne reproche pas tant aux homosexuels de ne pas avoir d'enfants que de ne pas participer à leur procréation : l'amalgame entre la procréation et le lien de filiation est à l'origine de ce malentendu. Rappelons donc une fois de plus que la filiation ne saurait être superposable à la procréation, les parents d'un enfant n'étant pas nécessairement ses géniteurs.

Pour comprendre ce qu'il en est du lien de filiation dans la société française contemporaine, nous allons tout naturellement nous tourner vers le droit. La juriste Marie-France Nicolas-Maguin nous en donne ainsi la définition au sens légal : « La filiation est l'aspect juridique de ce lien qui rattache un enfant à son père et à sa mère, lien complexe qui associe le biologique, l'affectif et le social[23] ».

Si l'on en croit Irène Théry[24], ce lien a beaucoup évolué depuis l'institution en 1804 du code Napoléon, qui n'accordait aux enfants nés hors famille (c'est-à-dire hors mariage civil) – aux « bâtards », comme on les appelait à l'époque – aucun droit (autrement dit, aucune filiation n'était reconnue pour eux, même si le lien biologique existait). Ce n'est qu'en 1970, avec le partage de l'autorité parentale, et surtout en 1972, avec la suppression de l'inégalité juridique entre enfants légitimes et enfants naturels, que le lien de filiation prend de la distance avec l'institution du mariage. Il faut néanmoins attendre 1993 pour voir une totale égalité entre les couples mariés, unis ou séparés au regard de l'autorité parentale. Concrètement, en France à l'heure actuelle, il existe deux types de filiation : la *filiation par procréation*, où l'enfant est issu d'un rapport sexuel fécond entre deux per-

23. M.-F. Nicolas-Maguin, « Parentés et différence des sexes », in *Homoparentalités : état des lieux*, *op. cit.*, p. 66.
24. Ministère de l'Emploi et de la Solidarité (rapporteur Irène Théry), *op. cit.*

sonnes de sexes différents, et la *filiation élective*, naissant de la volonté de l'individu (à l'image de l'adoption). Les enfants ne relevant pas de ces deux types de filiation sont dits « sans filiation » (enfants trouvés, enfants nés sous X). Une autre ligne de partage sépare l'enfant né dans le cadre du mariage et celui né en dehors. Dans le premier cas, l'enfant, issu de deux adultes de sexes opposés mariés, est automatiquement reconnu par les époux : la maternité déclenche la présomption de paternité. Qui que soit son père biologique, l'enfant est *a priori* considéré comme enfant du mari (la recherche en paternité dont nous parlions plus haut met bien sûr un bémol à cet état de fait). On parle alors d'une *filiation légitime*, qui est dite « indivisible », du fait de la reconnaissance automatique par les deux époux. Au contraire, un enfant né hors du cadre du mariage doit être reconnu (par un acte de reconnaissance actif) pour que s'effectue la filiation : il faut comprendre que cette reconnaissance, même si les deux géniteurs la font en même temps, est une reconnaissance séparée. On parle alors de *filiation naturelle*, qui, par opposition à l'indivisible, est dite « unilinéaire ». Ces deux types de filiation sont considérés comme équivalents depuis la loi du 3 janvier 1972, et leurs dénominations distinctes devraient même disparaître : il s'agit de l'une des propositions du rapport Dekeuwer-Défossez, présenté en 1999 dans le cadre de la restructuration du droit de la famille engagée par le gouvernement.

Élective, par procréation, légitime ou *naturelle*, la filiation, prise au sens légal du terme, pourrait-elle également être qualifiée d'*homosexuelle* ? En ce qui concerne le lien de filiation entre un enfant et un unique individu homosexuel, rien en réalité ne justifierait qu'il ne soit pas reconnu, le terme « filiation homosexuelle » n'ayant d'ailleurs aucun sens puisque le lien de filiation entre tout à fait dans le cadre légal existant : elle est *naturelle* car hors mariage (un seul parent), *par procréation* dans le cas d'une lesbienne ayant eu recours à une insémination artificielle ou *élective* dans le cas d'un gay ayant adopté un enfant. Sauf à fantasmer sur une dualité interne en lien avec la fameuse « altérité sexuelle » que nous avons déjà longuement évoquée, le fait que la personne *seule* soit homosexuelle ou non ne devrait en toute rigueur rien y changer. En ce qui concerne en revanche les liens entre un enfant et un couple homosexuel, la question est plus épineuse : existe-t-il dans la loi une place pour deux parents de même sexe ? La réponse découle de la définition même de la filiation, qui ne peut être, légalement du moins, que le « lien qui rattache un enfant à son père et à sa mère ». Et un père ne saurait être qu'un homme, et une mère qu'une femme. Mais voici que, bouleversant cette définition si rassurante et tranchée de ce qu'est un couple de parents, est tout à coup arrivé le Pacs...

Le Pacs : reconnaissance du couple ou de la famille homosexuel(le) ?

Il est en effet impensable de vouloir parler de l'homoparentalité sans s'arrêter sur ce moment particulier qu'a été la gestation du projet du Pacs. D'abord parce que ce dernier est indissociable, tant du fait des remous qui ont accompagné sa création que de ses dispositions d'application, de l'homoparentalité, ensuite parce qu'il a obligé à repenser les places respectives du couple et de la famille : comme si l'enjeu était d'ajouter un nouveau portrait dans la galerie des différents avatars familiaux.

« Le pacte civil de solidarité n'a aucune influence sur la filiation et l'état des personnes et n'a donc en aucun cas pour effet de modifier le droit régissant l'adoption [...]. [L'enfant] a besoin, pour la construction de son identité psychique, sociale et relationnelle, d'avoir face à lui au cours de son enfance et de son adolescence, un père et une mère[25]. » C'est par cette précaution de principe qu'Élisabeth Guigou, alors garde des Sceaux, défendait le projet de loi visant à donner une reconnaissance légale à un couple, hétérosexuel *ou* homosexuel, par le biais du Pacs. Les réactions, tout au long de l'élaboration de ce projet de loi, furent nombreuses, plus ou moins virulentes, pertinentes ou ridicules. L'Union nationale des associations familiales françaises (UNAF) était d'ailleurs « hostile par principe » au Pacs tant il lui semblait évident que « ce système [revenait] à prendre en otage la famille ». Le président de la République Jacques Chirac lui-même, sans nommer le Pacs, art de l'élision oblige, demandait, avec un pragmatisme tout français : « Quand le don de la vie est exclu, pourquoi le législateur irait-il étendre des règles qui n'ont en réalité été posées que dans l'intérêt de l'enfant ? [Certaines situations humaines parfois douloureuses] peuvent être traitées autrement que par imitation des règles du mariage, sans affaiblir la loi commune »[26] !

Alors, s'agit-il réellement avec le Pacs de donner aux homosexuels, en l'occurrence aux couples homosexuels, un accès à une reconnaissance légale de leur filiation ? Ou ce pacte ne concerne-t-il que les cocontractants ? Afin de nous faire une idée, il est utile de revoir la genèse longue et mouvementée de cette loi[27].

L'idée d'instaurer un cadre légal de reconnaissance des couples homosexuels prend ses racines dans les années 1990 avec l'apparition du sida et son cortège de drames. Com-

25. Réponse de Mme Guigou à la question écrite n° 24752 du 27 avril 2000, question qui s'inquiétait du « risque de dérapage permettant aux couples homosexuels d'adopter un enfant ».

26. « L'Union nationale des associations familiales réaffirme son hostilité "de principe" », *Le Monde*, 10 octobre 1998.

27. Pour une histoire synthétique du Pacs, voir le numéro spécial du *Banquet*, 1er et 2e semestres 1998, nos 12 et 13.

ment pouvait-on accepter que le conjoint d'une personne qui vivait ses derniers jours à l'hôpital se voie interdire de lui rendre visite par la « vraie » famille de celle-ci ou encore soit expulsé de son logement si ce dernier était au nom du malade ? Toutefois, la tendance, pour les homosexuels, à former des couples (voire des familles) existait bien avant cette épidémie, laquelle a surtout souligné le caractère urgent de cette question[28] : ainsi dès le 25 juin 1990 un projet de loi appelé « partenariat civil » est déposé mais passe inaperçu.

La conception du Pacs démarre réellement en 1992, lorsque le groupe socialiste, autour de Jean-Paul Pouliquen et Jean-Pierre Michel, propose un projet baptisé « CUC », Contrat d'union civile. Il peut concerner deux personnes avec ou sans lien de parenté, quel que soit leur sexe, et peut être rompu de manière unilatérale. Bien qu'elle n'ait jamais été discutée au Parlement, cette proposition est à l'origine du principe de l'affiliation à la Sécurité sociale d'un cocontractant. C'est sous l'impulsion de l'association AIDES qu'est ensuite proposé le CVS (Contrat de vie sociale), d'où seraient exclus les collatéraux et où la rupture se ferait par déclaration commune ou règlement judiciaire. De l'union du CUC et du CVS naît, en 1995, le CUS ou Contrat d'union sociale. Celui-ci, présenté au Parlement le 23 janvier 1997, emprunte au CVS l'exclusion des collatéraux et au CUC la rupture unilatérale. Deux autres projets voient le jour à la même époque : d'une part le Contrat d'union civile et sociale (CUCS), à peu près comparable au CUS et mis au point par les Verts, le Mouvement des citoyens et Jean-Pierre Michel, du groupe socialiste ; d'autre part le PIC, pour Pacte d'intérêt commun, qui se situe dans une optique plutôt économique puisque, déposé devant notaire, il ne considère que la gestion des biens et laisse de côté la dimension affective du couple.

28. J. Cavailhes, P. Dutey, G. Bach-Ignasse, *Rapport gai : enquête sur les modes de vie homosexuels*, Paris, Persona, 1984.

C'est en réalisant la synthèse de tous ces projets que le groupe socialiste dans son entier dépose, en 1998, une proposition de loi qui ne concerne que les couples liés par une relation sexuelle : le Pacte civil de solidarité est né. Adopté par la commission des lois le 23 septembre 1998, débattu une première fois le 9 octobre 1998 à l'Assemblée nationale où le groupe socialiste se fait remarquer par son absence, ce qui oblige à une seconde présentation, il est finalement adopté le 13 octobre 1999. Notons néanmoins que le Pacs voté est sensiblement différent de celui proposé à l'origine, comme le montre l'exemple tout à fait scandaleux de son effet sur le droit de séjour d'un cocontractant étranger, qui est laissé à l'appréciation de la Préfecture !

Le Pacs, dans ses grandes lignes, peut se résumer ainsi : il se situe entre l'union libre et le mariage. Ainsi, il existe un délai avant que les contractants acquièrent certains droits, par exemple leur reconnaissance en tant que foyer fiscal. Et, point symbolique s'il en est, il n'est pas signé à la mairie mais au tribunal de grande instance. Depuis l'adoption du Pacs, un couple composé de deux personnes de sexes différents a donc trois *choix* possibles d'existence juridique : le mariage, l'union libre ou concubinage, le Pacs. Le terme « choix » est ici utilisé en relation avec la notion de *démariage* développée par Irène Théry et désignant « cette situation radicalement nouvelle historiquement, où le choix de l'union libre ou du mariage est devenu une question de conscience personnelle[29] ». Les couples composés de personnes de même sexe, quant à eux, ne peuvent exister juridiquement qu'à travers le Pacs, le concubinage, décrit comme une « communauté de toit et de lit », étant refusé aux homosexuels depuis un arrêt de la Cour de cassation du 17 décembre 1997[30]. Dans cette

29. I. Théry, « Le Contrat d'union sociale en question », *Esprit*, n° 10, 1997, p. 159-187 et p. 167.

30. Même si quelques maires distribuaient, avant la création du Pacs, des « certificats de vie commune », ceux-ci ne valaient pas certificats de concubinage.

affaire, un homme qui venait de perdre son compagnon mort du sida demandait alors le transfert du bail de location, qui était au nom de son ami décédé, en invoquant la notion de concubinage. D'abord accepté par la quatrième chambre du tribunal d'instance de Paris dans un jugement rendu le 5 août 1993, ce transfert a été rejeté le 22 mars 1995 par la cour d'appel de Paris, puis par la Cour de cassation le 17 décembre 1997, qui rappelle que « le concubinage ne peut résulter que d'une relation stable et continue ayant l'apparence du mariage et donc entre un homme et une femme », décision qui fait toujours jurisprudence. Lorsque j'écris ici que les couples homosexuels ont comme *unique* possibilité de reconnaissance sociale le Pacs, je pose aussi la question de savoir si, du coup, un couple homosexuel non pacsé a une existence sociale. C'est d'ailleurs dans ce point qu'Irène Théry voit une « tentation communautarienne », « l'extrême hétérogénéité des façons de vivre l'homosexualité [s'abolissant] paradoxalement dans ce projet, comme si un "camp" homosexuel existait »[31]. Cette question de l'existence légale en rapport avec la reconnaissance légale est effectivement au centre de la querelle du symbolique que nous développerons un peu plus loin : poser un cadre de reconnaissance légal aux homosexuels (en couple ou non), n'est-ce pas nier l'existence de ceux qui n'y sont pas inclus ? La réponse repose en fait probablement non pas sur l'*hétérogénéité* des façons de « vivre l'homosexualité », comme le dit Irène Théry, mais sur le fait qu'il existe *des* homosexualités – ou plutôt que les incarnations du spectre sont innombrables.

Il semblerait donc que le Pacs n'apporte rien de nouveau concernant l'accession à la filiation pour un couple homosexuel, tant l'enjeu essentiel de son élaboration, que nous venons de retracer, fut de faire en sorte que toute possibilité de filiation en soit exclue. Dans ce cas, pourquoi ces craintes

31. I. Théry, « Le Contrat d'union sociale en question », art. cit., p. 169.

autour de l'idée d'une reconnaissance de la « filiation homosexuelle » ? Peut-être parce que, s'il est inscrit dans la loi qu'un couple de personnes de même sexe peut fonder un foyer, alors le glissement vers l'idée qu'il peut former une famille est toujours possible ; et qui dit famille dit... enfant. Reconnaissons cependant que le Pacs se présente comme une trame peu précise qui laissera probablement une grande place à l'interprétation des juges. Par exemple, peut-être verrons-nous se présenter le cas d'un couple de personnes de sexes différents ayant contracté un Pacs et eu un enfant par la suite, et pour lequel un lien juridique pourrait être établi entre le contrat passé par les parents et le statut de l'enfant par rapport à eux. Le parallèle avec un couple homosexuel serait-il alors possible ? Il est de toute façon difficile de ne pas faire le constat que « le Pacs est beaucoup plus qu'un contrat puisque l'enfant peut en naître, et que sa vie tout entière il devra vivre dans une famille pour laquelle rien n'est prévu [par la loi], sauf le cadre de la filiation naturelle[32] ».

Ce flou (en ce qui concerne l'accession possible d'un couple homosexuel pacsé à la filiation) et cette potentielle remise en question de la famille au regard de l'« ordre symbolique » qu'elle est censée sous-tendre et au regard de la loi sont au centre du principal débat polémique autour de la question homoparentale. Débat complexe, relayé tout autant par les sociologues que par les juristes, par les anthropologues que par les psychanalystes. Débat autour d'une notion, ou plutôt de deux mots : *ordre* et *symbolique*.

À quoi reconnaît-on l'« ordre symbolique » ?

Pour comprendre ce débat, souvent bien difficile à suivre, il faut revenir sur plusieurs notions préliminaires, dont

32. Y. Honhon, *op. cit.*, p. 69.

la plus importante est le *structuralisme*. Mais qu'est-ce que le structuralisme ? On peut le dire « attaché » à quelques penseurs : le linguiste Roman Jakobson, bien sûr, l'anthropologue Claude Lévi-Strauss, le psychanalyste Jacques Lacan – des noms qui reviennent très fréquemment dans les articles sur la question de l'« ordre symbolique » –, et, dans la lignée de ces deux derniers, l'anthropologue Françoise Héritier dont nous avons déjà longuement parlé dans le premier acte, ainsi que le juriste et psychanalyste Pierre Legendre. Commencer à répondre à la question : « Qu'est-ce que le structuralisme ? » en citant les *structuralistes* nous invite à nous ranger du côté de Gilles Deleuze, qui préfère poser la question : « À quoi reconnaît-on le structuralisme ? [33] » Il propose dans cet article de repérer des critères de reconnaissance dont le premier est justement... le symbolique. Voyons ce qu'il en dit : « Or le premier critère du structuralisme, c'est la découverte et la reconnaissance d'un troisième ordre, d'un troisième règne : celui du symbolique. » Il s'agit du troisième à côté de l'imaginaire et du réel. Ces deux *règnes* – car Deleuze fait remarquer à juste titre que le terme « ordre » est à entendre au sens de « règne », c'est-à-dire selon une définition plus proche de celle qui lui est donnée en biologie (« celle d'une subdivision placée immédiatement au-dessous de la "Classe" et au-dessus de la "Famille" [comme par exemple] "l'ordre des ruminants" ») que « du commandement et de la prescription, [comme par exemple] "les ordres de la raison ou de la conscience" » [34] –, ces deux ordres, donc, sont facilement identifiables : le réel a à voir avec la forme que prennent les choses dans la réalité

33. G. Deleuze, « À quoi reconnaît-on le structuralisme ? », *in* F. Châtelet (dir.), *Histoire de la philosophie, idées, doctrines*, t. VIII : *Le XXe Siècle*, Paris, Hachette Littératures, coll. « Pluriel », 2000.

34. Ces deux définitions sont celles d'André Lalande dans son *Vocabulaire technique et critique de la philosophie*, *op. cit.*

– fût-elle psychique –, l'imaginaire avec les figures de ces mêmes choses dans l'imagination. En revanche, « la position d'un ordre symbolique, irréductible à l'ordre du réel, à l'ordre de l'imaginaire, et plus profond qu'eux », est plus difficile à déterminer car, en fin de compte, « nous ne savons pas du tout encore en quoi consiste cet élément symbolique. Nous pouvons dire au moins que la structure correspondante n'a aucun rapport avec une forme sensible, ni avec une figure de l'imagination, ni avec une essence intelligible ».

Bien qu'il puisse sembler obscurcir la question, le raisonnement est tout à fait logique : si nous ignorions à quoi ressemble un minéral mais étions persuadés qu'il existe un ordre minéral à côté de l'ordre animal – sachant que nous identifierions parfaitement un cheval, un éléphant, un bigorneau comme étant des animaux – et à côté de l'ordre végétal – comprenant l'arbre, le bégonia ou le cresson –, il serait bien difficile de savoir à quoi ressemble une pierre en se fondant simplement sur le rapprochement avec le bigorneau ou le cresson sans avoir la forme d'une pierre sous les yeux ou sa figuration dans la tête. On peut donc, plutôt que de poser l'« ordre symbolique » sur un piédestal, se poser les questions suivantes : qu'est-ce que l'« ordre symbolique » ? Est-il censé ordonner les choses ? Ou bien est-il là pour nous aider à comprendre le monde, à articuler deux catégories, le réel et l'imaginaire, difficilement pensables autrement que tantôt dans « le point transcendant où [ils] se pénètrent et s'unissent », tantôt dans « leur frontière aiguë, comme le tranchant de leur différence »[35] ? Prenons par exemple la place qu'accorde Lévi-Strauss à cette notion qu'il développe d'abord en termes de *fonction* (l'amalgame avec une notion prescriptive de l'ordre étant

35. G. Deleuze, « À quoi reconnaît-on le structuralisme ? », art. cit., p. 301.

dans ce cas moins risqué). Dans ses travaux les plus récents, en fondant l'anthropologie structurale, il insiste ainsi sur la notion de fonction symbolique. Celle-ci est composée de représentations et de langage et impose aux structures à la base des faits de culture tels que l'anthropologie les décrit, des déterminations qui lui sont irréductibles. Ce sont ces jalons posés par le père de l'anthropologie structurale que de nombreux penseurs utilisent comme des repères qui leur permettent, à la lumière de cette fonction symbolique (laquelle glisse vers l'« ordre symbolique »), de disséquer le fonctionnement familial en général et les configurations homoparentales en particulier. Lévi-Strauss s'inscrit dans la lignée de nombreux intellectuels des années 1950-1960 qui, à la suite de la linguistique structuraliste (notamment du célèbre *Cours de linguistique générale* de Saussure et des travaux de Jakobson), pensent le monde en tant que structuré comme un langage (au risque de structurer le monde *par* le langage). La psychanalyse, en la personne de Lacan, n'échappe pas à la règle. Mais le père Lacan et le père Lévi-Strauss ont engendré des enfants bien anxieux, tous ces psychanalystes et ces anthropologues qui se rejoignent actuellement pour s'inquiéter de la configuration homoparentale en invoquant le sacro-saint « ordre symbolique ». Le psychanalyste Michel Tort résume d'ailleurs assez bien ce que peut être l'« ordre symbolique » : il le définit comme « l'estuaire théorique où confluent Lévi-Strauss, Lacan et le droit positif de la famille[36] ». Le mot est lâché : le *droit*. Ainsi que la *loi*. Car, s'il est difficile de concevoir l'« ordre symbolique » tel que nous tentions de le circonscrire avec Deleuze, il n'a échappé à personne qu'il avait à voir avec la loi, celle qui ordonne la société, qui permet à

36. M. Tort, « Homophobies psychanalytiques », *Le Monde*, 15 octobre 1999.

une multitude de désirs polymorphes et incontrôlables dans le réseau imaginaire de la multitude des individus de se ranger, de s'aligner, bref de s'ordonner afin de faire avec la réalité de la société et ses contingences.

La question de la place de la loi est au centre de la réflexion de Pierre Legendre, qui, quand il parle de l'inscription dans la législation française des familles homoparentales (voici de nouveau la question de l'adoption par les homosexuels), n'y va pas par quatre chemins : « La fonction anthropologique de l'État est de fonder la raison, donc de transmettre le principe de non-contradiction, donc de civiliser le fantasme[37]. » Il s'agit bien d'une définition de l'« ordre symbolique » comme conciliateur de la civilisation propre au réel et du fantasme individuel propre à l'imaginaire, un « ordre symbolique » qui, pour Pierre Legendre, d'un côté est en rapport plus ou moins direct avec la fondation de la raison et de l'autre se trouve concentré dans l'État dont la colonne vertébrale est le système légal. Mais reprenons ses propos : « Et les États contemporains se lavent les mains quant au noyau dur de la raison qui est la différence des sexes, l'enjeu œdipien [...]. Pensez aux initiatives prises par les homosexuels. Le petit épisode du Pacs est révélateur de ce que l'État se dessaisit de ses fonctions de garant de la raison. Freud avait montré l'omniprésence du désir homosexuel comme effet de la bisexualité psychique [...]. La position homosexuelle, qui comporte une part de transgression, est omniprésente. L'Occident a su conquérir la non-ségrégation, et la liberté a été chèrement conquise, mais de là à instituer l'homosexualité avec un statut familial, c'est mettre le principe démocratique au service du fantasme. C'est fatal, dans la mesure où le droit, fondé sur le principe généalogique, laisse la place à une

37. P. Legendre (entretien avec A. Spire), « Nous assistons à une escalade de l'obscurantisme », *Le Monde*, 22 octobre 2001.

logique hédoniste héritière du nazisme [...]. Aujourd'hui chacun peut se fabriquer sa raison dès lors que le fantasme prime et que le droit n'est plus qu'une machine à enregistrer des pratiques sociales[38]. » Mettre en parallèle la volonté d'inscrire une reconnaissance du couple homosexuel dans la loi et la logique nazie, en invoquant l'inscription, de force, du fantasme dans la loi, peut sembler vraiment exagéré[39], mais cette comparaison franchement douteuse – et, il faut le dire, homophobe – possède sa logique interne si l'on se souvient des propos de Deleuze et si l'on comprend que, pour Legendre, cette inscription forcée est comme un shunt, un non-respect des trois règnes et de leurs rapports structurels propres : « Tu es arbre (ta figure est végétale)/tu aimerais être reconnu comme cheval (une forme animale)/ et tu penses t'en tirer à si bon compte en te faisant pierre (en t'inscrivant de force dans le symbolique minéral) ? » Tout avait déjà été dit par Freud dans *Malaise dans la civilisation* : si le fantasme n'est pas civilisé mais est au contraire laissé seul à courir dans tous les sens, alors sur quoi peut reposer la cohésion de la société ? Pour en revenir aux propos de Pierre Legendre, deux questions peuvent être posées. La première, que nous avons déjà soumise à l'analyse, est : l'homosexualité est-elle vraiment un fantasme tel qu'« instituer l'homosexualité avec un statut familial, c'est mettre le principe démocratique au service du fantasme » ? En quoi l'homosexualité serait-elle moins capable d'être instituante que la famille ? Pourquoi devrait-elle être envisagée uniquement du côté de sa « part de transgression » ? Et pourquoi la famille ne pourrait-elle pas être elle-même transgressive ? Le présupposé est, encore

38. *Ibid.*

39. Sur cette question du nazisme, du fantasme et de la loi, voir « L'attaque nazie contre le principe de filiation », *in* P. Legendre, *Filiation : fondement généalogique de la psychanalyse. Leçons IV. Suite 2*, Paris, Fayard, 1990, p. 205-209.

une fois, de voir le « noyau dur de la raison » dans l'« enjeu œdipien », noyau dans lequel Legendre réserve une place pour la famille mais décidément pas pour l'homosexualité. La seconde question est au centre du problème de l'« ordre », ou de la « loi », ou de la « fonction » symbolique, comme on voudra, et peut se poser en ces termes : si le droit est le lieu du symbolique, l'est-il d'une façon si étroite qu'il faille s'inquiéter que « le droit [ne soit] plus qu'une machine à enregistrer des pratiques sociales » ? Il s'agit de l'argument le plus couramment avancé par les personnes réticentes au Pacs ou à une inscription dans la loi de la parentalité homosexuelle : il consiste à dire que, d'une part, l'« ordre symbolique est ce qui structure le sujet dans la société, et ce à travers deux différences irréductibles, la « différence des sexes » et la « différence des générations », et que, d'autre part, dans la société actuelle, cette fonction jusqu'alors implicitement assurée (par le système légal) ne l'est plus, comme le montre l'existence du Pacs ou de certaines jurisprudences concernant les cas d'adoption ou d'insémination par des homosexuels.

La correspondance entre ces deux axes de différences, celle des sexes et celle des générations, n'est pas sans rappeler les travaux de Françoise Héritier sur la valence différentielle des sexes[40]. Il s'agit bien d'une façon de concevoir la relation entre les sexes qui n'est pas due au hasard mais s'inscrit

40. Voir *supra*, p. 53 et suivantes. Un autre auteur s'est intéressé à ces questions : la philosophe Sylviane Agacinski. Je rejoins l'analyse de la psychanalyste Sabine Prokhoris qui se situe « bien loin de ce que Sylviane Agacinski, avec une confondante candeur, qui ne serait que de l'inoffensive mauvaise philosophie si elle n'était lourde d'implications politiques foncièrement conservatrices, a pu écrire : “On ne saurait habituer une pierre à ne pas retomber quand on la lance. On ne pourrait pas davantage, me semble-t-il, habituer les humains à oublier qu'ils sont sexués, à ne plus avoir, en général, de désirs les uns pour les autres ou à ne plus aspirer à laisser après eux des êtres qui leur survivront. La différence des sexes, avant même de jouer un rôle essentiel dans toute organisation sociale, est au principe de l'amour, de la mort et de la procréation [...]. La différence des genres n'est donc pas simplement l'effet de constructions culturelles arbitraires : elle vient donner sens à cette différence

dans une pensée « structuraliste » présentant le risque, en cas d'excès, de fixer trop rigidement la structure en question en l'articulant autour de l'« ordre symbolique ». Celui-ci consiste alors en un véritable repère à deux axes avec en ordonnée la génération et en abscisse le sexe, chaque axe tendant vers deux infinis où trônent, pour l'horizontale, le masculin à gauche et le féminin à droite et, pour la verticale, le père en haut et le fils en bas (et non pas, notons-le, la mère et la fille ! – même au point zéro de l'axe des abscisses, normalement équidistant des deux infinis, masculin et féminin, la référence est l'homme : il s'agit d'un très bon exemple de la domination masculine)[41]. L'ensemble est censé très bien tenir et, comme le dit avec une certaine dose d'ironie la psychanalyste Sabine Prokhoris, « l'"ordre symbolique", nul n'est censé l'ignorer, assure la non-confusion des sexes et la non-confusion des générations, à travers l'assujettissement de chacun à la vérité de la "différencedessexes" et de la "différencedesgénérations"[42] ». S'il est évident que, dans un système aussi bien verrouillé et ficelé, il est fort peu probable que les choses « tournent mal » – que survienne l'inceste par exemple –, le corollaire potentiellement inquiétant est qu'il n'y a également aucune raison que les choses puissent bouger, respirer ou palpiter un peu : c'est un monde où chacun se verrait imposer une place et n'aurait aucune possibilité de

des sexes, essentielle à notre condition de mortels. Les sociétés cultivent la différence des sexes comme on cultive les plantes et les fleurs" ». Ou comment résumer cette question à : « Est-ce naturel ou est-ce culturel ? » S. Prokhoris, *Le Sexe prescrit : la différence sexuelle en question*, Paris, Aubier, 2000, p. 151.

41. Je préfère personnellement, si l'on doit parler des rapports complexes et intriqués entre sexe masculin et sexe féminin ou entre parents et enfants, utiliser les expressions « dialectique des sexes » et « dialectique des générations », qui contiennent une notion dynamique absente du terme « différence ». Voir *supra*, p. 40.

42. S. Prokhoris, *op. cit.*, p. 230. La psychanalyste écrit ces deux expressions (« différencedessexes » et « différencedesgénérations ») chacune en un seul mot afin d'insister sur leur « consistance » qui ne saurait être remise en question par les tenants de cet « ordre symbolique » tout-puissant.

la réinterroger, pas nécessairement pour la quitter mais simplement pour l'*inventer*. Dans ce monde clôturé et pétrifié, un Jacques Demy, par exemple, n'aurait pu exister : Solange, dans les Demoiselles de Rochefort, aurait su d'emblée que M. Dame était son beau-père, et il n'y aurait eu aucun risque que l'héroïne de *Trois Places pour le 26* couche avec le sien.

Nous avons souligné à de multiples reprises la nécessité vitale qu'il y a à questionner le fait que la « différence des sexes » – celle qui assigne à chaque sexe biologique la place (ici un homme, là une femme) où il se trouve et dans laquelle il est prié de rester figé – soit une donnée naturelle inscrite dans l'origine même de l'histoire de l'humanité. Rappelons tout de même que Françoise Héritier voit dans ce dispositif rien de moins que l'origine de la pensée humaine. Ce montage ne doit pas nous abuser : même s'il a le mérite d'essayer de concevoir ce que peut être le « troisième ordre » – pour reprendre l'expression de Deleuze –, il est difficile de ne pas déceler, derrière une telle définition du socle sur lequel repose le fameux « ordre symbolique » (articulé autour de la « différence des sexes » et de la « différence des générations »), une certaine *transcendance*. Ce terme possède d'ailleurs une connotation religieuse que j'assume totalement : cette dimension n'est-elle pas tout à fait visible dans l'image de la croix (image religieuse s'il en est) qui définit et structure l'« entité germinative » de la société qu'est non plus la famille (terme somme toute trop peu précis, encore trop *plein* de subversion) mais la triade père/mère/enfant – une croix dont la barre verticale est la « différence des générations » et la barre horizontale la « différence des sexes ». Une véritable « sainte famille » (père/mère/enfant, avec l'enfant « mis en croix ») que l'on gardera bien précieusement dans un temple, centre de la société humaine. Au-delà de la métaphore religieuse, tout ce dispositif, cette structure pétrifiée qui tient sur la « différence des sexes » et sur la « différence des générations », repose bien en fin de compte sur le couple homme en tant que père/femme en tant que mère. Et le système de fermeture, véritable clef de voûte de l'ensemble, ne peut être que l'enfant[43]. La configuration évoque naturellement le complexe d'Œdipe tel que nous le développions dans le premier acte, en ce sens qu'il participe du maillage dont nous avons déjà parlé à maintes reprises, du réel et véritable quadrillage de l'espace qui assigne à chacun une place d'où il ne sera pas question (d'où l'on espère plutôt qu'il ne sera pas possible) de sortir ; un lieu où, comme le dénonçaient Deleuze et Guattari, il n'y aurait point de « transsexués » ou de « transparenfants ». La boucle est bouclée : à travers ce dispositif, la famille verrouille de nouveau l'ensemble.

Que des foudres se proclamant progressistes et anticonservatrices soient tombées sur Irène Théry à la parution de son article sur le contrat d'union sociale[44] n'est pas un hasard tant celui-ci semble être un condensé de la question de l'« ordre symbolique ». La sociologue y discute en effet le bien-fondé du CUS en évoquant le problème de l'accession possible des homosexuels à la parentalité. Elle défend l'idée que les homosexuels ne peuvent s'inscrire dans l'« ordre symbolique », risquant de créer l'« institution d'une filiation unisexuée » qui attribuerait à l'enfant, dans le champ symbolique, deux pères ou deux mères. Citant Pierre Legendre et Françoise Héritier, elle pose, faisant écho à ce que nous venons de développer, que cet « ordre symbolique » structure le sujet dans la société autour de la « différence des genres » (ou des sexes, la distinction n'étant pas très claire dans l'article) et de la « différence des générations ». Elle fran-

43. Sabine Prokhoris utilise l'image, tout à fait parlante, d'*enfant-boulon*. *Ibid.*, p. 239.

44. I. Théry, « Le Contrat d'union sociale en question », art. cit.

chit un pas en affirmant que cette fonction (autour du complexe d'Œdipe [homme-père/femme-mère/enfant-boulon]) doit être instituée dans la société actuelle par le droit, celui-ci faisant reposer le fameux « ordre symbolique » sur le mariage, seule institution « qui lie la différence des sexes à la différence des générations »[45]. Il saute d'emblée aux yeux, pour Irène Théry, que les homosexuels ne rentrent pas dans ce cadre, la « différence des sexes » étant absente de leur couple – même si elle reconnaît que « la différenciation symbolique régit tout le monde », il existe selon elle une différence entre « les hétérosexuels (qui désirent l'autre sexe/genre) » et « les homosexuels (qui désirent le même) »[46]. Il ne saurait donc être question de les inscrire dans la loi car donner une validation symbolique à ces couples serait aller contre le sens commun, qui n'accepterait une inscription dans la Loi (avec une majuscule) que s'il y a garantie d'une « différence des sexes » pouvant s'articuler avec le côté potentiellement « filiateur » du couple. Toutefois, Irène Théry ne va pas contre la reconnaissance, au sens large, des couples homosexuels ; elle accepte de les reconnaître, mais pas n'importe où ni n'importe comment, et surtout pas dans le temple structurant de l'« ordre symbolique ». Les homosexuels sont priés de s'asseoir ici ! Elle propose donc pragmatiquement des conditions d'union qui excluraient spécifiquement la filiation (par exemple l'extension du concubinage – en en supprimant

45. *Ibid.*, p. 181. Voir aussi « Différence des sexes et différence des générations. L'enjeu de l'institution », *PTAH*, n°s 3-4, 1997, p. 67. Irène Théry reprend cette idée, de façon plus large, en parlant de parenté dans son rapport *Couple, filiation et parenté aujourd'hui, op. cit.*, p. 21 : « Au sens le plus universel du terme, au-delà des différences selon les cultures, la parenté est *l'institution qui articule la différence des sexes et la différence des générations*, et les familles, si diverses soient-elles concrètement, s'inscrivent dans cette dimension symbolique » (c'est moi qui souligne).

46. I. Théry, « Le Contrat d'union sociale en question », art. cit., p. 179. La confusion entre sexe et genre est ici massive : aimer le même sexe ou le même genre n'est pas vraiment superposable.

bien entendu le droit à la filiation autre que naturelle – aux homosexuels et un contrat spécifique qui serait l'équivalent du mariage mais sans la possibilité d'accéder à la filiation). Tout en se défendant de discuter la capacité des homosexuels à être de « bons » parents, elle se prononce contre l'inscription de ce type de filiation dans la loi.

Cet article a suscité de nombreuses réactions, notamment de la part des intellectuels soutenant le projet du Pacs. Nombre de juristes, comme Marcella Iacub, pensent que le droit ne s'intéresse pas à ces préoccupations anthropologiques et que l'accès à la filiation des homosexuels n'est pas un danger. En effet, pour eux, le droit n'organise pas le psychisme et ne recrée pas de distinction anthropologique. Il ne fait que fixer des règles qui octroient un pouvoir juridique différent aux êtres humains : « L'argument de l'ordre symbolique nous épargne encore une fois de penser aux filiations en tant qu'ensemble de règles artificielles et arbitraires, véhiculant des valeurs et non pas des rapports de causalité, et de trouver, pour ce faire, des principes autres que la pure et simple imitation de la nature[47]. » Ainsi est-il opposé à Irène Théry que le droit désexualise homme et femme (il n'y a pas de distinction dans la différence entre les sexes vis-à-vis du droit) sans pour cela toucher aux hommes et aux femmes en chair et en os – c'est l'opposition sujet de droit/sujet tout court. Cette idée est notamment reprise par le sociologue Éric Fassin, qui confronte le point de vue de Rousseau, centré autour d'un ordre universel et infrapolitique (celui des opposants à l'homoparentalité pour des raisons symboliques), à celui de Condorcet (celui des partisans du Pacs et de l'homoparentalité), qui insiste sur une indifférenciation politique, situation où rien de ce qui différencie (la race, la religion

47. M. Iacub, « Le couple homosexuel, le droit et l'ordre symbolique », *Le Banquet*, n°s 12-13, septembre-octobre 1998, p. 124.

et, par extension, l'orientation sexuelle ou le sexe) n'a de place dans la définition de la citoyenneté : « Toutefois, le débat montre bien justement que ce sont en réalité deux conceptions de l'universel qui s'affrontent, l'une inspirée de Rousseau, l'autre de Condorcet. En dépit de leur opposition frontale sur la parité – et latérale sur le Pacs –, Irène Théry et Sylviane Agacinski se retrouvent dans l'héritage de l'auteur d'*Émile*. C'est en effet Rousseau qui, le premier, a défini la différence des sexes comme un invariant anthropologique; et, pour lui, la nature, qui établit entre les sexes une différence physique, en suggère aussi les implications psychiques, sociales et politiques[48]. » Car il s'agit bien en effet de la question de l'universel, question en filigrane derrière les nombreuses lignes consacrées à ces débats, y compris autour de la reconnaissance de l'« homosexuel » dans la société. Il n'est nullement question ici de trancher un tel débat, qui révèle après tout superbement les limites de la démocratie telle que nous l'habitons et telle qu'elle nous présente ses contradictions : celles d'une société fondée sur la Déclaration universelle des droits de l'homme et qui refoule des étrangers venus crier en France leur vie misérable dans les « pays en voie de développement », ou celles d'un droit qui, appelé à reconnaître qu'une catégorie de sa population, les homosexuels, peut être victime de malfaisants homophobes, notamment en prévoyant pour eux un cadre légal de protection et de reconnaissance, ne saurait mettre l'homosexuel à égalité avec l'archétype du citoyen qu'est l'hétérosexuel.

Sancho Pança raconte dans *Don Quichotte* la rencontre entre un laboureur et un notable. Le notable invite le

48. E. Fassin et M. Féher, « Parité et Pacs : anatomie politique d'un rapport », *in* D. Borrillo, E. Fassin et M. Iacub, *Au-delà du PaCS*, *op. cit.*, p. 39. Cet article éclaire de façon tout à fait pertinente le parallèle entre les débats sur la parité homme/femme en politique et ceux concernant le Pacs.

laboureur à s'asseoir à la place d'honneur, ce que le « gueux », conscient qu'il est de sa condition, refuse. Commence une joute où chacun insiste, le notable poussant le laboureur à s'installer et le laboureur refusant obstinément de s'exécuter. C'est alors que le notable, excédé, lui lâche : « Asseyez-vous seulement ici, bélître, parce qu'en quelque part que je me mette, ce sera toujours la place au-dessus de vous. »

Les errances d'une psychanalyse prescriptive

La question de la place du discours psychanalytique dans les débats que nous évoquons n'est pas simple. Il me semble particulièrement important, pour aborder ce problème, de savoir d'où et en tant que quoi l'on parle (écrit), ce qui est aussi essentiel pour celui qui parle (écrit) que pour celui qui écoute (lit). Parler au nom de *la* psychanalyse ou en faire le procès concernant ses positions politiques – éthiques ? – sur la question homoparentale, quelle que puisse être l'issue d'une telle démarche, ne sera pas ici mon propos. Je chercherai plutôt à apporter des éléments critiques à partir de mon expérience de pédopsychiatre[49] (clinique d'inspiration psychanalytique) et de mon vécu d'analysant, afin de permettre une préhension, je ne saurais dire une analyse, de l'aspect *prescriptif*, normalisateur, des prises de position de

49. Je précise ici un point qui occasionne souvent des confusions : un psychiatre est un médecin qui s'est spécialisé en psychiatrie (au même titre qu'une spécialisation en pédiatrie ou en cardiologie) ; il peut par exemple prescrire des médicaments (comme des psychotropes). Un pédopsychiatre est un psychiatre qui s'est surspécialisé dans la psychiatrie de l'enfant et de l'adolescent. Un psychologue a suivi des études de psychologie (généralement jusqu'à un troisième cycle, voire même un doctorat). Un psychanalyste s'inspire dans sa clinique de la théorie et de la pratique inventées par Freud, la psychanalyse ; il peut être, de formation, psychiatre ou psychologue, mais également philosophe, anthropologue, etc.

quelques-uns, qui peuvent figurer parmi les plus « reconnus » et prétendent parler *au nom* de la psychanalyse – posture visant à en imposer en signifiant *d'où* ils parlent, place souvent considérée comme très haute et très noble.

Car il n'y a pas une, mais plusieurs façons d'envisager la psychanalyse. J'utiliserai ici une différenciation qui m'a été inspirée par l'essai, certes « touffu » et complexe mais d'une rare pertinence, de Sabine Prokhoris [50]. Une première psychanalyse peut être individualisée, que je qualifierai d'« errante » et de « prescriptive », se présentant à nous comme un *discours sur la sexualité* (discours entendu au sens foucaldien du terme tel que nous le développions plus haut) – et donc forcément prescriptive puisqu'elle participe activement des enjeux de pouvoir et de domination ; cette psychanalyse ne pourra effectivement que paraître « suspecte, aux yeux d'un Foucault, qui verra dans le dispositif de l'analyse, dans cet "étranglement du rapport entre deux individus dont l'un écoute la parole de l'autre", dispositif prétendument libérateur, la moderne figure d'une longue cohorte de procédures d'aveu fondamentalement asservissantes au contraire, et en cela l'institution d'une machine à normaliser, une de plus, et fort perfectionnée quant à sa technologie apparemment si anodine [51] ». En quoi cette psychanalyse est-elle analysable en ces termes ? Il est difficile, si l'on écoute attentivement les discours de certains psychanalystes qui tirent la sonnette d'alarme sur la configuration homoparentale, de ne pas remarquer que tout a été mis en place pour organiser une véritable entreprise de normalisation qui, comme toute entreprise, s'organise en deux volets. Tout d'abord l'organisation interne, qui concerne l'intimité, celle de la cure proprement dite, où une affirmation va être posée qui dit qu'il n'existe qu'un seul chemin envisa-

50. *Le Sexe prescrit, op. cit.*
51. *Ibid.*, p. 82.

geable pour vivre (vivre en société, voire vivre heureux tout simplement), qu'un seul destin possible. La cure psychanalytique aura pour finalité, dans ce dispositif, d'opérer les redressements et les réorientations nécessaires à ce que les personnes qui errent hors des sentiers battus – mais qui ne le sont de toute évidence pas suffisamment – puissent réintégrer bien vite la norme. Il n'est naturellement pas question de ramener systématiquement un homosexuel dans le droit chemin de l'hétérosexualité (Lacan affirme à ce sujet de façon assez mystérieuse : « Les homosexuels, on en parle. Les homosexuels, on les soigne. Les homosexuels, on ne les guérit pas. Et ce qu'il y a de plus formidable, c'est qu'on ne les guérit pas malgré qu'ils soient absolument guérissables[52]. »), mais il faudra que, au cours de sa cure, il accepte que son destin est de ne pas avoir d'enfant, incapable qu'il est – sous-entendu de par sa constitution – de s'inscrire dans la « différence des sexes » et dans celle des générations[53]. Avec une certaine dérision, Sabine Prokhoris décrit ainsi la fin de l'analyse sur ces divans, qui doit permettre à l'analysant de « parvenir à n'être rien d'autre que l'agent, quasi sacré, de la pure transmission d'une dite "loi symbolique" : ce qui veut dire, cas le plus accompli, prêtre consacré d'icelle – psychanalyste en d'autres termes –, ou bien, situation plus banale, mais qui reste honorable pour le commun des mortels, son simple et humble vicaire, autrement dit, et c'est là le principal, capable, s'étant calé sur les rectifications subjectives qu'elle assure, d'être *pour de bon* homme ou femme [54] ». À

52. J. Lacan, *Les Formations de l'inconscient (Séminaire V)*, Paris, Seuil, 1998, p. 207. Dans ce cours, Lacan pose « la clef du problème concernant l'homosexuel »...

53. Michel Tort parle à ce propos du dangereux passage « de l'analyse de fonctionnements psychiques à une prescription des conditions de la subjectivation », et propose de façon tout à fait pertinente cette scène : « Que l'on imagine l'analysant homosexuel évoquant son désir d'être parent et accueilli par un : "Et la différence des sexes ?" » M. Tort, « Homophobies psychanalytiques », art. cit.

54. S. Prokhoris, *op. cit.*, p. 121.

côté de cette politique intérieure de l'entreprise (dans sa sphère *privée*, isolée entre les quatre murs des cabinets), une politique *publique*, de relation extérieure, est mise en place par l'intermédiaire d'un discours qui se doit de verrouiller théoriquement tout ce dispositif. Un discours qui s'oriente sur l'articulation « différence des sexes »/« ordre symbolique », sur laquelle nous reviendrons.

Parallèlement aux *errances de cette psychanalyse prescriptive*, une autre psychanalyse peut être pensée (et vécue par nombre d'analystes ou d'analysants dont je suis), une psychanalyse qui rompt ou tente de rompre avec cette prescription, que Foucault a toujours cherché à rendre visible ; autre chose qu'une tentative de normalisation. Lire l'essai de Prokhoris suggère indubitablement des axes pour envisager une telle psychanalyse. Je le comparerais d'ailleurs volontiers au *Pourquoi la psychanalyse ?* d'Élisabeth Roudinesco, tous deux étant caractérisés par leur ambition de concevoir une psychanalyse qui permettrait de penser des points d'attaque sur la surface de cette société « postmoderne[55] », surface si lisse qu'elle ne laisse ni irrégularité, ni relief, ni angle saillant auxquels pourrait s'accrocher, comme un grimpeur faisant de la varappe, une quelconque forme de résistance. Le leitmotiv de Prokhoris reste le « retour sur Freud » et une volonté farouche de ne pas perdre de vue que la psychanalyse est et doit rester une méthode de traitement de la souffrance psychique (supportée par la double règle fondamentale : association libre de l'analysant/attention flottante du psychanalyste et analyse de l'analyste) ; de penser la psychanalyse comme un travail qui, « permettant qu'on lâche prise sur ce qui est censé *devoir* être, œuvrera pour que s'éclaircisse, petit à petit, et de proche en proche, l'horizon, perdu de brume, de ce qu'on imaginera *pouvoir* être[56] ».

55. Sur cette question du postmoderne, voir *supra*, p. 121.
56. S. Prokhoris, *op. cit.*, p. 345.

Car, bien que le psychanalyste Jean-Pierre Winter fasse mine de se demander si « la psychanalyse est homophobe [57] », ce questionnement évoque davantage une défense sur le mode : les homosexuels, dès que l'on parle d'eux en termes peu flatteurs (et dans le cas de Winter, entre autres, c'est le moins que l'on puisse dire [58]), vous traitent d'homophobes ! Il ne manquerait plus qu'ils ne disent rien... Mais soulignons que l'histoire d'amour et de haine entre la psychanalyse et l'homosexualité ne date pas d'hier, la seconde ayant toujours été un sujet *délicat* pour la première. Même si Freud, comme nous l'avons noté plus haut, a tendance à accumuler les théories de l'homosexualité au lieu de rechercher l'univocité, il lui arrive de poser clairement le lien entre « différence des sexes » et inversion/ homosexualité : « Quelques-uns de ces "pervers" ont, pour ainsi dire, rayé de leur programme la différence sexuelle. Seuls des individus du même sexe qu'eux sont susceptibles d'exciter leurs désirs sexuels ; le sexe opposé, parfois les organes sexuels du sexe opposé ne présentent à leurs yeux rien de sexuel et constituent, dans des cas extrêmes, un objet d'aversion. Il va sans dire que ces pervers ont *renoncé* à prendre la moindre part à la procréation. Nous appelons ces personnes homosexuelles ou inverties [59]. » Si l'on souscrit à ce principe de base – qui

57. « La psychanalyse est-elle homophobe ? » est le titre de la communication faite par Jean-Pierre Winter aux IVes rencontres de la psychiatrie à Paris, auxquelles j'ai assisté, le 1er mars 2001.

58. Voici un exemple de cette rhétorique qui consiste à affirmer, avant de tenir un propos raciste ou homophobe, qu'il ne l'est pas tant que ça : « Un couple hétérosexuel est en général déterminé à favoriser la survie de l'espèce humaine. Il n'est pas outrecuidant – même si c'est politiquement incorrect – de se demander si cela vaut pour deux individus de même sexe. » Cette assertion n'est pas du « politiquement incorrect », mais bien une paraphrase qui laisse sous-entendre que le couple homosexuel puisse aller contre la survie de l'espèce humaine ! Propos homophobe s'il en est, quelles que soient d'ailleurs les subtilités de sens que l'on donne à ce mot. J.-P. Winter, « Gare aux enfants symboliquement modifiés », *Le Monde des débats*, mars 2000.

59. S. Freud, *Introduction à la psychanalyse*, *op. cit.*, p. 284. C'est moi qui souligne.

est de lier de façon exclusive choix d'objet hétérosexuel et investissement de la « différence des sexes » –, ne pourrait-on poser que tous ceux qui n'ont pas « choisi » le chemin de l'hétérosexualité ont du même coup rayé cette différence sexuelle de leur « programme » (je parle de tous les « pervers » longuement et précisément décrits par Krafft-Ebing) ? Il serait ainsi possible d'affirmer que si, en « quantité », la plupart des êtres humains choisissent le chemin de l'hétérosexualité (et optent donc pour la « différence des sexes » comme fondement de leur programme), d'un point de vue plus « qualitatif », au regard des possibles devenirs du polymorphisme sexuel précoce infantile, ce chemin reste une exception – une exception qui n'est pas ici exprimée en termes de normalité puisque le chemin en question n'est finalement qu'un seul au milieu de beaucoup d'autres. C'est toute la question du sexué et du sexuel : si, pour Françoise Héritier, le sexuel dérive du sexué[60], Sabine Prokhoris, convoquant Freud, soutient au contraire que le sexué dérive du sexuel, la « perversion polymorphe » étant bien en amont de l'ordonnance sexuée d'une génitalisation plus tardive. Dans cette optique, le sexué ne saurait être la « butée » dont parle Héritier – la « différence des sexes » qui ordonne la pensée en lui permettant la binarité nécessaire à toute pensée.

Cette citation de Freud est donc à comprendre à la lumière des *Trois Essais sur la théorie sexuelle*, où il est bien clair que le choix hétérosexuel n'est en fait qu'un choix parmi d'autres, une option qui, même si elle s'intègre parfaitement dans une activité de domination au sein des enjeux de pouvoir que décrit Foucault, est loin d'aller de soi. Si l'homosexualité est *anormale*, c'est qu'elle ne correspond pas à ce cheminement qui, lui, est l'îlot de nor-

60. Voir *supra*, p. 57.

malité. Il est beaucoup plus question pour Freud, dans ce débat « différence des sexes »/homosexualité, d'une réinterrogation de la norme – et non pas, ce qui aurait davantage à voir avec le racisme, du normatif[61] – que d'homophobie. Précisons tout de même que lorsque Freud parle d'un « renoncement à la procréation », il n'entend pas « renoncement à la filiation » ! Un Alexandre Adler est au contraire beaucoup plus explicite et univoque car le terme « anomalie » qu'il emploie recouvre bien une condamnation morale : « L'homosexualité représente l'entraînement de l'individu découragé qui, depuis son enfance, tend à éviter la solution normale du problème de l'amour, écartant toute possibilité de défaite, en excluant le sexe opposé[62]. » Tout au long de l'histoire du mouvement psychanalytique, une opposition constante est d'ailleurs repérable entre les divers psychanalystes et courants psychanalytiques face à ce « douloureux problème » de l'homosexualité. Deux exemples célèbres peuvent être cités. Le premier, en 1921, est l'épisode où Freud et Rank formulèrent leur opposition à Jones, déterminé à rejeter la candidature au poste d'analyste d'un homosexuel : leur réponse fut qu'ils ne pouvaient pas « exclure des personnes comme celles-là sans d'autres raisons suffisantes [et que] la décision dans pareil cas devrait dépendre d'un examen minutieux des autres qualités du candidat[63] ». Le second exemple est celui de la position de l'IPA, association internationale de psychanalyse fondée

61. J'utilise ici la distinction de Georges Canguilhem, et je vois dans la théorie de la sexualité de Freud un de ses préceptes : « En toute rigueur, une norme n'existe pas, elle joue son rôle qui est de dévaloriser l'existence pour en permettre la correction. » G. Canguilhem, *Le Normal et le Pathologique*, Paris, PUF, coll. « Quadrige », 1999, p. 41.

62. A. Adler, *La Compensation psychique de l'état d'infériorité des organes*, suivi du *Problème de l'homosexualité*, *op. cit.*

63. Cité par M. Tort, « De la différence « "psychanalytique des sexes" », art. cit., p. 185.

par Freud mais dont il ne fut jamais le président, qui, malgré la volonté de ce dernier ou même de Ferenczi, suivit d'emblée la ligne d'Abraham et surtout de Jones, lesquels considéraient l'homosexualité comme un « crime répugnant », en s'opposant à ce que les homosexuels puissent accéder au rang d'analystes et en promouvant l'aspect curateur du travail analytique sur ce « trouble » de l'orientation sexuelle. L'association défend d'ailleurs toujours une telle position de façon implicite. Lacan fut le premier psychanalyste de la seconde moitié du XXe siècle à accepter des homosexuels comme analystes dans son école [64]. On le voit, la position des psychanalystes sur cette question est loin d'être homogène, et prétendre parler *au nom* de la psychanalyse n'en a que moins de sens.

Ainsi que dans les jeunes années de la psychanalyse, aujourd'hui nombre de propos et de positions de psychanalystes et d'écoles psychanalytiques sonnent comme autant de vraies croisades anti-homosexualité. Croisades fondées non pas sur la critique ouverte du mode de vie homosexuel, position un peu trop « politiquement incorrecte » – même pour un Jean Pierre Winter –, mais sur des bases théoriques beaucoup plus complexes et sournoises [65]. « Asseyez-vous seulement ici, bélître... » On ne peut donc que trouver salvateurs les questionnements de quelques groupes psychanalytiques sur cette question [66]. Cela dit, le

64. E. Roudinesco, M. Plon, *op. cit.*, article « Homosexualité ».

65. On peut interpréter cette attitude des psychanalystes face aux différentes requêtes des homosexuels par la crainte qu'elles réinterrogent le champ clinique dans lequel l'homosexualité serait censée se trouver : les homosexuels, loin d'être uniquement des pervers, pourraient être, « comme tout le monde », névrosés, pervers ou psychotiques.

66. Je pense ici à la collection dirigée par Jean Allouch et Danielle Arnoux, « Les grands classiques de l'érotologie moderne », chez EPEL, collection qui « vise à ce que s'ouvre un débat critique entre champ gay et lesbien et champ freudien [à savoir lacanien] » et qui a rendu possible l'édition en français d'auteurs comme Didier Halperin.

nombre des gardiens du temple de l'« ordre symbolique » est étonnamment élevé. À la fin des années 1980 en France, on pouvait lire dans *La Croix* une analyse fort surprenante liant homoparentalité et homosexualité et proposée par le psychanalyste Gérard Séverin : « Il n'est pas rare que la femme homosexuelle soit mère d'un ou de plusieurs enfants. Elle se donne ce que la vie homosexuelle ne peut lui apporter. Puis elle se sépare de l'homme dont la présence est négligeable, inutile. [...] La trinité familiale n'ayant jamais existé : le père, l'homme ou l'amant étant éliminé ou manquant, seuls restent l'enfant et sa mère. Ce duo sera pour l'enfant la source de son identité. Homme, il restera attaché à cette image, à cet unique miroir : sa mère. Fasciné par elle. Chaque femme sera pour lui l'image merveilleuse et interdite de sa mère. Elle deviendra son modèle, aucun homme n'étant venu le détacher d'elle. Adulte, il trouvera un autre homme qui, comme lui, cherche à reconstituer ce couple mère-enfant[67]. » Dans ce discours, on ne se perd pas en considérations sur l'« ordre symbolique », la « différence des sexes » ou autres. Tout est très clairement exposé : de l'absence d'une famille « en trinité » à la genèse de l'homosexualité. Ce court article a au moins le mérite d'assumer, certes de façon simpliste, sa position et d'exprimer ouvertement les choses, à savoir l'amalgame entre homosexualité et structure familiale hétérosexuelle.

Assumer les choses, c'est aussi ce que fait le prêtre psychanalyste Tony Anatrella. Le sophisme que nous citions plus haut[68] peut être éclairé par les propos de l'intéressé, que je livre ici « tels quels » :

A. « Un couple homosexuel, qui est la négation de l'altérité », et son corollaire, à savoir que « les relations homo-

67. G. Séverin, « Homosexualité », *La Croix*, 25 mai 1987.
68. Voir *supra*, note 8, p. 70.

sexuelles sont de nature totalement opposées aux relations homme/femme puisque les relations homosexuelles sont inféconds ».

B. « Une dictature idéologique actuelle qui est la négation de la différence des sexes ».

C. Et pour l'enfant, « des troubles de la filiation, une grande difficulté à intérioriser sa bisexualité psychique, à sortir de l'inceste, avec le risque de s'enfermer dans l'autosuffisance, l'insécurité affective et son cortège de violence »[69].

Dont acte !

Même si le discours n'est pas toujours aussi caricatural (ni ouvertement anti-homosexualité) et peut parfois prendre des tournures beaucoup plus complexes théoriquement (au niveau de la théorie lacanienne du symbolique), la prescription pour l'avenir n'est pas moins directe : pour l'enfant, « la blessure symbolique n'est en aucun cas anodine. On peut craindre qu'elle se traduise, à la première génération, à la deuxième, voire à la troisième, par un arrêt de la transmission de la vie : par la folie, la mort ou la stérilité[70] ». Armaggedon en somme ! L'analyse des textes de Jean-Pierre Winter sur la question de l'homoparentalité est à ce titre tout à fait passionnante. Toutes les craintes y sont reprises : « Ce qui différencie les couples homoparentaux des couples hétérosexuels, c'est qu'ils ne confrontent pas l'enfant, au quotidien, à la question de l'incomplétude de chaque être[71]. » Est-ce à dire que les couples homosexuels (ou les homosexuels) sont dans une « complétude » ? À propos de la demande des homosexuels d'obtenir une reconnaissance légale des liens de filiation

69. T. Anatrella (entretien avec V. de Vezins), « De vraies souffrances pour les enfants », *Le Figaro*, mai 2000.

70. J.-P. Winter, « Gare aux enfants symboliquement modifiés », art. cit.

71. J.-P. Winter, « Du phantasme à la loi : la question de l'homoparentalité », *Revue des Deux Mondes*, mai 2001, p. 99.

les unissant à leurs enfants, le psychanalyste fait un parallèle avec la notion d'accident de la voie publique : « Ainsi est-il fréquent qu'il y ait des accidents d'automobiles, personne ne s'autorise pour autant à en déduire la nécessité d'une loi qui rendrait ces accidents légaux. Le même raisonnement peut s'appliquer à l'argument selon lequel les couples homoparentaux ne feront pas pire que les couples hétérosexuels dont ils sont issus[72]. »

Si l'on voulait suivre Winter dans l'idée que l'homoparentalité est un accident (ce qui situe d'emblée l'endroit d'où il parle !), on pourrait certes comprendre que l'accident en question n'ait pas à être légalisé. Mais, même en partant d'un présupposé aussi douteux (voire « homophobe »), on peut se poser la question de la prise en compte de tous ces « accidentés ». Si un accidenté de la route arrive aux urgences, on trouvera étonnant que le chirurgien se pose la question de l'existence légale ou non du blessé, même si celui-ci en appelle à cette reconnaissance, sans voir la nécessité, beaucoup plus évidente, de l'aider. Non seulement il est discutable de parler d'accident, mais il est plus grave encore de se polariser sur cette question de la loi et de l'« ordre symbolique » tout en restant étrangement muet sur les réalités homoparentales. D'ailleurs, en ce qui concerne la question proprement dite de l'« ordre symbolique » et de la loi, rien de vraiment nouveau. On retrouve les mêmes idées que chez Pierre Legendre : « Il serait dommageable de voir la Loi abolir la marge, en légitimant la disjonction du Réel et du Symbolique. Seuls les états théocratiques procèdent ainsi[73]. » L'homosexualité à l'origine des craintes et des prédictions d'une société nazie ou théocratique, voilà qui n'est guère original. Et pourtant, « quant au dispositif que dessine

72. *Ibid.*
73. *Ibid.*, p. 100.

“l’ordre sexuel” théorisé par Lacan, soumis à la “différencedessexes” articulée à la référence phallique, support de l’“Ordre Symbolique” dont on nous rebat les oreilles, afin, paraît-il, de nous épargner l’horreur d’être précipités dans le chaos du “hors sexe”, *il n’en est qu’un [un destin] parmi d’autres.* Un pourtant qui prétend dire la loi[74] ».

Philosophes et sophistes

Alors, pour ou contre l’adoption par les homosexuels ? La véritable question derrière celle-ci est bien celle qui résoudrait l’improbable mariage entre adoption (qui cache le mot *famille*) et homosexuel (qui cache notre *spectre*).

Mais après tout ce que nous venons de décrire, on ne peut qu’envisager de façon positive l’homoparentalité. D’abord parce que des adultes homosexuels sont parents et que des enfants ont des parents homosexuels ; et si les discussions autour de la légalisation d’une « filiation homosexuelle » ont un intérêt non négligeable, l’existence de ces personnes ne saurait se résoudre ou se réduire à l’existence de tous ces débats : à force de trop voir le Symbolique, on perd de vue non pas le Réel, mais bien la réalité. Ensuite parce qu’il existe une chance potentielle, et pour l’homosexualité, et pour la famille, que chacun puisse faire *événement* pour l’autre, puisse être la partie subversive de l’autre : la famille subvertie par l’homosexualité et l’homosexualité subvertie par la famille, voilà de quoi dégripper la machine, de quoi éviter de tourner en rond et de se consumer dans les flammes d’un éternel palindrome, pour reprendre les mots du poète cité par Guy Debord[75].

---

74. S. Prokhoris, *op. cit.*, p. 178.

75. G. Debord, *In girum imus nocte et consumimur igni*, Paris, Gallimard, coll. « Blanche », 1999.

Quant à savoir si oui ou non les homosexuels, en couple, doivent avoir le droit d'adopter, à chacun de se positionner et d'agir – politiquement.

À Théétète qui s'inquiète de la multiplicité de masques que prend le sophiste dans ses modes d'expression l'Étranger répond ainsi dans le dialogue de Platon[76] :

« Bien compréhensible est ta confusion ; mais il faut avouer que lui aussi [le sophiste], qui cherche une dérobade à notre argumentation, doit être bien embarrassé. "Il n'est pas facile d'échapper à toutes", dit le proverbe avec raison. Et maintenant, plus que jamais, notre tâche est d'attaquer.

– Bien dit ! » conclut Théétète.

76. Platon, *Le Sophiste*, Paris, Flammarion, coll. « GF », 1993, 231c.

Acte V

« Enfin une étude française ! » : à propos des enfants conçus ou élevés par des parents homosexuels et de leur famille

Pourquoi des études sur la « population homoparentale » ?

Dans la polémique sur l'homoparentalité, la tentation est grande, même si nous venons de voir qu'il s'agissait d'un « faux débat », de chercher une réponse *objective* à la question du devenir des enfants de parents homosexuels afin, par exemple, de valider la reconnaissance légale de l'adoption par un couple homosexuel. Mais comment, en présence d'enjeux, de tenants et d'aboutissants fort complexes et fondamentalement *subjectifs*, serait-il possible de tenir une telle promesse d'objectivité ? Comme souvent lorsque des réponses se voulant indiscutables sont requises et que l'on souhaite écarter toute possibilité de remise en question, c'est la science qui vient en renfort.

Mais revenons un peu en arrière, au XIXe siècle, et plongeons-nous dans un autre domaine, qui n'est pas sans rapport avec notre sujet : la question de la taille des individus. Un mathématicien de l'époque, Adolphe Quételet, connu pour être l'un des premiers à avoir collecté et standardisé les données statistiques dans le champ des études sociales, s'est en effet intéressé à la taille des êtres humains et à la possibilité de déterminer, au vu de ses variations, celle de l'« homme moyen ». Il pensait pouvoir l'obtenir en reportant sur un graphique la taille des différents individus d'une population étudiée. Il avait en effet remarqué que, dans une population donnée, la plupart des individus ont une taille proche de celle qui peut être calculée par la moyenne. Et plus on s'éloigne de cette taille moyenne, plus le nombre d'individus correspondant est petit. Sur un graphique, avec en abscisse la taille et en ordonnée le nombre d'individus, cela se traduit par une courbe dont le point le plus haut, celui qui correspond donc au plus grand nombre d'individus, indique la taille moyenne : c'est la fameuse « courbe en cloche » ou « courbe de Gauss ».

Pourquoi faire ce petit préambule statistique ? Parce que, si l'on en croit Georges Canguilhem, « selon Quételet, l'existence d'une moyenne est le signe incontestable de l'existence d'une régularité, interprétée dans un sens expressément ontologique ». Autrement dit, il s'agit de démontrer objectivement grâce aux statistiques, d'autant qu'elles s'appliquent à des grands nombres, qu'il existe un homme moyen, qui n'est pour Quételet « nullement un "homme impossible" »[1]. On imagine aisément les dérives auxquelles peut mener une telle tentative. Cet exemple est édifiant car il signe une démarche visant à démontrer l'objectivité d'un fait social par les chiffres et offrant donc toutes les apparences de l'indiscutabilité. Ainsi on oppose souvent aux études sur les enfants élevés par des parents homosexuels, avant même de remettre en question l'utilisation des statistiques dans le domaine de l'humain, l'idée que le nombre d'individus dans la population étudiée est

1. G. Canguilhem, *op. cit.*, p. 100.

trop faible pour pouvoir en tirer quelque conclusion que ce soit. Comme si les réflexions éthiques pouvaient se dissoudre dans les grands nombres.

À la suite de l'étude que j'ai réalisée dans le cadre de ma thèse de médecine en spécialité de psychiatrie sur des enfants conçus ou élevés par des parents homosexuels, étude que je décrirai un peu plus en détail dans la dernière partie de cet acte, un article très critique à son égard, signé par la psychanalyste Caroline Eliacheff et paru dans la revue *Esprit* [2], soulevait plusieurs questions, notamment, comme nous allons le voir, sur la courbe de Gauss. Relever les différentes critiques développées dans cet article me semble un bon point de départ pour expliquer ce qu'il faut attendre ou non de ce genre de travaux – du moins dans la façon dont je les envisage – et pour souligner le fait que, bien souvent, ces critiques (qui s'adressent à des études au demeurant éminemment critiquables, mais nous y reviendrons) se vautrent dans ce qu'elles dénoncent le plus, à savoir la manipulation. Y répondre sera en outre une bonne introduction à la lecture de telles études.

Il est intéressant de noter que ce qui gêne le plus Caroline Eliacheff, c'est l'*intention* des scientifiques qui réalisent ce type de travaux : « Dans cette étude, la réflexion porte sur le point de savoir si les homosexuels sont capables d'élever des enfants et de leur offrir du bien-être au sens de critères d'adaptabilité et de sociabilité normés, ce qui revient à dire que seul le milieu compte ou que l'amour peut tout [...]. Si leur situation était aussi banale que l'on veut nous la présenter, les résultats devraient se distribuer selon une courbe de Gauss [3]. » Mon travail révélerait donc un présupposé de

2. C. Eliacheff, « Malaise dans la psychanalyse », *Esprit*, mars-avril 2001, p. 62-76.
3. *Ibid.*, p. 75-76.

départ qui serait d'affirmer que « seul le milieu compte », que « l'amour peut tout », ainsi que ma volonté de transmettre l'idée que « la situation est banale ». Un chercheur n'est bien évidemment jamais totalement neutre face à son objet d'étude (ne serait-ce que parce que, précisément, il l'étudie), mais le protocole et les outils utilisés sont censés garantir le maximum d'objectivité scientifique et réduire les éventuelles répercussions de l'intention inconsciente du scientifique – car elle existe – sur les résultats. Dans mon cas, il va de soi que la situation des familles homoparentales n'est pas banale à mes yeux et le simple fait de réaliser un tel travail le prouve. C'est une autre remarque de Caroline Eliacheff qui attire mon attention, celle qui souligne que la population étudiée ne se répartit pas selon une courbe de Gauss en fonction des résultats obtenus aux différents tests. En d'autres mots, Caroline Eliacheff pense que, de façon individuelle, chacun des 58 enfants de l'étude « va bien » (ce sont ses propres termes). Or si, à l'issue des tests, la population étudiée ne se répartit pas selon une courbe de Gauss, c'est pour la simple raison que l'échantillon est trop faible. Elle montre en revanche des pics de fréquence centrés qui correspondent à la zone moyenne retrouvée en population générale : autrement dit, la plupart des enfants obtiennent aux tests des résultats qui se situent dans la moyenne et, plus on s'éloigne de cette moyenne, plus le nombre d'enfants décroît. Donc certains enfants de l'échantillon « vont mal ». C'est ce point de la critique d'Eliacheff qui me fait supposer que la thèse a été mal lue. Ce qui est mis en cause ici, c'est l'aspect scientifique du travail : la psychanalyste pense mettre au jour l'intention partiale du chercheur (visant à démontrer que les enfants d'homosexuels « vont bien ») en montrant que celui-ci a obtenu des résultats aberrants (58 enfants sur les 58 étudiés iraient « bien »), ce qu'elle prouve en pointant l'inadéquation avec les données de la science (une courbe de Gauss), un peu comme espérait le faire en son temps Quételet. Si l'on avait pu tracer une courbe de Gauss avec les résultats de cette étude, la démonstration aurait-elle été plus « convaincante » en termes de scientificité ou d'objectivité ? Et si la conclusion de l'étude avait été que tous les enfants étudiés « allaient mal », l'auteur de ces critiques se serait-il interrogé si longuement sur mes intentions, m'aurait-il traité d'homophobe ?

Mais la critique de fond formulée par Caroline Eliacheff concerne l'instrumentalisation des enfants : « Faut-il que le désarroi des parents contamine les professionnels pour que ceux-ci demandent aux enfants, au nom de leur "bien-être", de justifier le bien-fondé des choix sexuels de leur parents ? [On] peut s'interroger sur l'instrumentalisation [que mon étude] suppose des enfants à qui l'on fait porter la responsabilité de valider les choix sexuels des parents en "allant bien[4]". » Encore une fois, le chercheur aurait une intention, celle de démontrer que ce qui importe dans les travaux sur l'homoparentalité, c'est l'homosexualité du parent. Or en quoi le fait de vouloir étudier les enfants conçus ou élevés par des parents homosexuels (et de constater dans toutes les études réalisées non pas qu'ils « vont bien », mais qu'ils ne semblent pas différer, si l'on en croit *la plupart* des données qui étudient les troubles morbides, des enfants de la population générale[5]) viserait-il à justifier l'homosexualité des parents ? Comme si le but était de montrer que « l'homosexualité, ça ne fait pas de mal, c'est aussi bien que l'hétérosexualité » ! À mon sens, il n'est tout simplement pas besoin de le prouver. Il s'agit uniquement d'observer des comportements, et même plus largement une population.

4. *Ibid.*, p. 74.
5. Cette comparaison avec la population générale ne doit pas faire oublier que la population étudiée en fait bien sûr partie intégrante.

De fait, ceux qui attendent de ce genre de travaux qu'ils « prouvent » quoi que ce soit risquent d'être déçus ! Le nombre de biais méthodologiques est bien trop important pour que l'on puisse en retirer des preuves ; mieux vaut en attendre des *indices*. Jean-Pierre Winter, dans son article « Gare aux enfants symboliquement modifiés[6] » (*sic*), ne s'y trompe pas lorsqu'il reconnaît que, même si à première vue les enfants de parents homosexuels ne vont pas si mal que cela, les problèmes pourraient se repérer « à la première génération, à la deuxième, voire à la troisième, par un arrêt de la transmission de la vie : par la folie, la mort ou la stérilité ». Il est probablement plus facile de s'en prendre aux protocoles des études psychologiques anglo-saxonnes en y voyant une « instrumentalisation » de l'enfant que de s'indigner qu'un psychanalyste parle d'enfants comme on parle d'épis de maïs – génétiquement modifiés. Le structuralisme sous-entend-il une chosification du sujet ? Car, si Winter nous met en garde contre la fin de la civilisation, Eliacheff, elle, nous rappelle au détour de son article qu'« un enfant est et restera issu encore pour longtemps d'un homme et d'une femme et pas de deux hommes et de deux femmes[7] ». Le fantasme d'auto-engendrement des homosexuels serait-il si contagieux que les scientifiques aient été contaminés ?

En rédigeant ma thèse, mon ambition était de mettre en lumière la réalité homoparentale, de montrer qu'elle pouvait certes être étudiée au niveau des comportements des enfants ou de leur « bien-être », mais beaucoup plus simplement à un niveau sociodémographique. Et pourtant, si de telles études sont constamment citées sur les plateaux de télévision ou de radio, c'est bien plus souvent pour étayer une idée préconçue qu'à des fins d'observation

6. Voir *supra*, p. 227 et 232.
7. C. Eliacheff, art. cit., p. 75.

objective. Il s'agit dans ces débats de commencer sa phrase avec un : « J'ai ici des études qui prouvent... », et de choisir la suite : soit « que les enfants vont bien, qu'ils ne sont pas plus malades que les autres », si vous êtes plutôt homoparentophile, soit « qu'ils présentent des maladies mentales », si vous êtes plutôt homoparentophobe. Encore une fois, les « pour » et les « contre » tranchent la question en masquant leurs préjugés (« je suis pour ou contre ») derrière une validation scientifique, celle de la question de savoir si les enfants élevés ou conçus par des parents homosexuels « vont bien », si l'homoparentalité entraîne ou non pour eux des séquelles.

Je donnerai ici deux exemples de l'utilisation, on peut dire abusive, qui a été faite de ma thèse. Tout d'abord, elle a été citée dans les conclusions de la commissaire du gouvernement Rousselle devant la cour administrative d'appel de Nancy lors de l'audience plénière du 5 décembre 2000[8], dans une affaire de demande d'adoption par une lesbienne : « Le postulat sur lequel repose le refus d'agrément du président du conseil général est que "c'est avec l'image de ses deux parents que l'enfant se construit". Mais sur quoi repose cette affirmation ? Elle est démentie, par exemple, par des études anglaises et américaines, et en dernier lieu par la thèse du professeur Nadaud. » Outre que je ne suis pas professeur, le travail que j'ai réalisé, s'il donne des indications sur plusieurs points, est loin de démentir l'idée que l'enfant se construit avec « l'image de ses deux parents ». Il s'agit en fait d'une idée bien peu démontrable « scientifiquement ». Cela dit, affirmer de façon péremptoire que l'enfant se construit *exclusivement* avec l'image de ses deux parents est tout aussi contestable.

8. Je remercie le jeune juriste Yves Honhon d'avoir attiré mon attention sur ce fait.

L'autre exemple de « récupération » est fourni par une publication d'extrême droite consultable sur Internet (www.consciencepolitique.org). Mon étude révèle que 41 % des enfants interrogés bénéficient d'un suivi spécialisé (orthophonique, psychologique, etc.). Cette population ne se situant pas, au vu des résultats obtenus aux tests, dans une zone plus pathologique que le reste de la population, nous avons avancé trois explications à ce chiffre, plus important que celui concernant l'ensemble de la population. La première renvoie à l'influence du milieu socio-économique favorisé dans lequel vivent ces enfants : il est connu que, dans les milieux aisés, les parents font plus facilement suivre leurs enfants par des professionnels de la santé mentale. La deuxième explication suppose que, à force de s'entendre dire par des « spécialistes » que leurs enfants sont « symboliquement modifiés » ou qu'ils « n'ont pas accès à l'altérité », les parents homosexuels, dans le doute que ces derniers (qui sont après tout des spécialistes !) n'aient raison, emmènent leurs enfants consulter. La troisième explication pourrait faire intervenir l'impact psychologique de la séparation si l'enfant est né dans un milieu hétéroparental, l'homosexualité du parent ayant souvent tendance à rajouter de l'huile sur le feu : dans ces divorces difficiles, le recours à des « psy » est fréquent. Quoi qu'il en soit, dans un résumé singulièrement succinct, le magazine *on line* cité expliquait que, « jamais en retard pour prendre le train de la décadence, le gouvernement socialo-libéral belge a annoncé à son tour lundi sa volonté de légaliser le mariage homosexuel et l'adoption d'enfants, prévoyant de déposer un projet de loi en ce sens », projet bien évidemment dangereux pour les enfants, la preuve en étant que, « selon le résultat d'une étude effectuée par des médecins, 41 % des enfants élevés par des couples homosexuels en France sont suivis par un psychologue, un orthophoniste ou un psychomotricien, et qu'il n'aura échappé à personne que ce genre d'information est soigneusement occulté par la quasi-totalité des médias aux ordres, lesquels rivalisent au contraire de commentaires louangeurs pour célébrer l'événement». Méditons donc sur l'utilisation des chiffres et des statistiques...

En tout état de cause, les travaux du type de celui que j'ai réalisé sont par bien des côtés difficiles à manier. Si un jeune psychiatre voulait étudier les comportements des enfants conçus ou élevés par des Juifs, on peut imaginer le tollé, probablement justifié, qu'il susciterait. Or les études sur les homosexuels et leurs enfants sont réclamées non seulement par les professionnels (du droit, de la santé, de la politique), mais aussi par les intéressés, qui veulent disposer des arguments nécessaires pour prouver l'« innocuité » du milieu homoparental sur les enfants. Cela laisse songeur... Et cela me fait d'ailleurs penser à ce que l'on entend souvent, à savoir que, tout de même, on ne peut nier que les enfants vivant en milieu homoparental sont « handicapés » par rapport aux autres à l'école, à cause du regard des petits camarades ou même de celui des professionnels de l'Éducation nationale. Je citerai les propos d'un animateur de radio qui, au cours de la préparation d'une émission consacrée à l'homoparentalité, m'expliquait « tout bêtement » que si, en plus, l'enfant était noir (du fait de la possibilité d'adoption d'enfants étrangers), il cumulait les handicaps ! Ne peut-on pas voir au contraire que ces différences, à la condition bien sûr qu'elles soient « accompagnées » par les parents, les professeurs et les adultes en général, peuvent, loin d'être des handicaps, s'avérer de prodigieuses forces pour les enfants ? Des différences irréductibles les unes aux autres qui, dans leur coexistence, s'alimentent, se nourrissent les unes les autres. *Un peu comme la famille et l'homosexualité.*

Probablement l'intérêt principal de ce genre de travaux est-il d'injecter un peu de réalité dans un débat qui, parfois, en manque singulièrement, et de rappeler que derrière l'« homoparentalité » il y a des individus. Gardons donc en tête ce principe fort sage de Canguilhem : « Substituer à un contraste qualitatif une progression quantitative, ce n'est pas pour autant annuler cette opposition. Elle se maintient toujours à l'arrière-plan de la conscience qui a choisi d'adopter le point de vue théorique et métrique[9]. »

Comment s'y retrouver dans les diverses études ?

Les premières études américaines sur la question homoparentale datent du début des années 1970. La pionnière porte sur la description de deux enfants d'homosexuels de sexes opposés à qui l'on avait fait passer des tests psychologiques projectifs pour déterminer chez eux l'existence de troubles de l'identité sexuelle[10]. Les deux enfants présentaient de tels troubles mais les auteurs concluaient à l'impossibilité d'établir un lien entre l'homosexualité des parents et le développement des enfants, la situation familiale de chacun (marquée par un divorce dans les deux cas) pouvant être incriminée. Comme on le voit, la première des données étudiées a en effet été l'orientation sexuelle des enfants d'homosexuels, les chercheurs voulant déterminer si les enfants d'homosexuels avaient ou non plus de « risques » de devenir homosexuels – comme si cette évolution pouvait être analysée comme un risque ! (Rappelons tout de même qu'à cette époque

9. G. Canguilhem, *op. cit.*, p. 66-67.

10. R.B. Weekes, A.P. Derdeyn et M. Langman, « Two cases of children of homosexuals », *Child Psychiatry and Human Development*, n° 6, 1975, p. 26-32.

l'homosexualité faisait encore partie de la classification internationale des maladies mentales[11].) On pourra voir dans cette préoccupation le fantasme d'une transmission, par le biais de l'éducation tout autant que par celui des gènes, de l'homosexualité : l'homosexualité comme maladie contagieuse. Mais ainsi que me le faisait remarquer une mère lesbienne : « Nos parents à nous, homosexuels, étaient bien hétérosexuels ! » La seconde question privilégiée dans ces travaux était celle des abus sexuels : les enfants de parents homosexuels sont-ils plus souvent abusés que les autres par leurs parents et, parmi les enfants qui ont été victimes de sévices sexuels, y en a-t-il beaucoup dont les parents étaient homosexuels ou, plus précisément, dont le père était gay ? Ou quand pédérastie rime avec pédophilie.

Les premières études empiriques sur des échantillons de population datent de la fin des années 1970 et sont pour la plupart américaines. Depuis, leur nombre s'est beaucoup accru, mais leur origine reste essentiellement anglo-saxonne (États-Unis et Royaume-Uni) ou, plus récemment, belge ou hollandaise (deux pays, comme nous l'avons vu plus haut, qui autorisent l'insémination artificielle pour les lesbiennes). Avant que je publie ma thèse, aucune étude n'avait eu pour but de caractériser une population française. Afin d'avoir une vue globale sur ces travaux, on pourra se reporter à une méta-analyse réalisée en 1996[12] – une méta-analyse est un travail scientifique qui consiste à récupérer les données de diverses études déjà réalisées afin de leur faire subir de nouveaux tests statistiques, l'intérêt principal étant d'obtenir ainsi

11. Voir *supra*, p. 88.

12. M. Allen et N. Burrell, « Comparing the impact of homosexual and heterosexual parents on children : meta-analysis of existing research », *Journal of Homosexuality*, vol. 32, n° 2, 1996, p. 19-35.

un échantillon plus important. Cette méta-analyse est intéressante à deux titres, d'abord parce qu'elle nous renseigne sur les études existantes, ensuite parce qu'elle met le doigt sur la difficulté de réaliser une synthèse de ces différents travaux. L'article prend pour point de départ les décisions des différentes cours de justice américaines qui, le plus souvent, limitent le droit de garde ou de visite des parents homosexuels après un divorce. Il reflète ainsi une des destinations premières de ce type d'études, bien souvent réclamées, du moins aux États-Unis, pour éclairer des décisions juridiques (droit de visite, hébergement, adoption, etc.). L'ambition de cette méta-analyse était de faire le point sur les différentes études s'étant intéressées à l'impact de l'homosexualité des parents sur les enfants afin de montrer que les décisions de justice, basées sur le principe selon lequel l'éducation ou la santé psychosociale de l'enfant sont de mauvaise qualité dans un milieu homoparental, ne se fondent en réalité sur aucun fait scientifique. Nous ne rentrerons pas ici dans le détail des études retenues, mais sur 42 travaux recensés, seuls 18 ont été gardés, au sein desquels on peut distinguer deux catégories : ceux pour lesquels les données ont été recueillies auprès des parents ou des adultes en rapport avec l'enfant (les professeurs, par exemple), ceux portant plus spécifiquement sur l'enfant.

Notons d'ores et déjà, et ceci est confirmé par une revue exhaustive de la littérature réalisée par Charlotte Patterson [13], que cette méta-analyse indique qu'aucune des données recueillies auprès des parents, des enseignants ou des enfants ne présente de différence significative entre les

13. Cette somme a été publiée par l'American Psychology Association et traduite en français sous le titre *Petit Guide [bibliographique] à l'usage des familles homoparentales et des autres*, éditée par l'Association des parents et futurs parents gay et lesbiens.

groupes hétérosexuels et les groupes homosexuels. Ce qui ne veut pas dire qu'il n'existe pas de spécificités, bien entendu : lorsque l'on parle d'absence de différences, on parle de différences morbides.

Toutefois les auteurs mettent un bémol à ces conclusions. Sans discréditer tous les résultats de ces travaux, certains éléments doivent nous inciter à triei les données et à ne pas faire dire aux études ce qu'elles ne peuvent pas dire. Une première limite réside dans le fait qu'un petit nombre d'études a été retenu pour réaliser cette méta-analyse, ce qui montre la difficulté de repérer entre elles des points communs permettant d'en faire la synthèse. Les données, que ce soit d'un point de vue qualitatif ou quantitatif, ainsi que les protocoles varient beaucoup d'une étude à une autre. Un autre biais majeur est la taille restreinte des échantillons, qui, contrairement à ce que l'on peut lire çà et là, s'ils permettent de tirer certaines conclusions statistiques (des outils statistiques existent qui permettent de travailler sur de petits échantillons), n'autorisent pas ces études à prétendre à la représentativité (mais la plupart d'entre elles n'ambitionnent de toute façon pas d'être représentatives d'une « population homoparentale » qui reste impossible à circonscrire). Un troisième écueil est la surreprésentation, dans ces études, des Blancs de classe moyenne disposant d'un bon niveau d'éducation : s'explique-t-elle par le recrutement (les homosexuels de milieux favorisés participeraient davantage à ces études) ou laisse-t-elle entendre que la plupart des enfants conçus ou élevés dans un milieu homoparental ne peuvent l'être que parce que leurs parents ont accès à des facilités matérielles et sociales ? Les deux raisons sont probablement intriquées. Une autre difficulté, sur laquelle nous nous sommes largement étendu dans les trois premiers actes, est de savoir ce que l'on peut entendre par « milieu homoparental » (de la configuration de la famille à la définition que l'on donne de l'homosexualité). La plupart des études réalisées avant ces dernières années englobent en effet toutes les familles homoparentales dans une seule et même catégorie, alors que, comme nous l'avons noté, les différences sont importantes. Les études les plus récentes semblent éviter ce biais, et c'est particulièrement flagrant dans le cas de l'étude spécifique des familles de lesbiennes ayant choisi l'aide médicale à la procréation. Charlotte Patterson insiste à juste titre, dans l'un de ses travaux[14], sur le piège consistant à vouloir systématiquement comparer tout ce qui serait de l'ordre d'une famille hétéroparentale d'un côté et tout ce qui serait de l'ordre d'une famille homoparentale de l'autre.

On pourra noter que l'une des principales critiques opposées à mon étude par les médias généralistes (à savoir que l'on ne peut pas tirer grand-chose de données relevées par des membres d'une association militante) n'est pas reconnue comme un biais dans cet article de la presse spécialisée. En effet, toutes les études de ce genre (pas seulement les études concernant les populations homoparentales, mais aussi celles portant sur les autistes, par exemple) trouvent leurs sujets dans des associations, quand elles ne sont pas financées par des laboratoires pharmaceutiques ! La subjectivité des participants est à mettre en rapport avec les tests, dont les protocoles sont censés prendre en compte cette donnée. Ainsi, même si Caroline Eliacheff affirme que « l'honnêteté des parents volontaires qui répondent à des questionnaires standardisés américains n'est pas en cause, sous réserve de prendre en compte (mais comment ?) qu'il s'agit de parents militants ayant à cœur de prouver que leur choix de vie ne nuit pas à l'en-

14. C.J. Patterson, « Children of lesbian and gay parents », *Child Development*, vol. 63, n° 5, 1992, p. 1025-1042.

fant[15] », on notera que cette question de la militance est rarement évoquée au sujet, par exemple, d'un parent d'enfant autiste, qui, la plupart du temps, appartient à une association luttant contre cette maladie, et qui accepte que son enfant participe à une étude.

Afin d'y voir plus clair au sein de tous ces travaux, on peut les classer en deux types différents : ceux qui portent sur la situation des familles homoparentales en général (et sur les parents homosexuels ou les personnes extérieures aux familles face à celles-ci en particulier) ; ceux qui portent spécifiquement sur les enfants de gays et de lesbiennes. Il ne sera pas question pour nous de rentrer dans les détails de chaque étude, mais d'en analyser certaines et de repérer les points qui posent souvent question[16].

Car leur principal avantage, et non le moindre, est de mieux nous faire connaître les réalités des homoparentalités.

Les études portant sur le fonctionnement des familles homoparentales

La première catégorie d'études peut se subdiviser en cinq grands types. Les plus nombreuses s'intéressent aux mères lesbiennes, à leur rapport à l'éducation de l'enfant et à leur couple – notamment à l'impact que peut avoir

15. C. Eliacheff, art. cit., p. 75.

16. On pourra se reporter à la revue de la littérature de C.J. Patterson (*Petit Guide [bibliographique] à l'usage des familles homoparentales et des autres, op. cit.*), à une revue de la littérature québécoise, celle de D. Julien, M. Dube et I. Gagnon, « Le développement des enfants de parents homosexuels comparé à celui des enfants de parents hétérosexuels », *Revue québécoise de psychologie*, vol. 15, n° 3, 1994, ainsi qu'à une revue récente : J. Stacey and T.J. Biblarz, « (How) does the sexual orientation of parents matter ? », *American Sociological Review*, n° 66, 2001, p. 159-183. Le chapitre IV de ma thèse est également une revue de la littérature des articles trouvables en France dans les bibliothèques spécialisées (médecine, sociologie, psychologie).

l'arrivée d'un enfant sur sa dynamique; si certaines études comparent le fonctionnement des familles de mères lesbiennes à celui des familles de mères hétérosexuelles, c'est le plus souvent pour mettre en exergue l'absence de père dans les premières. Le deuxième type d'études analyse le cas plus spécifique des familles de lesbiennes ayant choisi l'aide médicale à la procréation; ces travaux ont tendance à se multiplier car ils sont réalisés par les équipes ayant en charge l'insémination proprement dite (le recrutement et le suivi des sujets sont alors facilités). Le troisième type d'études s'intéresse aux pères gay, à leur façon de vivre ce statut particulier; là encore, les comparaisons avec les familles de pères hétérosexuels ont souvent un but précis, celui d'analyser le rôle éventuel du père dans l'orientation sexuelle de l'enfant. Les travaux du quatrième type se centrent sur l'étude des personnes extérieures au foyer homoparental et sur leur attitude face à celui-ci, qu'il s'agisse des camarades de classe de l'enfant, des pédiatres, des adultes en général ou même, et l'on est alors dans le cadre familial élargi, des grands-parents. On citera enfin, comme cinquième et dernier type, les études portant sur le risque d'abus sexuel pour les enfants élevés dans les familles homoparentales, travaux que nous avons déjà évoqués.

Avant d'analyser de plus près ces cinq types d'études, il faut dire un mot de l'article de l'Américain Parks, qui condense assez bien les travaux sur les motivations qui poussent les parents homosexuels à avoir des enfants dans un contexte homoparental [17]. Il n'est pas question ici de revenir sur la question du désir d'enfant mais d'appréhender d'un point de vue pragmatique la façon dont les gays ou les lesbiennes deviennent parents dans un contexte homosexuel. De ce travail il découle que les motivations

17. C.A. Parks, « Lesbian parenthood : a review of the literature », *American Journal of Orthopsychiatry*, vol. 68, n° 3, 1998, p. 376-389.

semblent être les mêmes pour les homosexuels et pour les hétérosexuels, mais que les premiers ont deux préoccupations qui leur sont propres : ce que les auteurs nomment l'« homophobie internalisée » – la question que se posent les lesbiennes de savoir si elles peuvent avoir des enfants, si ce n'est pas dangereux pour ces derniers, pour la société, etc. – et l'attitude sociale et religieuse de l'« obligation d'être sans enfant » – l'idée que lesbianisme et maternité sont inconciliables, la vieille notion de « la stérilité de l'homosexualité ». Un autre point distingue naturellement les couples homosexuels des couples hétérosexuels : il s'agit du choix du mode d'arrivée de l'enfant : celui-ci amène les futurs parents homosexuels à se poser des questions pratiques, financières, légales, émotionnelles et éthiques particulières, questionnements dans lesquels ils peuvent être guidés par les conseils et les supports de la communauté homosexuelle (laquelle accepte avec une plus ou moins grande facilité l'homoparentalité : bien des gays et des lesbiennes reprochent aux parents homosexuels de « singer les hétéros » !), et plus précisément des associations (le rôle de l'APGL en France est essentiel dans la réalisation des projets de coparentalité, de demande d'adoption ou d'insémination à l'étranger). Le fait de vivre seul ou en couple, la position de la famille sur la question et le milieu d'origine jouent également un rôle important. Certaines études [18] montrent par exemple la complexité du planning et l'attention particulière qu'il requiert d'une lesbienne voulant avoir recours à l'insémination. Le chemin qui mène à la parentalité est de toute façon souvent très sinueux, bien plus en tout cas qu'un « simple » rapport sexuel.

18. Voir par exemple l'étude de N. Gartrell *et al.*, « The national lesbian family study : 1. Interviews with prospective mothers », *American Journal of Orthopsychiatry*, vol. 66, n° 2, 1996, p. 272-281.

Revenons maintenant aux cinq champs d'études décrits plus haut en sélectionnant, pour chacun, quelques travaux significatifs afin de les analyser et de les critiquer.

Les études concernant les mères lesbiennes

Les études sur les mères lesbiennes sont beaucoup plus nombreuses que celles sur les pères gay, et il y a deux raisons à cela : tout d'abord, dans les familles homoparentales où l'enfant est né dans un contexte hétérosexuel avant qu'il y ait rupture et acceptation de son homosexualité par un des parents, la garde est généralement donnée à la mère; ensuite, on voit se multiplier les naissances d'enfants de lesbiennes (le plus souvent en couple) grâce à l'insémination artificielle.

Certaines études se penchent plus particulièrement sur les relations dans le couple; le plus souvent elles comparent soit les relations entre les deux lesbiennes dans un couple avec et dans un couple sans enfants, soit les relations de couple dans les familles hétérosexuelles «classiques» et dans les familles de lesbiennes avec enfant. Que les travaux notent une amélioration de la qualité des relations affectives et sexuelles du couple ou au contraire une aggravation, l'arrivée d'un enfant dans un couple de lesbiennes a toujours sur lui une répercussion notable[19]. Les études insistent cependant sur le fait que les lesbiennes en couple ou seules sont confrontées aux mêmes difficultés et subissent autant que les femmes hétérosexuelles les conséquences du désavantage

19. Parks, dans son article «Lesbian parenthood : a review of the literature» (art. cit.), oppose deux études contradictoires et explique les écarts dans les conclusions par les différents modes de conception et la longévité variable des couples étudiés.

économique lié à la condition féminine (perte de la sécurité économique après un divorce, salaire inférieur à travail égal, etc.). Ainsi, la complexité de l'attribution du droit de garde ou encore l'insécurité économique seraient plus le fait de la maternité que de l'homosexualité de la mère[20].

On constate que l'étude des couples de lesbiennes est aujourd'hui beaucoup plus précise. Une étude récente analyse ainsi la structure familiale lesbienne sur la durée[21] et s'intéresse au « divorce » chez les lesbiennes, en insistant sur l'ambiguïté de la loi américaine face au statut de la femme qui n'est pas la mère légale (la « mère sociale ») par rapport à l'enfant de sa conjointe – au mieux reconnu de manière floue, non reconnu dans la plupart des cas – et sur les effets de cette situation sur l'enfant, par exemple au niveau des droits de visite, naturellement difficiles à fixer en dehors de tout cadre légal, surtout si le couple se déchire. Notons qu'il existe une revue des situations concernant l'aspect légal de la garde des enfants après une séparation aux États-Unis[22] et qu'elle indique que, lorsque la mère n'est pas reconnue légalement (si elle n'a pas adopté l'enfant biologique de sa conjointe comme cela est possible dans certains États), ses droits sont nuls et la rupture avec l'enfant est le plus souvent la règle. La situation en France est similaire, même si la nouvelle jurisprudence de Bressuire indique qu'un changement de direction peut s'opérer[23].

Charlotte Patterson, qui a beaucoup travaillé sur ces questions, est l'une des premières à avoir utilisé le terme

20. Cela est assez bien analysé par E. Zacks, R. Green et J. Marrow, « Comparing lesbian and heterosexual couples on the circumplex model : an initial investigation », *Familly Process*, vol. 27, n° 4, 1988, p. 471-483.

21. S.B. Morton, « Lesbian divorce », *American Journal of Orthopsychiatry*, vol. 68, n° 3, 1998, p. 410-419

22. D.L. Chambers, « Lesbian divorce : a commentary on the legal issues », *American Journal of Orthopsychiatry*, vol. 68, n° 3, 1998, p. 420-423.

23. Voir *supra*, p. 148.

lesbian baby boom dans un article qui analyse le rôle respectif de chaque mère lesbienne, distinguant celle qui apporte à l'enfant des soins « directs » (à l'intérieur du foyer) et celle qui lui prodigue des soins « indirects » (en travaillant à l'extérieur et en ramenant de l'argent à la maison). Le rapprochement avec les couples homme/femme n'est pas anodin dans ce genre de travaux, inspirés bien sûr des études sur la notion de genre[24] : on peut y lire en filigrane la question de savoir si deux personnes de même sexe ont, au sein de leur couple, des comportements distincts, que l'on pourrait rapprocher d'un genre ou de l'autre (prendre soin de l'enfant pour le côté féminin, travailler afin d'assurer la subsistance du foyer pour le côté masculin). L'auteur souligne que, dans les familles hétérosexuelles où règne un tant soit peu ce type de répartition des tâches, celle-ci est équilibrée lorsque le couple est sans enfant et semble s'accentuer avec l'arrivée d'un enfant. Patterson commence donc par passer en revue les études portant sur les lesbiennes en couple, études qui montrent que les deux membres du couple se répartissent généralement les tâches de façon équilibrée. Parallèlement, l'auteur relève la similitude qui existe entre les couples hétérosexuels et lesbiens concernant la satisfaction éprouvée lorsque la répartition des tâches est équilibrée. Il semblerait que, dans ce travail, l'adaptation sociale de l'enfant soit précisément corrélée avec une répartition équilibrée entre le père et la mère. Dans un couple de lesbiennes, l'auteur remarque que plus la mère biologique a une attitude « paternelle » et la mère sociale une attitude « maternelle », plus grande est la satisfaction du couple et meilleur l'ajus-

24. C.J. Patterson, « Families of the lesbian baby boom : parent's division of labor and children's adjustement », *Developmental Psychology*, vol. 31, n° 1, 1995, p. 115-123. Sur la question du genre, on pourra se reporter au deuxième acte et notamment aux travaux de Judith Butler (voir *supra*, p. 116).

tement social de l'enfant. Il faut bien sûr interpréter prudemment ces résultats, le schéma père/mère/enfant restant le système de référence de nos sociétés. Ainsi, l'un des intérêts de ce travail est de montrer que la répartition des tâches et la satisfaction qui en découle sont liées à la position de la mère biologique et à celle de la mère sociale : les résultats indiquent en effet que les mères biologiques ont une attitude plus centrée sur les soins apportés à l'enfant et les mères sociales sur les tâches extérieures. C'est d'ailleurs ce que reflète leur idéal de répartition des tâches, les mères biologiques se reconnaissant dans une attitude plus « paternelle » (relation de soin « indirect » avec l'enfant) et les mères sociales dans une attitude plus « maternelle » (relation de soin « direct » avec l'enfant). Si cette étude a le mérite d'envisager le couple de lesbiennes dans une dimension de couple au sens large, ici plus qu'ailleurs le biais du recrutement de la population étudiée rend toute extrapolation hasardeuse : le fait d'être lesbienne, intellectuelle et issue d'un milieu social favorisé a forcément une répercussion sur la répartition des tâches, que l'on imagine différente dans les milieux populaires.

Nombre d'études tentent de cerner la qualité de la relation entre les mères lesbiennes, qu'il s'agisse des mères « légales » (le plus souvent les mères biologiques) ou des « secondes mères » (les mères sociales), et leur enfant. Elles relèvent souvent que beaucoup de lesbiennes ayant des enfants passent simplement pour des mères célibataires (pour éviter toute stigmatisation), mais que cela influe tant sur l'estime de soi et sur l'acceptation de son homosexualité que sur le rapport à l'enfant et la qualité du lien (la mère se faisant passer pour ce qu'elle n'est pas). Certains auteurs insistent sur l'importance d'un cadre de reconnaissance sociale qui « normaliserait » ces situations, à l'image du Pacs en France, et l'observation des couples qui l'ont contracté depuis maintenant deux ans semble aller dans ce sens. Ces mêmes auteurs notent néanmoins que de telles reconnaissances publiques tendraient à stigmatiser les couples ne recourant pas à ce type de contrat. Il convient de rester prudent vis-à-vis des travaux qui étudient la relation entre la mère et l'enfant, les attitudes parentales étant particulièrement difficiles à évaluer à l'aide d'échelles standardisées. Une étude belge récente[25] a montré que, dans les familles lesbiennes, les enfants regardent tout autant la mère biologique que la mère sociale comme membres de la famille et disent ne pas avoir de père (sous-entendu pas de père qui s'occupe d'eux, ce terme ne devant pas être pris au sens biologique ou symbolique). Sur les 30 enfants étudiés, 18 donnent à la mère sociale un nom équivalant à celui de «mère» et 12 l'appellent par son prénom ou par un «petit nom d'amour». Tous les enfants attribuent le sexe féminin à chacune des deux mères. Cette étude, qui compare des enfants élevés par deux lesbiennes à d'autres élevés par un père et une mère, remarque que tous associent davantage de sentiments positifs à la mère biologique qu'à l'autre parent (que celui-ci soit la mère sociale ou le père), le sexe de l'enfant ne semblant pas être un facteur discriminant. Ces résultats ne sont pas sans rappeler ceux de Patterson sur la répartition des tâches. Et, de fait, la plupart des travaux notent, *dans les couples de lesbiennes, tant au niveau de leurs tâches respectives qu'à celui des marques d'affection de l'enfant à leur endroit, une différenciation similaire à celle observée chez les couples hétérosexuels.*

Citons encore l'existence de travaux ayant pour but d'évaluer l'influence du fait d'être lesbienne sur la capa-

25. Elle a été réalisée par une équipe belge qui travaille sur l'insémination artificielle chez les lesbiennes : A. Brewaeys, K. Vanfraussen et I. Ponjaert-Kristoffersen, «Insémination artificielle : le fonctionnement familial et le développement des enfants dans des familles de mères lesbiennes», in *Homoparentalités : état des lieux, op. cit.*

cité à être mère. Le problème est ici celui de la validité des outils d'évaluation[26].

D'autres études s'intéressent à la façon dont les lesbiennes abordent la question de la sexualité avec leurs enfants. Aux États-Unis, des livres, des bandes dessinées, des films donnent des conseils pour parler de sexualité avec les enfants : le nombre de ces supports et la multiplication des travaux sur ce thème montrent à quel point est aiguë la préoccupation concernant les mères lesbiennes et leur situation face à ce problème. Une étude au titre assez poétique – « Des oiseaux, des abeilles... et des banques de sperme[27] » – traite plus spécifiquement cette question. Portant sur 26 mères lesbiennes, elle s'intéresse à la façon dont celles-ci envisagent l'éducation sexuelle de leurs enfants. Il leur est demandé, au cours d'entretiens semi-structurés (c'est-à-dire en partie guidés par l'évaluateur), de préciser leurs intérêts, leurs échelles de valeurs et leurs espoirs quant à cet aspect de l'éducation de leur enfant. L'idée est de découvrir en quels termes les lesbiennes, « dont le sexe homosexuel n'est pas apte à la reproduction » (*sic*!), parlent de celle-ci à leurs enfants, et quelle part de leur propre sexualité est impliquée dans ce discours. Le recrutement s'est fait par tracts et par bouche à oreille. Comme dans la plupart des études, la majorité des participantes sont blanches et

26. Citons par exemple l'étude de B.M. Mucklow et G.K. Phelan, « Lesbian and traditional mothers' responses to adult response to child behavior and self-concept », *Psychological Report*, vol. 44, n° 3, part. 1, 1979, p. 880-882. Une échelle utilisée est l'*Adult Responses to Child Behavior*, un questionnaire rempli par la mère et décrivant des comportements d'enfants et la réaction possible de l'adulte face à eux. Trois types d'attitudes en sont extraits : l'« attitude centrée sur l'adulte », l'« attitude centrée sur la tâche » et l'« attitude centrée sur l'enfant » (par exemple, un adulte qui interagit avec un enfant affairé sur une tâche centre son action soit sur ce que lui-même désire, soit sur la tâche effectuée, soit sur ce que l'enfant désire).

27. V. Mitchell, « The birds, the bees... and the sperm banks : how lesbian mothers talk with their children about sex and reproduction », *American Journal of Orthopsychiatry*, vol. 68, n° 3, 1998, p. 400-409.

issues de classes aisées. Les enfants, 15 garçons et 12 filles âgés de 4 à 24 ans, ont été conçus pour les deux tiers d'entre eux par insémination (donneur connu ou inconnu, insémination artificielle ou artisanale), pour un quart par relation hétérosexuelle, les autres ayant été adoptés.

Les résultats de l'étude sont assez étonnants. Les mots désignant les parties sexuelles semblent être très facilement utilisés par les mères dans le but avoué de protéger l'enfant d'éventuelles agressions sexuelles. La question de la reproduction est ouvertement abordée par toutes les femmes de l'échantillon (sauf un couple), qui attendent en général que l'enfant en parle le premier. Pour expliquer à ce dernier son origine, les femmes interrogées se centrent sur la rencontre entre le sperme et l'œuf, expliquant que, même si le père biologique n'est physiquement plus là, il a donné sa semence : *aucune d'entre elles n'élude la nécessaire contribution de l'homme dans la conception.* La connaissance et la rencontre des parents homosexuels confirment cet état de fait et rendent absurdes les propos sur la volonté (tout au moins consciente) d'auto-engendrement des gays et des lesbiennes, sur lesquels nous nous sommes déjà étendu. Quant au couple qui se sent mal à l'aise pour aborder la question de la sexualité, il s'agit d'un cas d'insémination artisanale où le donneur, inconnu lors de l'étude, est susceptible de se révéler à n'importe quel moment; en parler reviendrait pour ces deux femmes à « ouvrir la boîte de Pandore ». Les mères étudiées font constamment référence au couple homme/femme dans les lectures, les jeux, etc. Elles parlent facilement de leur homosexualité et la plupart d'entre elles notent chez leur enfant une certaine fierté à avoir deux mamans. Néanmoins, toutes décrivent un moment où l'enfant est confronté à une personne extérieure qui lui renvoie l'image d'une famille « atypique », et ce moment est le plus souvent vécu assez péniblement. (Il est intéressant à ce sujet de souligner que ces familles vivent, pour la plupart, dans ce que les auteurs appellent des « îlots de tolérance », c'est-à-dire des quartiers ou des villes plutôt tolérants envers l'homosexualité.) L'étude indique enfin que la majorité des femmes ont donné à leur enfant une définition des termes « gay » et « lesbienne ».

Globalement, il ressort de ce travail que les mères étudiées sont très attentives à ne pas frustrer leur enfant au niveau sexuel (notamment en ce qui concerne la masturbation), et qu'elles expriment toutes une absence de désir concernant sa future orientation sexuelle. Si l'étude ne prétend naturellement pas être représentative de la population générale des mères lesbiennes, elle a le mérite de tenter une approche plus « humanisée » des rapports entre ces mères et leur enfant que celle proposée par les échelles habituellement utilisées. Il semblerait qu'une attention particulière, dans l'éducation en général (sexuelle ou non), soit l'apprentissage de la tolérance. Les auteurs notent néanmoins qu'une telle caractéristique serait sans doute observable dans des études portant sur d'autres populations « stigmatisées » (Noirs américains, Juifs, etc.) vivant en minorité, et certains travaux qui s'intéressent à la question du communautarisme confirment cette intuition [28].

Les familles de lesbiennes ayant choisi l'insémination artificielle

Si les premières études séparaient les familles homoparentales en deux catégories, celles composées de pères gay et celles composées de mères lesbiennes, aujourd'hui les chercheurs sont de plus en plus nombreux à considérer que

28. I. Crawford et E. Solliday, « The attitudes of undergraduate college students toward gay parenting », *Journal of Homosexuality*, vol. 30, n° 4, 1996, p. 63-77.

les familles homoparentales sont extrêmement diverses, et ne se distinguent pas uniquement par le sexe du ou des parents. Ainsi les populations étudiées sont de plus en plus spécifiques et les travaux se centrent sur certains types de familles homoparentales, par exemple celles dont l'enfant a été conçu par insémination artificielle[29]. L'étude des familles de lesbiennes ayant eu recours à l'aide médicale à la procréation est plus simple, d'abord parce que l'homogénéité de la population étudiée est assurée, ensuite parce qu'une telle étude peut être gérée par les centres qui pratiquent l'insémination.

Bien que ces travaux s'intéressent surtout au développement des enfants – nous en reparlerons plus loin –, ils relèvent certains traits propres aux lesbiennes ayant recours à l'insémination seules ou en couple. Tout d'abord, ce mode de conception reste cher (et nécessite, lorsqu'il est interdit dans son propre pays, comme en France, des voyages à l'étranger), ce qui entraîne un biais encore plus important dans le recrutement. Ensuite, le projet étant longuement réfléchi et élaboré en raison des délais et des consultations préliminaires (comme pour l'adoption), il peut être plus facilement analysé.

Les études sur les lesbiennes ayant recours à l'insémination artificielle tournent autour de deux points : l'un commun avec les femmes hétérosexuelles seules, à savoir l'absence d'un père (du moins d'un père connu lorsque, et c'est le cas le plus fréquent, le donneur est anonyme), l'autre propre aux lesbiennes en couple, à savoir que l'enfant a deux mères, dont une avec laquelle il n'a aucun lien biologique et, la plupart du temps, aucun lien légal.

Un premier groupe d'études s'intéresse aux lesbiennes, seules ou en couple, qui sont en demande d'insémination

29. On pourra citer les travaux de Susan Golombok au Royaume-Uni ou encore ceux d'Anne Brewaeys et de Patricia Baetens en Belgique.

artificielle et n'ont donc pas encore d'enfants : l'équipe de Patricia Baetens travaille depuis plusieurs années sur cette population dans un centre proposant une aide médicale à la procréation aux couples de lesbiennes. L'évaluation se fait sur trois niveaux : le fonctionnement individuel de chacun des membres du couple, le fonctionnement familial et enfin le fonctionnement du couple. L'étude que nous allons décrire ici[30] consiste en des entretiens semi-structurés avec 95 couples de lesbiennes belges. Précisons qu'en 1996 les couples français ayant présenté une demande à ce centre (au nombre de 46) étaient plus nombreux que les couples belges. L'âge moyen des futures mères biologiques (celles qui seront inséminées) est de 30 ans, celui des futures mères sociales de 34 ans. La plupart de ces femmes se considèrent comme homosexuelles (avec un plus grand pourcentage pour les futures mères sociales), quelques-unes comme bisexuelles (avec un plus grand pourcentage pour les futures mères biologiques). La durée moyenne de cohabitation des couples est de cinq ans et la majorité d'entre eux sont sans enfant. Ils habitent le plus souvent des villages ou des villes moyennes.

L'étude souligne que le désir d'enfant est plus ancien, et cela de manière significative, chez les futures mères biologiques que chez les futures mères sociales. Le choix de la femme qui sera la mère biologique est d'ailleurs toujours le fruit d'une concertation qui privilégie celle ayant le plus grand désir de grossesse. En ce qui concerne l'organisation familiale, la moitié des femmes pensent qu'elles se considéreront comme « mères » de l'enfant à part entière, un peu moins de la moitié que, même s'il s'avère que les rôles d'éducation et de maternage sont quasiment identiques, la mère biologique sera la « mère », et un nombre négligeable de fem-

30. T. Lenie, P. Baetens et I. Ponjaert-Kristoffersen, « Une étude sur les demandes pour insémination artificielle avec sperme de donneur (IAD) chez les couples homosexuels féminins », in *Homoparentalités : état des lieux*, *op. cit.*

mes que seule la mère biologique peut être la « mère », tant en termes d'identité que de rôle, l'idée étant qu'un enfant ne peut avoir qu'un seul référent maternel. Pour la moitié des femmes interrogées le futur enfant pourrait appeler la mère sociale par un synonyme de « maman », pour l'autre moitié par son prénom ou par un petit nom. Un fait paradoxal montre la difficulté de penser, au-delà de l'homoparentalité, l'insémination en elle-même : bien qu'un tiers des femmes estime que l'absence de père pourrait constituer un problème, une grosse majorité préfère l'anonymat total du donneur. Enfin notons que 84 femmes sur 95 ont été admises pour une insémination artificielle, 5 refusées et 6 en attente. La question de l'évaluation des futures mères par insémination n'est pas sans rappeler les problèmes liés à l'agrément pour une adoption : si certaines équipes considèrent la vie de couple comme un facteur de stabilité indispensable, d'autres jugent ce critère peu opérant et acceptent les demandes formulées par des lesbiennes célibataires[31].

Une étude américaine sur l'insémination artificielle a le mérite de comparer les données pour des femmes seules ou en couple, lesbiennes ou hétérosexuelles[32]. Cent quinze femmes (75 femmes hétérosexuelles mariées, 19 femmes seules, 16 lesbiennes en couple et 5 hétérosexuelles non mariées) ont répondu à des questionnaires portant sur des données sociodémographiques, mais aussi sur le cursus

31. Cette enquête confirme les travaux réguliers faits par cette équipe depuis plusieurs années : A. Brewaeys *et al.*, « Counselling and selection of homosexual couples in fertility treatment », *Human Reproduction*, vol. 4, n° 7, 1989, p. 850-853. P. Baetens *et al.*, « PMA et nouvelles formes de familles, une étude sur les inséminations artificielles de femmes seules et homosexuelles », *Thérapies familiales*, Genève, vol. 17, n° 1, 1996, p. 51-60. D'autres centres belges retrouvent les mêmes données : Y. Englert, « Artificial insemination of single women and lesbian women with donor semen. Artificial insemination with donor semen : particular requests », *Human Reproduction*, vol. 9, n° 11, 1994, p. 1969-1971.

32. C.L. Wendland, F. Burn et C. Hill, « Donor insemination : a comparison of lesbian couples, heterosexual couples and single women », *Fertility Sterility*, vol. 65, n° 4, 1996, p. 764-770.

menant à l'insémination artificielle, leurs motivations et leurs désirs. Il en est ressorti que l'âge, le niveau d'éducation et la longévité du couple (pour celles vivant en couple) sont identiques pour les lesbiennes et les femmes hétérosexuelles. Si les données recueillies pour les lesbiennes sont superposables aux études belges que nous venons de décrire, il s'avère que les femmes hétérosexuelles, elles, envisagent plus facilement le recours à l'adoption et semblent moins faire appel au soutien de leur entourage en cas d'insémination artificielle. Elles sont aussi plus nombreuses que les lesbiennes à vouloir l'anonymat total du donneur, et ce dernier point souligne combien est centrale, chez les lesbiennes qui veulent devenir mères, la réflexion autour de la présence du père. Si cette étude est importante, car l'une des rares à faire ce type de comparaisons entre femmes lesbiennes et femmes hétérosexuelles en demande d'insémination, elle présente deux biais de taille : les lesbiennes sont largement moins nombreuses que les femmes hétérosexuelles ; le taux de réponses des lesbiennes interrogées avoisine 80 %, alors qu'il est à peine de 50 % pour les femmes hétérosexuelles. Une fois de plus, les données ont beau être intéressantes, elles n'ont de signification que rapportées au protocole utilisé.

Un deuxième groupe d'études analyse le fonctionnement des familles de lesbiennes ayant eu un enfant par insémination artificielle. Ces travaux sont tout à fait comparables dans leur forme à ceux décrits pour les mères lesbiennes. Les études de Susan Golombok en Angleterre[33] indiquent que

33. S. Golombok, A. Spencer et M. Rutter, « Children in lesbian and single-parent housholds : psychosexual and psychiatric appraisal », *Journal of Child Psychology and Psychiatry*, vol. 24, 1983, p. 551-572 ; S. Golombok et F. Tasker, « Donor insemination for single heterosexual and lesbian women : issues concerning the welfare of the child », *Human Reproduction*, vol. 9, nº 11, 1994, p. 1972-1976.

les capacités de *parenting*, la chaleur et la capacité d'être maternante et rassurante semblent être les mêmes chez les couples de lesbiennes et les couples hétérosexuels.

Récemment, une étude significative de la méthodologie et des résultats propres à ces travaux a été réalisée par l'équipe belge dont nous parlions plus haut[34]. Elle porte sur 30 familles de lesbiennes ayant eu un enfant par insémination (âgé de 4 à 8 ans au moment de l'étude), sur 38 familles hétérosexuelles ayant eu également un enfant par insémination artificielle et sur 30 familles hétérosexuelles ayant eu un enfant par rapport sexuel. L'étude ne révèle pas de différences entre les trois groupes au niveau de la qualité des relations entre les parents (mesurée par un questionnaire que nous ne décrirons pas ici). La qualité des relations parents/enfant est évaluée par des entretiens semi-structurés et s'avère très différente entre les mères sociales et les pères : ces derniers (tant dans le groupe hétérosexuel/insémination que dans le groupe hétérosexuel/rapport sexuel) semblent avoir avec leur enfant une relation de qualité moindre. Les relations des enfants avec leur mère biologique sont, elles, similaires dans les trois groupes. Gardons-nous tout de même d'en tirer des conclusions trop hâtives compte tenu de la difficulté à évaluer ces interactions dont nous parlions plus haut. En ce qui concerne la division des tâches en activités de soin de l'enfant et activités extérieures, il semble que les mères biologiques lesbiennes exercent plus souvent une activité professionnelle que les mères biologiques hétérosexuelles, le mode de procréation de l'enfant (insémination ou rapport sexuel) n'ayant pas d'incidence. En revanche, la fréquence de l'activité professionnelle ne diffère pas de

34. A. Brewaeys, I. Ponjaert-Kristoffersen, E.V. Van Hall et S. Golombok, « Donor insemination : child development and family functioning in lesbian mother families », *Human Reprodution*, vol. 12, n° 6, 1997, p. 1349-1359.

façon significative entre les mères sociales et les pères, quoique les premières manifestent une tendance plus affirmée au maternage (données qui vont à l'encontre des résultats de l'étude de Patterson[35]). Notons enfin que les mères sociales semblent plus préoccupées que les pères par la discipline. Quant à la perception des parents par l'enfant, il semblerait que, dans les familles lesbiennes, celui-ci désigne les deux femmes comme ses parents, la mère sociale étant un « parent comme le père », et, dans les familles hétérosexuelles, qu'il désigne le père et la mère comme ses parents.

Cette étude, avec sa méthodologie solide, est jusqu'à aujourd'hui la plus informative sur le fonctionnement des familles de lesbiennes ayant choisi une insémination artificielle. Ses résultats confirment d'ailleurs un travail réalisé par la même équipe deux ans plus tôt, mais non comparatif et portant uniquement sur les familles de lesbiennes ayant eu un enfant par insémination[36].

L'étude des pères gay

Les études qui s'intéressent aux pères gay sont nettement moins nombreuses que celles portant sur les mères lesbiennes. La raison principale est la même, en miroir, que celle évoquée plus haut : les pères gay ont moins souvent la garde des enfants que les femmes après un divorce ; l'idée d'un lien entre abus sexuel et homosexualité est en effet plus souvent formulée à propos des gays que des lesbiennes, ce

35. Voir *supra*, p. 255-256. Les écarts de résultats entre différentes études nous invitent, plutôt qu'à mettre en doute leur validité, à comparer les protocoles de recherche.

36. A. Brewaeys *et al.*, « Lesbian mothers who conceived after donor insemination : a follow-up study », *Human Reproduction*, vol. 10, n° 10, 1995, p. 2731-2735.

qui peut expliquer la frilosité des juges. Notons à titre indicatif que certains chercheurs, comme Charlotte Patterson, ont remarqué qu'après un divorce les enfants gardés par leur mère lesbienne voyaient plus souvent leur père que ceux gardés par une mère hétérosexuelle. La majorité des articles traite essentiellement de la parentalité gay dans le cadre de réflexions sur l'identité du père gay. Ils sont souvent étayés par des entretiens, les études empiriques sur cette population étant en revanche négligées[37].

Gill Dunne, une chercheuse anglaise, s'est particulièrement intéressée à l'identité de père gay et a recueilli de nombreux entretiens. Dans une étude[38] portant sur 94 pères gay, elle souligne la diversité des paternités gay et recense six situations : les pères sociaux, conjoints d'un père biologique (8,5 % de son échantillon) ; les pères d'accueil après une adoption (13,7 %) ; les donneurs connus dans le cadre d'une coparentalité (14,7 %) ; les pères ayant fait appel à une mère de substitution (4,2 %) ; les pères mariés, qui sont habituellement exclus de l'homoparentalité et ici probablement sous-estimés (9 %) ; enfin les pères divorcés (37,9 %). Ce travail présente notamment l'intérêt d'étudier les pères mariés et leur vécu : l'auteur note par exemple que plus de la moitié des 9 pères de famille mariés et homosexuels (bisexuels ?) interrogés ont déclaré leur homosexualité à leur compagne (mais, sans compter que l'échantillon est très réduit, il est évident que les pères ayant accepté de répondre sont déjà dans une démarche de reconnaissance de leur homosexualité), et que 7 déclarent être amoureux de leur femme. En ce qui concerne la relation entre les 36 pères gay divorcés et leur ex-femme, plus

37. On peut citer celle de B.E. Robinson et P. Skeen, « Sex-role orientation of gay fathers versus gay nonfathers », *Perception and Motor Skills*, vol. 55, n° 3, part. 2, 1982, p. 1055-1059.

38. G.A. Dunne, « Les différentes dimensions de la paternité gay », in *Homoparentalités : état des lieux*, *op. cit.*

de 75 % d'entre eux déclarent qu'elle est plutôt satisfaisante. La répartition entre garde totale et garde alternée est à peu près équitable. Tous n'ont pas un accès facile à l'enfant, et un tiers ont avec leur ex-femme des relations très conflictuelles qui rendent les visites et les gardes compliquées. Parmi les pères ayant eu recours à l'adoption, l'auteur note que la plupart sont en couple de longue date et qu'ils sont souvent travailleurs sociaux. Soixante pour cent des pères inscrits dans un projet de coparentalité assument un rôle parental actif (qui varie d'une nuit par semaine à la garde alternée), ce qui ne correspond pas au rôle limité du *kindly uncle* (« gentil tonton », selon les termes de Dunne) dans lequel voudraient souvent les enfermer les lesbiennes interrogées. Tous (sauf un) décrivent d'excellentes relations entre les différents coparents, un état de fait que l'auteur explique par la construction d'un projet (correspondant à la charte de coparentalité de l'APGL[39]). Dunne conclut son article en montrant que l'arrivée de l'enfant a profondément bouleversé la vie de la plupart des pères, notamment en ce qui concerne le vécu de leur homosexualité, et en interrogeant l'idée reçue selon laquelle les gays ne sont pas capables d'assumer pleinement ou de façon égalitaire l'éducation ou le maternage des enfants.

Frederick Bozett, un autre auteur qui s'est beaucoup intéressé aux pères gay, étudie 18 d'entre eux dans un article de 1981[40], en axant ses réflexions sur, d'un côté, le « monde des pères » et, de l'autre, le « monde des gays » : l'idée est que le travail psychique d'un père gay est double puisqu'il consiste à construire à la fois son identité de père et son identité de gay, *a priori* contradictoires car l'une est perçue positivement et l'autre négativement par la société.

---

39. Voir *supra*, p. 142.

40. F.W. Bozett, « Gay fathers : evolution of the gay-father identity », *American Journal of Orthopsychiatry*, vol. 51, n° 3, 1981, p. 552-559.

L'étude repose sur des entretiens soutenus avec ces pères (âgés de 18 à 51 ans), un tiers d'entre eux vivant avec leur enfant. L'auteur note que les hommes qui ont vécu leur homosexualité avant la naissance de l'enfant semblent mieux à même de concilier ces deux identités, de « positiver » leur homosexualité au regard de leur paternité. En revanche, l'homosexualité reconnue après la paternité est perçue comme difficilement compatible avec l'identité paternelle. Bozett montre en effet que ces hommes doivent non seulement renverser les stéréotypes négatifs sur l'homosexualité, mais aussi désinstituer la catégorie cognitive d'hétérosexuel liée au fait d'être père, dissocier de la paternité l'image hétérosexuelle qui lui est automatiquement superposée. La résolution de cette problématique passerait selon lui par deux étapes : l'expérience de relations homosexuelles et le *coming out*. Ce dernier permettrait d'opposer au fantasme de l'éclatement familial dû à l'homosexualité déclarée la réalité de son acceptation (qui, pour les pères interrogés, est plutôt bonne – il est à noter que la plupart des pères gay ont révélé leur homosexualité à leur enfant). Les relations homosexuelles et la confrontation avec le monde gay seraient comparables au *coming out* familial mais au niveau des pairs homosexuels (bien que les pères décrivent tous un « milieu » homosexuel où les gays sont souvent seuls, valorisant la jeunesse et la liberté – notamment celle de ne pas être lié à un enfant, ce qui tendrait à stigmatiser le père homosexuel –, ils considèrent le contact avec ce milieu comme une expérience positive). La coexistence de l'identité de père et de l'identité de gay serait ainsi autorisée par cette double démarche : la famille reconnaît désormais le père comme homosexuel et la communauté homosexuelle le reconnaît comme père.

À côté de ces articles, qui sont en fait des entretiens plus ou moins standardisés avec des pères gay, les études portant sur des familles homoparentales constituées autour de pères gay effectuent deux types de comparaisons : celle entre les pères gay et les gays non parents (elles se centrent alors souvent sur l'identité de genre des pères gay), celle entre les pères gay et les pères hétérosexuels (notamment en ce qui concerne les compétences parentales).

Une étude représentative de la première catégorie compare 30 pères gay à 30 gays non parents, en s'intéressant à leurs antécédents familiaux[41]. Les auteurs relèvent par exemple l'importance de la relation père/fils chez les répondants qui ont vécu leur enfance dans un foyer uni, même si les relations avec la mère sont perçues comme légèrement meilleures que celles avec le père. Les répondants eux-mêmes considèrent ces relations comme positives et adaptées. L'étude est significative du questionnement central à propos des pères gay, celui sur leur identité de genre et leurs comportements sexuels, l'idée étant de savoir si le préjugé selon lequel les pères gay sont plus masculins que les gays en général est fondé. Elle fait suite à de nombreuses études américaines qui ont comparé les homosexuels aux hétérosexuels (sans rapport avec la paternité) au niveau de la « virilité » chez les lesbiennes et de la « féminité » chez les gays. En effet, les Américains n'hésitent pas à chercher les réponses à cette question du genre dans des études empiriques ! La population étudiée est blanche, composée de 285 gays issus de différents États américains, appartenant à une association homosexuelle et participant régulièrement à des études sur les populations homosexuelles. Ils sont âgés de 22 à 62 ans, vivent

41. P. Skeen et B.E. Robinson, « Family backgrounds of gay fathers : a descriptive study », *Psychological Report*, vol. 54, n° 3, 1984, p. 999-1005.

seuls pour la plupart et ont des enfants âgés de 1 à 34 ans. Le critère permettant de distinguer les gays des non-gays n'est pas développé dans le protocole. L'enquête est postale et repose sur une échelle (le *Bem Sex-Role Inventory*) mesurant les côtés « masculin », « féminin », « androgyne » ou « indifférencié » en fonction des comportements de l'individu. Les résultats montrent que la répartition entre ces quatre groupes est équivalente dans les deux populations et qu'il n'y a pas de lien significatif entre le fait d'être père et le comportement de genre chez les gays. Il manque naturellement à cette étude la comparaison avec une population hétérosexuelle, mais il faut bien comprendre qu'elle s'inscrit, comme les études semblables, dans un moment « historique » précis et a pour ambition de répondre à des préjugés, le plus souvent mis en avant par les tribunaux : le présupposé qui préside à cette étude est ainsi qu'il n'existe pas de différence, en ce qui concerne l'identité de genre, entre les homosexuels et les hétérosexuels (présupposé fondé sur les nombreux travaux réalisés auparavant). Voilà décidément une question qui semble préoccuper tous les mouvements psychologiques, qu'ils soient comportementaux, cognitifs ou psychanalytiques[42].

La dernière étude que nous décrirons, qui compare des pères gay à des pères hétérosexuels[43], est de celles qui se rapprochent le plus des études sur les lesbiennes dont nous avons déjà parlé. Elle soumet les réponses de 24 pères gay et de 24 pères hétérosexuels à des échelles mesurant le style de *parenting* et le rôle paternel. Les pères non gay ont été choisis dans un club de rencontres, ce qui doit servir de preuve implicite de leur hétérosexualité

42. Voir *supra*, la partie « Féminin, masculin ou homosexuel ? », p. 97.

43. J.J. Bigner et R.B. Jacobsen, « Adult responses to child behavior and attitudes toward fathering : gay and nongay fathers », *Journal of Homosexuality*, vol. 23, n° 3, 1992, p. 99-112. Les études de ce genre sont particulièrement rares.

(notons à ce sujet qu'il s'agit d'une des rares études soulignant la difficulté de déterminer les groupes homo-/hétérosexuels). La plupart d'entre eux sont divorcés. De même, les pères gay ont été recrutés dans des associations homosexuelles. Les enfants ont en moyenne 16 ans. Je ne rentrerai pas ici dans le détail de la description des échelles, mais j'insisterai une fois de plus sur la validité de ce type d'instrument, qui est loin d'aller de soi. L'étude conclut à une absence de différence significative entre les deux groupes en ce qui concerne l'attitude paternelle.

Une autre question est fréquemment soulevée lorsqu'il s'agit de penser l'arrivée d'un enfant dans un couple homosexuel, particulièrement un couple d'hommes : je veux parler de la fidélité, les homosexuels – et spécifiquement les gays – ayant la *réputation* d'être « volages » et de multiplier les partenaires. Nous avons déjà cité le rapport Kinsey, qui montre que, si les célibataires homosexuels peuvent avoir un grand nombre de partenaires – il serait intéressant de savoir ce qu'il en est des célibataires hétérosexuels –, la longévité de leurs couples ne diffère pas fondamentalement de celle des couples hétérosexuels ; la plupart des études qui se centrent sur les couples font les mêmes constats. Le « problème de l'errance sexuelle » ou du « nomadisme sexuel », comme il a pu être appelé dans un certain nombre d'articles, n'est souvent avancé que pour contester aux homosexuels la capacité d'avoir des enfants en raison de l'absence de stabilité familiale qui résulterait de cette « inconstance ». Là encore, une donnée vient prouver le contraire, c'est que les gays ou les lesbiennes qui s'engagent dans un processus de parentalité sont bien souvent les plus fixes dans leurs relations affectives. Ceux qui multiplient les relations sexuelles n'ont d'ailleurs que faire d'un enfant !

L'étude des personnes étrangères au foyer homoparental et qui se trouvent en contact avec cette population

D'autres études, qui ne s'intéressent pas spécifiquement au développement de l'enfant, se centrent sur la façon dont la population homoparentale est perçue par les personnes extérieures. L'une d'entre elles, portant sur 21 enfants âgés de 9 à 26 ans et cherchant à évaluer par des entretiens la façon dont ils vivent et perçoivent leur statut d'enfants d'homosexuels, suggère que leur silence sur l'orientation sexuelle de leur(s) parent(s) auprès de leurs camarades et de leur entourage pourrait ajouter à leur sentiment d'isolement[44]. Ainsi, des chercheurs ont tenté d'analyser la façon dont ces enfants étaient perçus, « stigmatisés[45] » par les différentes personnes avec lesquelles ils peuvent interagir. On peut citer à ce sujet une étude passionnante qui décrit les rapports des homosexuels et des transsexuels – et de leurs enfants le cas échéant – avec les différentes minorités américaines[46].

De la même façon que la prise en charge des jeunes homosexuels commence à être étudiée afin de permettre aux professionnels qu'ils seront amenés à rencontrer de leur

44. K.G. Lewis, « Children of lesbians : their point of view », *Social Works*, vol. 25, 1980, p. 198-203.

45. Une bonne définition de la *stigmatization* au sens ou les Anglo-Saxons utilisent ce terme est celle donnée dans l'article de B.R. King et K.N. Black, « Extent of relational stigmatization of lesbians and their children by heterosexual college students », *Journal of Homosexuality*, vol. 37, n° 2, 1999, p. 65-81 : elle y est définie comme « la condition dans laquelle on se voit dénier toute acceptation sociale ».

46. S.E. James, «Fulfilling the promise : community response to the needs of sexual minority youth and families », *American Journal of Orthopsychiatry*, vol. 68, n° 3, 1998, p. 447-454.

apporter les meilleures réponses possibles[47], quelques travaux se sont intéressés à la manière dont les professionnels de la santé pouvaient s'occuper des familles homoparentales. Une revue qui s'adresse spécifiquement à des pédiatres[48] dispense quelques conseils, basés sur la littérature, pour aider les médecins confrontés à ces cas : le pédiatre est en effet souvent le seul professionnel de la santé en contact avec l'enfant et sa famille. Les auteurs de l'article insistent sur l'importance de l'environnement positif qui doit entourer les consultants, loin de l'« hétérosexisme » ou de l'« homophobie ». Ils vont jusqu'à rassurer les médecins en confirmant l'absence de risque de transmission de l'HIV des parents homosexuels à leurs enfants, ce qui ne manque pas d'étonner dans un article de revue scientifique qui date de 1994. Aux pédiatres mal à l'aise sur ce sujet ils suggèrent de « passer la main ». Aux autres ils conseillent de se renseigner le plus précisément possible sur le fonctionnement familial de l'enfant et, le cas échéant, d'adapter son vocabulaire (« parent » ou « membre de la famille » pour définir la mère sociale, par exemple). Tout en rappelant au passage l'importance du secret médical, les auteurs proposent que le pédiatre soit, si les relations familiales sont complexes, un lien avec le reste de la famille (les grands-parents, par exemple). Ils lui enjoignent également de travailler avec l'enfant et la famille ce qu'ils nomment la « révélation différentielle » (*differential disclosure*) qui consiste à expliciter le statut d'enfant de parents

47. On pourra se reporter à un article portant sur la question tout à fait essentielle de la fragilité psychique des adolescents et des jeunes adultes homosexuels (gays ou lesbiennes) : M.H. Townsend *et al.*, « Gay and lesbian issues in child and adolescent psychiatry training as reported by training directors », *Journal of American Academy of Child and Adolescent Psychiatry*, vol. 36, n° 6, 1997, p. 764-768. Cette question commence seulement à être envisagée en France par les professionnels de la santé mentale, notamment autour du suicide des jeunes gays et lesbiennes.

48. M.A. Gold *et al.*, « Children of gay or lesbian parents », *Pediatric in Review*, vol. 15, n° 9, 1994, p. 354-358.

homosexuels à certaines personnes ou dans certains contextes, mais pas de façon systématique (le pédiatre doit être ici un intermédiaire de référence). De fait, cette notion me semble tout à fait essentielle pour les enfants conçus ou élevés par des parents homosexuels : leur apprendre le plus tôt possible à qui et dans quel cadre il convient de dire les choses ou au contraire de les taire peut permettre d'éviter les stigmatisations intempestives. Enfin, les professionnels de la santé peuvent aider les parents à aborder la sexualité avec leurs enfants, notamment dans des périodes clés comme l'adolescence. Selon Charlotte Patterson, qui se base sur plusieurs études, *les enfants qui ont été informés de l'identité homosexuelle de leur parent durant leur enfance ou à la fin de leur adolescence ont été mieux à même de faire face à la nouvelle que ceux qui l'ont appris au début ou au milieu de l'adolescence*, et ce fait est largement admis en clinique.

C'est sur ces recommandations que se sont appuyés Perrin et Kulkin pour monter le protocole d'une étude portant sur des parents gay et lesbiens se présentant à une consultation pédiatrique[49]. Cette étude s'intéresse à l'appréciation portée par les parents homosexuels sur le suivi pédiatrique dont ils bénéficient et aux améliorations qu'ils proposent. La population étudiée est composée de 255 familles, représentant 433 enfants, recrutées dans un centre de Boston spécialisé dans la consultation de la population homosexuelle. Sur ces 255 familles, 177 sont des couples de lesbiennes. Les données sociodémographiques et celles concernant l'arrivée de l'enfant (recueillies par questionnaire) sont d'autant plus précieuses que l'échantillon étudié est exceptionnellement grand. Elles révèlent une population composée majoritairement de femmes blanches, vivant en milieu urbain et de statut socioprofessionnel

49. E.C. Perrin et H. Kulkin, « Pediatric care for children whose parents are gay or lesbian », *Pediatrics*, vol. 97, n° 5, 1996, p. 629-635.

confortable. Le mode d'arrivée de l'enfant se répartit de la façon suivante : 46 % par insémination artificielle ou artisanale, 31 % par relations hétérosexuelles, 15 % par adoption, 1 % par mère porteuse (pour les 7 % restants, le mode d'arrivée n'est pas connu). Les réponses aux questionnaires, quant à elles, font apparaître une grande satisfaction vis-à-vis du pédiatre, décrivant un support positif ayant souvent conduit à la révélation de l'homosexualité. Parallèlement, les institutions pédiatriques (hôpitaux, cliniques, services d'urgence, etc.) semblent moins ouverts et la divulgation de l'homosexualité y est moins fréquente : les deux raisons avancées par les personnes interrogées sont la crainte que l'enfant puisse être envisagé de façon plus négative (les auteurs disent « stigmatisé »), et la crainte de l'homophobie. Cette étude, qui n'échappe pas aux biais habituels, a le mérite de souligner l'intérêt que portent les pédiatres à cette population.

Peu de travaux portent sur les grands-parents et les autres adultes, mais une étude récente de Charlotte Patterson tente de dresser un état des lieux sur la question à partir d'un échantillon de 37 familles lesbiennes[50]. Cette étude insiste tout d'abord sur le préjugé selon lequel, après leur *coming out*, les mères se retrouvent le plus souvent isolées de leur famille, et leurs enfants de leurs grands-parents – le comparant d'ailleurs à celui selon lequel les enfants de lesbiennes vivent la plupart du temps dans un milieu exclusivement composé de femmes. Il s'avère au contraire que les enfants étudiés (âgés en moyenne de 6 ans), qui ont toujours vécu avec leur mère, ont tous des contacts fréquents avec de nombreux adultes des deux sexes, et notamment

50. C.J. Patterson, S. Hurt et C.D. Mason, « Families of the lesbian baby boom : children's contact with grandparents and other adults », *American Journal of Orthopsychiatry*, vol. 68, n° 3, 1998, p. 390-399.

avec leurs grands-parents. Notons à ce propos que les adultes liés à la mère biologique sont plus nombreux autour de l'enfant que ceux liés à la mère sociale, et notamment que les grands-parents du côté de la mère biologique ont des contacts plus fréquents avec l'enfant. Les raisons en sont multiples : d'abord, lorsqu'un couple de lesbiennes fait le choix de celle qui va porter l'enfant, la décision est probablement liée à la qualité de la relation de chacune avec ses propres parents ; ensuite, et c'est un biais non analysé, il semble que les mères biologiques vivent plus près de leur famille que les mères non biologiques. De plus, on peut considérer que les parents de la mère non biologique se sentent « moins » grands-parents compte tenu de l'absence de lien biologique. Un résultat intéressant est que la fréquence des contacts avec les grands-parents semble liée à la diminution des troubles psychiques que l'enfant peut présenter (l'outil utilisé pour évaluer ces troubles est celui que j'ai employé dans mon étude : la CBCL – *Child Behavior CheckList*, ou « questionnaire d'évaluation du comportement des enfants »). Bien que cette étude soit la seule à porter spécifiquement sur ce sujet, elle reste critiquable pour le flou entourant les corrélations entre les différentes données et la difficulté d'en tirer des conclusions.

D'autres travaux portent sur la réaction de la population hétérosexuelle en général à l'homoparentalité. Trois d'entre eux sont dignes d'attention car ils se concentrent, de manière empirique, sur la réaction d'étudiants à l'université.

Le premier[51] consiste à présenter à 100 étudiants, d'une moyenne d'âge de 20 ans, des vignettes décrivant un couple qui postule pour l'adoption d'un enfant noir américain. Tous les couples sont censés être sans problèmes, dans une

51. I. Crawford et E. Solliday, « The attitudes of undergraduate college students toward gay parenting », art. cit.

situation financière et sociale confortable, et remplir l'ensemble des qualités nécessaires au bon développement de l'enfant, mais ils se distinguent par leur orientation sexuelle et leur appartenance ethnique (un couple caucasien hétérosexuel, un couple noir hétérosexuel, un couple mixte hétérosexuel et un couple noir gay). Les étudiants sont soumis à trois échelles, deux censées les évaluer (l'*Individual Religiousness Scale*, un questionnaire à choix multiples qui mesure la croyance, ainsi que la fréquence des pratiques religieuses, et le *Personality Factor Inventory*, qui donne un profil de personnalité) et une mesurant les compétences et la stabilité du couple décrit sur la vignette (le *Couple Rating Questionnaire*, spécialement créé pour l'étude)[52]. Les résultats indiquent que le couple le mieux évalué de tous est le couple noir hétérosexuel, le moins bien évalué étant le couple noir gay. Les étudiants les plus « religieux » sont ceux qui évaluent le moins bien les couples homosexuels, et les étudiants les moins « stigmatisants » en termes de couleur ou d'orientation sexuelle sont ceux qui appartiennent à une minorité. Ce sont là les deux données essentielles qui ressortent de cette étude, laquelle présente par ailleurs une très bonne méthodologie (bien que l'on puisse regretter l'absence d'une information précieuse : l'orientation sexuelle des étudiants participants). Une autre conclusion intéressante est que la plupart des participants jugent qu'à « hétérosexualité égale » un enfant noir sera plus heureux dans une famille noire, mais que si les parents noirs en question sont gay, alors il vaut mieux pour lui vivre dans une famille blanche. Se pencher sur l'adoption d'un enfant gay donnerait peut-être des résultats étonnants, comme semble le suggérer le film *Torch*

52. Je rappelle ici qu'il convient de relativiser les informations fournies par ces échelles : on ne saurait par exemple attendre d'elles qu'elles mesurent « objectivement » la croyance ou la foi. Mais cette prudence ne leur enlève pas leur intérêt.

Song Trilogy, réalisé en 1988 par Paul Bogart, dans lequel un adolescent homosexuel est confié à un couple de gays.

Dans le même ordre d'idées, une deuxième étude analyse la façon dont des étudiants conçoivent leurs relations possibles avec des enfants de mères lesbiennes ou avec les mères elles-mêmes [53]. Réalisée en deux temps, elle porte sur 350 personnes soumises à un questionnaire spécialement élaboré pour l'occasion. Les résultats montrent que la stigmatisation est plus importante pour les mères que pour les enfants, et plus marquée si la relation est intime. Quatre-vingts pour cent des étudiants se montrent tout à fait disposés à devenir amis avec des enfants de lesbiennes. Les filles sont significativement plus enclines que les garçons à développer ce type de relations, une distinction que l'on ne retrouve pas en ce qui concerne les relations avec les mères lesbiennes. En outre, les croyances sur l'homosexualité et sur son étiologie sont corrélées à cette stigmatisation dans le sens où plus l'homosexualité est considérée comme s'imposant à l'individu, plus elle induit une stigmatisation importante (ce qui irait à l'encontre de l'idée d'Havelock Ellis qui, au début du siècle, voulait protéger les « invertis » des éventuelles attaques en expliquant que l'homosexualité, loin d'être un choix, leur avait été imposée [54]).

Une troisième et dernière étude doit être citée pour l'originalité de son protocole [55] : il est demandé à des étudiants de remplir une version modifiée de la CBCL (la *Child Behavior CheckList* dont nous parlions plus haut et qui évalue des profils de comportement de l'enfant) concernant un enfant hypothétique de 12 ans élevé par une mère

53 B.R. King et K.N. Black, « Extent of relational stigmatization of lesbians and their children by heterosexual college students », art. cit.

54. Voir *supra*, p. 94.

55. B.R. King et K.N. Black, « College students' perceptual stigmatization of the children of lesbian mothers », *American Journal of Orthopsychiatry*, vol. 69, n° 2, 1999, p. 220-227.

divorcée, lesbienne ou hétérosexuelle, vivant seule ou en couple. Les variables étudiées sont l'orientation sexuelle de la mère, le fait qu'elle vive en couple ou seule, le sexe du participant à l'étude et le sexe de l'enfant hypothétique. L'échantillon de 338 personnes est similaire à celui de l'étude précédente. L'étude révèle que les plus graves problèmes de comportement chez l'enfant sont prédits par des étudiants masculins remplissant la CBCL pour un enfant de mère lesbienne. Cela dit, rien ne permet de déterminer ce qui stigmatise ce dernier aux yeux des participants (l'homosexualité de la mère ou, du fait de celle-ci, le milieu particulier dans lequel vit l'enfant, par exemple).

Ces trois études ont pour intérêt principal de traquer les *a priori* de la population générale envers les familles homoparentales.

Pour en finir avec les idées reçues à propos du risque d'abus sexuel de la part des homosexuels

L'idée que l'homosexualité et la pédophilie sont liées n'est pas nouvelle[56]. Les données recueillies auprès des enfants abusés et de leurs agresseurs font apparaître que la majorité des abus sexuels sur les enfants sont perpétrés par des hommes. Je ne parlerai ici que d'une étude portant sur 352 enfants recrutés dans une clinique spécialiste des enfants abusés aux États-Unis[57]. Elle vise à déterminer le pourcentage de gays, de lesbiennes ou de bisexuels dans la population des abuseurs. Les auteurs soulignent, comme le fait le reste de la littérature sur le sujet, que les fillettes sont plus nombreuses à être abusées (dans leur étude, 276 enfants sur 352 sont des

56. Voir *supra*, p. 191.

57. C. Jenny, T.A. Roesler et K.L. Poyer, « Are children at risk for sexual abuse by homosexuals ? », *Pediatrics*, vol. 94, n° 1, 1994, p. 41-44.

filles). Les enfants abusés par des adultes (autrement dit des personnes majeures) sont au nombre de 279, dont 81,5 % de filles et 18,5 % de garçons. Les agressions perpétrées sur des filles l'ont essentiellement été par des hommes (77 %), le reste des abuseurs étant réparti entre des femmes et des couples homme/femme. La plupart des agresseurs étaient proches familialement, et aucun n'a été défini comme homosexuel. Quant aux garçons, ils ont pour la plupart été abusés par des hommes menant une vie hétérosexuelle (seuls 8 l'ont été par des femmes ou par des couples homme/femme). Le problème posé par cette étude est de savoir comment a été définie l'orientation sexuelle de l'abuseur, qui peut l'être de trois façons : l'autodéfinition ; l'idée selon laquelle un homme qui abuse un jeune garçon ou une femme qui abuse une jeune fille est homosexuel(le) (mais il s'agit d'une idée bien simpliste puisque la plupart des abuseurs vivant en couple et étant parents, ils devraient alors être définis comme bisexuels !) ; le témoignage de l'entourage de l'agresseur, qui connaîtrait sa sexualité. Dans cette étude, les trois façons d'envisager la sexualité des abuseurs ont été recoupées, et la deuxième éludée en partie car la plupart d'entre eux semblent être des abuseurs d'enfants « épisodiques », ayant le plus souvent des relations hétérosexuelles avec des adultes. Quoi qu'il en soit, seuls deux abuseurs ont été considérés comme homosexuels.

Bien que les auteurs se montrent prudents dans leurs conclusions, la disproportion des résultats laisse supposer qu'il n'y a pas plus de risques pour les enfants d'être abusés par des homosexuels, une donnée que l'on retrouve dans toute la littérature. Ainsi, les résultats de cette étude et de beaucoup d'autres montrant que les abuseurs sont la plupart du temps des adultes hétérosexuels (tant dans leurs relations habituelles avec des adultes que dans l'« autodéfinition » de leur sexualité) ayant des rapports occasionnels avec des enfants de même sexe, ces résultats, donc, sont les plus éclairants pour récuser tout lien entre homosexualité (dans le sens général du terme) et pédophilie – au-delà de tout fantasme.

Les études portant sur les enfants de parents homosexuels

Les études qui s'intéressent au développement des enfants élevés ou conçus dans un milieu homoparental sont beaucoup plus nombreuses que celles consacrées aux familles homoparentales. Il est bien utile, pour y voir clair dans ce foisonnement, de s'inspirer de la classification qu'opère Charlotte Patterson dans sa remarquable revue de la littérature déjà citée[58]. Cette classification s'organise autour de deux axes : les études qui s'intéressent à l'identité sexuelle des enfants, et celles qui évaluent leur profil psychologique ou psychiatrique (et notamment leurs relations sociales). Avant de reprendre ces deux axes, il sera utile de s'attarder sur quatre travaux devenus « classiques » étudiant tous ces concepts.

Le premier d'entre eux, qui fait encore autorité dans le domaine bien qu'il soit relativement ancien, a été réalisé par l'équipe britannique de Susan Golombok[59]. Il compare 37 enfants d'âge scolaire élevés dans 27 foyers lesbiens (recrutés par le biais d'une association homosexuelle) à 38 enfants d'âge scolaire élevés dans 27 foyers hétérosexuels monoparentaux, et s'intéresse à leur développement psychosexuel et émotionnel, à leurs comportements et à

58. C.J. Patterson, *Petit Guide [bibiliographique] à l'usage des familles homoparentales et des autres*, *op. cit.*

59. S. Golombok, A. Spencer et M. Rutter, « Children in lesbian and single-parent households : psychosexual and psychiatric appraisal », art. cit.

leurs relations avec les enfants de leur âge et avec les adultes. Les outils utilisés sont des entretiens standardisés avec la mère et l'enfant (réalisés par deux psychologues et un psychiatre), ainsi que des questionnaires spécifiques remplis par les parents et les professeurs. La population des mères lesbiennes est d'un statut sociodémographique comparable à celui que l'on rencontre dans ce genre d'études. Dix-huit d'entre elles vivent en couple, ce qui représente un biais de taille puisque la population hétérosexuelle est exclusivement monoparentale (les études plus récentes tentent d'éviter cet écueil en comparant séparément entre elles les familles où les parents sont en couple et celles où ils sont célibataires). Dans la grande majorité des cas, l'enfant est né d'une précédente union hétérosexuelle (deux enfants seulement ont été adoptés, et un seul conçu par insémination artificielle dans un milieu homoparental). La population des mères hétérosexuelles est comparable à celle des mères lesbiennes, sauf en ce qui concerne le niveau d'éducation, moins élevé. Quant aux deux groupes d'enfants, ils présentent les mêmes caractéristiques. Cette étude met notamment en évidence une donnée que nous évoquions plus haut[60], à savoir le fait qu'un plus grand nombre d'enfants de mères lesbiennes bénéficie d'un suivi psychologique, et ce alors que les entretiens standardisés avec un psychiatre ne montrent aucune différence entre les deux groupes en termes d'éventuels troubles psychiatriques.

La deuxième étude a été réalisée par l'équipe de Richard Green, un auteur qui travaillait surtout auparavant sur l'identité sexuelle, notamment chez les transsexuels[61]. Dans

60. Voir *supra*, p. 244. Nous évoquions à ce propos les fausses conclusions que l'on pouvait tirer de cette observation.

61. R. Green *et al.*, « Lesbian mothers and their children : a comparison with solo parent heterosexual mothers and their children », *Archives of Sexual Behavior*, vol. 15, n° 2, 1986, p. 167-184.

ce travail, il compare le développement des enfants de mères lesbiennes vivant seules (50 mères et leurs 56 enfants) à celui des enfants de mères hétérosexuelles vivant seules (40 mères et leurs 48 enfants). Le *sex-ratio* des enfants est équilibré et chacun d'eux a vécu sans son père pendant au moins deux ans. Les deux groupes sont comparables en termes sociodémographiques mais aussi en ce qui concerne l'âge des mères et celui des enfants. Les variables étudiées sont l'intelligence de l'enfant, son identité de genre, ses comportements sexuels et ses relations avec les autres enfants. L'étude présente une méthodologie rigoureuse, la population étudiée est suffisamment large et les deux groupes comparés suffisamment homogènes pour que ses conclusions puissent trouver un écho en rapport avec la réalité, mais on peut s'étonner que le mode d'arrivée des enfants dans le groupe des mères lesbiennes ne soit nulle part caractérisé.

La troisième étude, réalisée par Martha Kirkpatrick[62], compare 40 enfants âgés de 5 à 12 ans répartis en quatre groupes égaux en fonction de l'orientation sexuelle de leur mère et de leur propre sexe : un groupe de 10 garçons élevés par une mère lesbienne, un groupe de 10 filles élevées par une mère lesbienne, un groupe de 10 garçons élevés par une mère hétérosexuelle et un groupe de 10 filles élevées par une mère hétérosexuelle. Une fois de plus, les mères hétérosexuelles sont toutes célibataires alors que la plupart des mères lesbiennes sont en couple, et pour expliquer la non-inscription de ce critère dans l'étude, les auteurs invoquent leur naïveté ! Une autre donnée non discriminée concerne le nombre de frères et sœurs dans chaque groupe, les deux groupes mères lesbiennes/mères hétérosexuelles étant très dissemblables à cet égard. Les enfants ont été évalués par un psychiatre travaillant à l'aveugle, c'est-à-dire sans savoir à

62. M. Kirkpatrick, « Lesbian mothers and their children : a comparative survey », *American Journal of Orthopsychiatry*, vol. 51, n° 3, 1981, p. 545-551.

quel groupe appartenait l'enfant examiné, lors d'un entretien semi-structuré, et par deux psychologues, cette fois au moyen d'un test d'intelligence classique qui renseigne sur le fameux QI (quotient intellectuel) – le WISC (*Wechsler Intelligence Scale for Children*) –, et du dessin du bonhomme. Précisons que les deux groupes mères lesbiennes/mères hétérosexuelles sont identiques en termes sociodémographiques et que tous les enfants sont nés dans un contexte hétérosexuel, l'ensemble des femmes s'étant séparées d'un homme. Si l'étude est intéressante par son protocole, les résultats, même comparatifs, concernent des échantillons trop réduits pour que les conclusions soient réellement valables.

Le dernier travail que nous décrirons en détail, celui de Flaks et son équipe[63], compare 15 couples de lesbiennes ayant, par insémination, un enfant âgé de 3 à 10 ans, à 15 familles hétérosexuelles mariées ayant eu leur enfant par rapport sexuel. Ce deuxième groupe a été « monté » pour être comparable au premier en termes sociodémographiques (c'est-à-dire qu'il présente un statut social aisé et un niveau d'éducation élevé). Parmi les instruments standardisés utilisés, relevons entre autres la CBCL (*Child Behavior Check-List*), que nous avons déjà rencontrée à de nombreuses reprises et qui renseigne sur les comportements ; un questionnaire soumis aux enseignants évaluant les capacités adaptatives des enfants et leurs problèmes relationnels, une échelle censée mesurer la qualité des relations d'un couple. Tous ces questionnaires sont remplis par les parents ou les enseignants. Des psychologues interviennent également à travers le test WISC, dont nous venons de parler. Mais en dépit d'une méthodologie rigoureuse, cette étude pèche elle aussi par l'insuffisance numérique des échantillons comparés.

63. D.K. Flaks *et al.*, « Lesbians choosing motherhood : a comparative study of lesbian and heterosexual parents and their children », *Developmental Psychology*, n° 31, 1995, p. 105-114.

Les répercussions du milieu homoparental sur l'identité sexuelle de l'enfant

Mais revenons à nos deux axes de départ, et commençons par étudier l'éventuelle répercussion du fait d'être élevé dans un milieu homoparental sur l'identité sexuelle d'un enfant. L'identité sexuelle est une notion que l'on peut juger bien trop vague pour pouvoir être observée, mais plus encore si l'on veut analyser les éventuelles influences que peut avoir sur elle le milieu. De fait, l'expression recouvre généralement trois notions différentes.

La première d'entre elles est la notion d'« identité de genre » (*gender identity*) déjà évoquée au deuxième acte[64]. Elle peut être définie grossièrement comme la conception de soi-même en tant que mâle ou femelle, c'est-à-dire le fait de penser que l'on est un garçon ou une fille, ou le fait de vivre comme tel. S'il connaît un développement normal, l'enfant sait généralement vers l'âge de 3 ans s'il est un garçon ou une fille ; auparavant, il réalise déjà que son identité de genre est importante et constante, même s'il ne peut la définir. Dans une étude réalisée par Richard Green en 1978[65] sur 37 enfants âgés de 3 à 20 ans – dont 21 étaient élevés par des mères lesbiennes, 9 par des transsexuelles femmes devenues hommes et 7 par des transsexuels hommes devenus femmes –, l'identité de genre est appréhendée à travers l'observation des préférences aux niveaux des jeux, du sexe des camarades, des vêtements portés, du rôle joué dans les jeux fantasmatiques, des vocations professionnelles, etc. Green utilise également un test

64. Voir *supra*, p. 116.

65. R. Green, « Sexual identity of 37 children raised by homosexual or transsexual parents », *American Journal of Psychiatry*, vol. 135, n° 6, 1978, p. 692-697.

– le *Draw-A-Test* – consistant à déterminer le sexe du premier personnage dessiné, qui serait représentatif de l'identité sexuelle (l'idée étant que les garçons commencent généralement par dessiner un personnage mâle et les filles un personnage femelle, test dont la validité peut laisser sceptique). Quoi qu'il en soit, bien que les données recueillies ne soient pas systématiques et que la période d'étude soit courte, les résultats montrent que l'identité de genre chez ces enfants correspond bien à leur sexe biologique. Pour les enfants de plus de 15 ans, les aspirations professionnelles et la vision qu'ils ont d'eux-mêmes sont également comparables à celles des grands adolescents de leur sexe et de leur âge. Parmi les jeunes adolescents de 11 à 15 ans, les auteurs ne repèrent ni *tommy girls* (filles masculines), ni *sissy boys* (garçons efféminés), et tout indique une identité de genre correspondant à leur sexe biologique. Enfin, les autres enfants présentent aussi pour la plupart une telle adéquation, bien que le sexe du premier personnage dessiné ne soit pas leur propre sexe biologique pour cinq d'entre eux ! Green retrouve des résultats semblables dans son travail de 1986, décrit au début de cette partie. De la même façon, l'équipe de Susan Golombok, dans son étude de 1983, ne note pas, en se basant sur l'observation des enfants en entretiens standardisés, de *gender* « inapproprié ». Cela est enfin confirmé par le travail de Kirkpatrick réalisé en 1981, qui étudie notamment la notion de travestissement et analyse le sexe du bonhomme dessiné sans qu'apparaisse une quelconque différence entre les groupes étudiés. Il est d'ailleurs intéressant de remarquer que, selon cette dernière étude, l'histoire familiale compliquée est une variable plus discriminante que l'orientation sexuelle de la mère.

Par « identité sexuelle » on peut également entendre « comportement sexuel » (en anglais *sex-role behavior*, parfois traduit par « rôle sexuel »), qui inclut tout ce qu'une personne peut dire ou faire et qui est associé au fait d'être un homme ou une femme (un garçon ou une fille). Pour les enfants, l'évaluation se centre sur le jeu (cow-boys pour les garçons, poupées pour les filles, par exemple). Une étude s'est penchée spécifiquement sur les comportements sexuels des enfants de mères lesbiennes[66], s'intéressant tout autant à l'acquisition du rôle sexuel par l'enfant qu'aux encouragements donnés en direction de tel ou tel rôle sexuel par la mère. Il s'agit d'une comparaison entre deux populations composées de 20 mères lesbiennes et de 20 mères hétérosexuelles. Tous les enfants sont nés dans un contexte hétérosexuel, les deux groupes sont homogènes et appartiennent aux mêmes catégories sociodémographiques (avec, là encore, une surreprésentation des milieux aisés), et le *sex-ratio* des enfants est équilibré dans les deux groupes. Le recueil des données se fait par entretiens semi-structurés et par l'utilisation d'une échelle appelée le *Toy Preference Test*, qui est proposée aux enfants et aux mères et consiste, pour les premiers, à choisir entre des jouets plutôt masculins, plutôt féminins ou plutôt neutres celui qui leur plaît le plus, pour les secondes à les orienter. Les résultats de cette étude montrent que les enfants, quelle que soit l'orientation sexuelle de leur mère, préfèrent des jouets en rapport avec leur sexe biologique, les filles se tournant de manière significative davantage vers les jouets neutres que les garçons. Ces données sont celles que l'on rencontre habituellement dans les études de ce type sur la population générale. Les auteurs notent cependant que les mères lesbiennes, elles, se distinguent des mères hétérosexuelles en ce sens qu'elles semblent orienter les enfants, quel que soit leur sexe, vers des jouets plutôt masculins ou plutôt

66. B. Hoeffer, « Children's acquisition of sex-role behavior in lesbian-mother families », *American Journal of Orthopsychiatry*, vol. 51, n° 3, 1981, p. 536-544.

féminins de façon indifférenciée. Cette donnée est d'ailleurs confirmée par Golombok, Green et Kirkpatrick.

La troisième façon d'envisager l'identité sexuelle est de s'intéresser à l'*orientation sexuelle*. Il s'agit, comme nous l'avons déjà noté, de la première donnée étudiée : « Les homosexuels font-ils plus d'enfants homosexuels que les autres ? » Voilà comment pourrait être résumée la première question qui vient à l'esprit de la majorité des gens au sujet de l'homoparentalité. Le problème posé par l'étude de l'orientation sexuelle (la *sexual orientation* anglo-saxonne) est que sa détermination intervient plus tardivement que celle de l'identité de genre ou des comportements sexuels. Les travaux les plus utiles sur la question sont donc ceux consacrés à de grands enfants, voire à des enfants de gays ou de lesbiennes devenus adultes. L'orientation sexuelle est habituellement définie comme la préférence, dans sa sexualité, pour des partenaires de sexe opposé ou de même sexe, c'est-à-dire « tout simplement » comme le fait d'être hétérosexuel ou homosexuel. Toutes les études que nous allons évoquer utilisent ce que l'on appelle l'autodéfinition, à savoir la réponse à la question : « Êtes-vous homo- ou hétérosexuel[67] ? » On pourra ainsi s'étonner, dans l'étude de Green réalisée en 1978, que l'âge auquel l'enfant est capable de donner des indications sur son orientation sexuelle soit au minimum de 8 ans, même si, effectivement, cet âge est fonction de chaque enfant. Tous les enfants interrogés se définissent

67. La question de savoir qui est homo- ou hétérosexuel se pose dans le recrutement des parents autant pour les études sur les familles homoparentales que pour les travaux dont l'objet est d'étudier les populations homosexuelles. La *self-definition* est généralement le critère retenu. On pourra se reporter à deux articles qui développent cette question : Y.B. Chung et M. Katayama, « Assessment of sexual orientation in lesbian/gay/bisexual studies », *Journal of Homosexuality*, vol. 30, n° 4, 1996, p. 49-62 ; J.C. Gonsoriek *et al.*, « Definition and measurement of sexual orientation », *Suicide Life Threat Behavior*, supplément au n° 25, 1995, p. 40-51.

d'ailleurs comme hétérosexuels, au niveau tant de leurs fantasmes que de leurs relations. Mais il existe trois études beaucoup plus informatives sur le devenir des enfants de parents homosexuels en termes d'orientation sexuelle.

La première a été réalisée par l'équipe de Susan Golombok à la suite de son travail de 1983[68] : c'est ainsi que 25 enfants sur les 37 de mère lesbienne et 21 sur les 38 de mère hétérosexuelle ont pu être interrogés de nouveau près de dix ans plus tard, en 1992-1993. Il s'agit de ce que l'on appelle une « étude longitudinale ». La moyenne d'âge, à l'origine de 9,5 ans, est passée à 23,5 ans. Les deux nouveaux groupes composés de jeunes adultes s'avèrent être de statuts sociodémographiques similaires et le *sex-ratio* des deux groupes est à peu près équilibré. Les données ont été recueillies par un entretien standardisé évaluant l'attraction pour quelqu'un de même sexe, l'appréciation portée sur un rapport homosexuel, l'existence de relations homosexuelles et la définition comme gay ou lesbienne. Certaines données ont été empruntées à l'ancienne étude, à savoir le temps de vie en milieu hétérosexuel, la chaleur affective de la mère, etc. Les résultats de ces entretiens montrent que, si, de fait, les enfants élevés par une mère lesbienne semblent plus enclins à explorer les relations homosexuelles, surtout si le milieu dans lequel ils ont été élevés était ouvert à tout ce qui concerne ce type de relations, la plupart des enfants interrogés peuvent être considérés, en recoupant les informations fournies par l'entretien, comme hétérosexuels. Cette étude est précieuse car elle est la seule à porter sur des enfants de parents homosexuels devenus adultes. D'autres

68. Deux articles s'y rapportent : S. Golombok et F. Tasker, « Do parents influence the sexual orientation of their children ? », *Development Psychology*, vol. 32, n° 1, 1996, p. 3-11 ; F. Tasker et S. Golombok, « Adults raised as children in lesbian families », *American Journal of Orthopsychiatry*, vol. 65, n° 2, 1995, p. 203-215.

données ont pu être extraites de cet échantillon ; nous les analyserons dans la partie consacrée à l'étude des enfants d'homosexuels devenus adultes.

Pour un autre travail ont été recrutés dans des revues spécialisées des pères gay d'enfants de plus de 17 ans[69]. Cinquante-cinq pères et leurs 82 enfants ont été inclus dans l'étude. Les résultats montrent que 90 % des enfants se définissent comme hétérosexuels. Les auteurs ont utilisé ici la fameuse échelle de Kinsey, dont nous avons déjà parlé[70], qui définit un sujet du niveau 0 (complètement hétérosexuel dans les fantasmes comme dans les comportements) au niveau 6 (complètement homosexuel dans les fantasmes comme dans les comportements). Outre les biais du recrutement ou ceux liés à l'absence de groupe témoin, il en est un autre évident qui réside dans le fait que la plupart de ces jeunes adultes sont nés dans un contexte hétérosexuel, d'un père qui ne vivait pas forcément une vie sociale ouvertement homosexuelle. Nous avons vu plus haut que ces cas sont habituellement exclus des études sur l'homoparentalité. Les données essentielles, qui sont de savoir à quel âge le père s'est défini comme gay (au sens où les travaux habituels sur les populations homosexuelles définissent ce terme) – et donc l'âge de son enfant à ce moment –, si l'enfant était ou non à la garde de son père gay, et pendant combien de temps, ces données ne sont pas du tout prises en compte dans l'étude. Ses conclusions sont donc quasiment inexploitables pour la caractérisation d'une population d'adultes élevés dans un milieu homoparental : la seule question étudiée est celle de l'orientation sexuelle d'adultes dont le père se définit, au plus tard quand ils sont adultes, comme gay.

69. J.M. Bailey, D. Bobrow, M. Wolfe, S. Mikach, « Sexual orientation of adult sons of gay fathers », *Developmental Psychology*, vol. 31, n° 1, 1995, p. 124-129.

70. Voir *supra*, p. 93.

La troisième étude vaut surtout pour son protocole[71]. Pour déterminer si l'orientation sexuelle des parents influençait l'orientation sexuelle ou les expériences de leurs enfants, les auteurs ont interrogé 5 182 adultes (tirés au hasard) habitant six grandes villes américaines afin de savoir s'ils avaient ou non un parent homosexuel : c'était le cas pour 17 des personnes ayant répondu à l'étude. Cinq sur les dix-sept ont rapporté avoir eu des relations sexuelles avec leur parent, une grande partie d'entre eux ont affirmé avoir eu des relations sexuelles avec des gens à la charge desquels ils avaient été laissés, seulement un peu moins de la moitié d'entre eux se sont déclarés uniquement hétérosexuels ; la plupart se sont estimées peu satisfaits de leur identité de genre. Des résultats aussi aberrants ne peuvent s'expliquer que par la méthodologie pour le moins curieuse de cette étude, qui ne permet naturellement pas de les interpréter. C'est d'ailleurs à ma connaissance la seule étude aboutissant à de tels résultats.

Il est bien entendu possible, et cela quel que soit le modèle théorique – cognitivo-comportemental ou même psychanalytique –, de supposer que l'identité de genre, les comportements sexuels et l'orientation sexuelle prennent leurs racines dans le plus jeune âge. Dès lors, si l'on voulait étudier de façon fiable ces données chez des enfants élevés dans des familles homoparentales afin d'analyser l'influence du milieu sur leur identité sexuelle, il faudrait différencier fondamentalement les groupes d'enfants nés par insémination ou par adoption dans un cadre homosexuel de ceux nés dans un milieu hétérosexuel, tout en distinguant à l'intérieur de ces groupes des sous-groupes en fonction du nombre de personnes participant au *parenting* de l'enfant, etc. Les homoparentalités (au pluriel)

71. P. Cameron et K. Cameron, « Homosexual parents », *Adolescence*, vol. 31, n° 124, 1996, p. 757-776.

montrent ici leurs singularités individuelles. Mais de telles études pécheraient par la faiblesse numérique des échantillons, qui rendrait leurs résultats peu valides.

La question des éventuels troubles psychologiques, psychiatriques et des relations sociales liés à l'enfance dans un milieu homoparental

Différentes études s'intéressent à cette question. En ce qui concerne par exemple les désordres d'ordre psychiatrique, Susan Golombok, dans son étude de 1983, confronte les enfants à un psychiatre qui utilise les critères cliniques de la classification internationale des maladies mentales de l'OMS (Organisation mondiale de la santé), ou encore celle du DSM de l'association des psychiatres américains[72]. Il ressort que 8 des 35 enfants vivant dans un milieu hétéroparental présentent des problèmes psychiatriques significatifs, contre 2 sur 31 vivant dans un milieu homoparental, ce qui ne correspond pas à une différence notable, sauf en ce qui concerne l'énurésie, significativement plus élevée dans le groupe hétéroparental. De plus, le profil de la population des enfants vivant en milieu homoparental correspond au profil habituel de la population générale.

Dans l'étude de Kirkpatrick, dont nous disions plus haut qu'elle combinait les évaluations à l'aveugle d'un psychiatre et de deux psychologues, l'auteur répartit les enfants en trois groupes : très, moyennement ou peu/pas « perturbés » (en ce sens qu'ils présentent des troubles du comportement). Les résultats révèlent que, sur 40 enfants, 5 sont très perturbés, 19 moyennement et 16 peu ou pas. Les quatre groupes de 10 enfants (filles/garçons, mère lesbienne/mère hétérosexuelle) présentent une remarquable homogénéité dans la

72. Pour une présentation de cette classification, voir *supra*, p. 86.

distribution des troubles du comportement, même s'il faut tenir compte du fait qu'ils sont réduits.

Un article plus récent de l'équipe de Golombok, qui date de 1997[73], analyse le fonctionnement du couple parental et compare entre elles 30 familles de mères lesbiennes, 42 familles de mères hétérosexuelles vivant seules et 41 familles de mères hétérosexuelles vivant en couple, les enfants de ces familles étant relativement jeunes (de 3 à 9 ans). L'étude vise davantage à repérer les répercussions de l'absence de père dans le milieu familial qu'à analyser en tant que telle l'orientation sexuelle de la mère. Les auteurs utilisent deux échelles que nous ne détaillerons pas ici, qui évaluent les représentations qu'ont les enfants de leur relation à leur parent et de leurs compétences physiques et cognitives propres. Comme les précédents, ce travail ne révèle pas de différence significative entre les groupes.

En somme, aucune étude ne décèle de troubles psychiatriques plus importants chez les enfants de mère lesbienne que chez les enfants de mère hétérosexuelle. Ce qui ne signifie pas bien sûr que tous les enfants conçus ou élevés dans un milieu homoparental « vont bien », mais plutôt qu'ils ne semblent pas « aller plus mal » que les autres.

D'autres travaux se sont intéressés à l'importance des problèmes de comportement, que l'on divise habituellement en deux groupes : les troubles des conduites (agressivité, problèmes de discipline à l'école, à la maison, etc.), et les difficultés émotionnelles (hyperémotivité, renfermement sur soi, etc.). L'étude de Golombok, tout comme celle de Flaks qui utilise la CBCL, montre que les enfants

73. S. Golombok *et al.*, « Children raised in fatherless families from infancy : family relationships and the socioemotional development of children of lesbian and single heterosexual mothers », *Journal of Child Psychology and Psychiatry*, vol. 38, n° 7, 1997, p. 783-791.

de mère lesbienne ne présentent pas de troubles de ce type plus nombreux que la population générale. De la même façon, l'estime de soi ou l'intelligence de ces enfants ne sont pas différentes de celles de la population générale. En ce qui concerne les relations sociales des enfants avec leurs pairs, l'étude de Green tout comme celle de Golombok, par exemple, montrent que tous les enfants étudiés, sans exception, appartiennent à des groupes d'amis, généralement du même sexe qu'eux. Si aucune différence n'est notée par rapport aux enfants vivant en milieu hétéroparental concernant le nombre d'amis ou la qualité des relations amicales, certaines spécificités, comme une plus grande prudence des enfants d'homosexuels lorsqu'ils envisagent leurs relations à l'autre, peuvent être mises en évidence.

Les relations avec les adultes ont également été étudiées. Si l'étude de l'équipe de Golombok réalisée en 1983 a conclu que les enfants de mère lesbienne divorcée avaient avec leur père des contacts plus fréquents que les enfants de mère hétérosexuelle avec le leur, cette donnée n'est pas confirmée par l'étude de Kirkpatrick. Golombok note aussi que les enfants ont des contacts fréquents avec les amis de leur mère, et c'est un argument que certains auteurs n'hésitent pas à utiliser pour répondre à la question de la référence parentale pour l'enfant. Si aucun chercheur sérieux ne revient sur l'importance de référents pour la structuration et l'équilibre psychique de l'enfant, la question de savoir qui peut ou qui doit faire référence est beaucoup plus controversée. Par exemple, certains psychiatres ou psychanalystes ne conçoivent que l'enceinte familiale (c'est-à-dire le père et la mère de l'enfant) comme référent possible, mais d'autres, s'appuyant sur le schéma du *wildest environment*, estiment que l'enfant peut trouver des références dans l'environnement le plus large, des ami(e)s des parents jusqu'aux professeurs. Car la question de la référence n'est pas qu'une question de représentation des sexes biologiques ou sociaux dans toute leur différence. Bien que, au stade précoce du développement de l'enfant (dans les premières années, au stade oral ou anal), la mère et le père soient indispensables pour permettre la construction de l'enfant, on peut se demander si leur appartenance sexuée est essentielle dans ce schéma structurant et si, par exemple, le père ne permet pas plutôt réellement le bon développement de l'enfant en représentant le « tiers » (plutôt que le masculin) qui vient se positionner dans la relation duelle qu'est la dyade enfant-mère, quel que soit le sexe biologique de cette dernière. Naturellement, à la phase œdipienne, la question se pose en des termes bien différents, le problème de la génitalisation – sexuée – étant central et le référent masculin et le référent féminin essentiels.

Quelques remarques sur les études concernant les enfants devenus adultes

Comme nous le notions plus haut, la seule étude longitudinale portant sur l'orientation sexuelle des enfants de parents homosexuels est celle de Tasker et Golombok, réalisée en 1995. Rappelons que, au total, 62 % du pool original a pu être étudié une seconde fois dix ans plus tard. Les jeunes adultes qui ont choisi de ne pas en faire partie sont, et ceci de façon significative, les enfants qui, au vu de la première étude, étaient le plus séparés de leur mère. En revanche, chez ceux qui se sont de nouveau prêtés au jeu, on retrouve les enfants qui semblaient le moins à l'aise avec l'homosexualité de leur mère. Les données ont été recueillies par un entretien standardisé (utilisant des échelles conçues pour l'occasion) qui, outre l'orientation sexuelle (que nous avons décrite plus haut), évaluait la qualité des relations avec les autres membres de la famille (la mère biologique, la mère sociale, le père) lorsque les répondants étaient enfants, la satisfaction d'avoir vécu dans une famille atypique, la qualité des relations avec les pairs (notamment en termes de stigmatisation) et l'ajustement psychologique (à savoir l'anxiété et la dépression). La plupart des enfants, aux alentours de 10 ans, ont vu leur mère s'installer avec un partenaire (un homme pour les mères hétérosexuelles et une femme pour les mères homosexuelles). Les enfants de mère lesbienne décrivent des relations plus positives avec leur mère sociale que les enfants de mère hétérosexuelle avec l'ami de celle-ci. De même, les enfants de mère lesbienne vivent plutôt positivement leur appartenance à une famille atypique, et ce ressenti s'accentue chez les sujets devenus adultes. Les sujets du groupe « mère lesbienne » ne décrivent pas de stigmatisation plus importante dans la relation avec leurs pairs que les sujets du groupe « mère hétérosexuelle ». Lorsqu'il y a eu stigmatisation, celle-ci était davantage due au fait que les autres enfants se demandaient si l'enfant de mère lesbienne était homosexuel, comme sa mère, qu'à un dénigrement de cette dernière ou du cadre familial. Le nombre de meilleurs amis ne varie pas d'un groupe à l'autre. Il est intéressant de noter que les enfants de mère lesbienne décrivent un contrôle organisé et réfléchi de l'information sur le statut atypique de leur famille qu'ils distillaient, et cela semble indiquer que la « révélation différentielle » dont nous parlions plus haut[74] s'impose « naturellement » dans le fonctionnement de ces familles atypiques. En ce qui concerne la fréquence des symptômes dépressifs et anxieux, elle ne diffère pas significativement entre les deux groupes et elle est comparable aux résultats observés dans la population générale. Ces jeunes adultes n'évoquent donc pas une enfance ni une adolescence diffi-

74. Voir *supra*, p. 275.

ciles à cause de l'orientation sexuelle de leur mère. Les auteurs développent une hypothèse tout à fait intéressante : dans ces familles, pour la plupart recomposées, où une majorité d'enfants sont nés dans un milieu « hétérosexuel classique », une mère sociale serait mieux acceptée qu'un « père social » car elle ne pourrait remplacer le père biologique, à la différence du nouvel ami de la mère.

Malgré la taille réduite des échantillons, cette étude précieuse de par son ampleur temporelle s'inscrit dans la lignée de toutes les études réalisées à ce jour, qui ne révèlent aucune différence significative, dans quelque domaine des *caractéristiques psychiques morbides* que ce soit, entre les enfants issus d'un milieu homoparental et les enfants issus d'un milieu plus « classique », même si, bien entendu, des *spécificités* psychologiques et comportementales (timidité, sociabilité, etc.) existent, notamment en fonction de la configuration familiale.

Enfin une étude française !

Je refermerai cette partie, qui a pu sembler à certains égards un peu technique, par l'étude que j'ai réalisée dans le cadre de ma thèse de médecine sous la direction du professeur Bouvard de l'université de médecine de Bordeaux. Il ne sera pas question, dans les lignes qui suivent, de reprendre dans les détails un travail essentiellement destiné à des médecins et à des professionnels de la santé mentale[75], mais plutôt d'évoquer dans les grandes lignes la façon dont elle a été menée et ses principaux résultats. Quant à la question

75. Cette étude va faire prochainement l'objet d'une publication scientifique. Pour plus de détails on pourra se reporter à la thèse elle-même : *Approche psychologique et comportementale des enfants vivant en milieu homoparental : étude sur un échantillon de 58 enfants élevés par des parents homosexuels*, thèse pour le doctorat en médecine n° 3053, soutenue le 10 octobre 2000, univer-

des biais, ils sont identiques à ceux que j'ai relevés tout au long de ce dernier acte et je ne m'y attarderai pas[76].

Lorsque l'idée de réaliser un tel travail m'est venue, j'ai ressenti une certaine méfiance de la part du milieu scientifique et du milieu associatif. Il s'agissait, pour la première fois en France, de mener un travail scientifique, donc *a priori* non influencé par des motivations militantes, sur des enfants élevés par des parents homosexuels. Et si de telles études sont, comme nous avons pu le voir, courantes et assez anciennes à l'étranger, il subsiste en France une certaine réticence, à mon avis tout à fait légitime, à leur égard. Pour mener à bien cette aventure, nous avons recruté les sujets au sein de l'Association des parents et futurs parents gay et lesbiens (APGL) : car, la définition du champ de l'homoparentalité étant une tâche bien ardue, le meilleur moyen d'en venir à bout est de se tourner vers le tissu associatif. C'est d'ailleurs pour cette solution qu'optent tous les travaux de ce genre. Quoi qu'il en soit, mon but était, outre l'obtention de mon doctorat, de pouvoir mener une réflexion posée et la moins passionnée possible, en tout cas la moins sujette aux fantasmes de tous ordres, sur l'homoparentalité. C'est pourquoi l'apport de ce que l'on appelle la «psychologie comportementale» m'a semblé avoir un intérêt certain bien que ma pratique clinique soit, elle, plutôt d'inspiration psychanalytique. Lorsqu'on étudie les comportements d'un enfant, il faut savoir cibler ce que l'on veut observer : en effet les manières d'agir sont multiples, et avoir la prétention de les résumer toutes (donc de résumer un individu à « ce qu'il fait ») est absurde.

Il s'est d'emblée avéré très difficile de rencontrer les

---

sité de médecine Bordeaux-II, p. 83-132. Une description détaillée à l'adresse des non-spécialistes se trouve dans une interview que j'ai donnée au magasine *Têtu* pour son numéro de décembre 2000.

76. Voir *supra*, p. 249. J'y parlais de « bémol ».

enfants à cause de la stigmatisation vécue par les parents, qui souhaitaient les protéger, mais aussi parce qu'il n'était pas aisé de faire rencontrer à des sujets « sains » des professionnels de la santé mentale. Il conviendra probablement, à l'avenir, de développer cet axe de recherche par une rencontre directe avec des enfants (travail déjà entamé par nombre de cliniciens).

Nous avons donc choisi de réaliser une enquête postale à l'aide de trois échelles adaptées aux trois champs de comportements que nous souhaitions étudier. La première est la CBCL (*Child Behavior CheckList*), déjà souvent rencontrée : elle consiste dans un questionnaire rempli par les parents et qui vise à renseigner sur la façon dont l'enfant vit au jour le jour : Est-il peureux ? Est-il propre ? A-t-il des camarades ou est-il plutôt solitaire ?

Levons d'emblée une objection souvent formulée après la publication des résultats de cette étude : n'est-ce pas un biais que de demander aux parents d'évaluer leurs enfants ? Les parents d'une association militante n'ont-ils pas tendance à enjoliver la réalité, à vouloir montrer leurs enfants sous le meilleur jour possible ? Nous avons déjà en partie répondu à cette remarque un peu plus haut : certes, la majorité des parents ont probablement tendance à présenter leurs enfants sous un angle favorable, et cette attitude n'est sûrement pas l'apanage des parents homosexuels, même si l'on peut imaginer qu'elle est plus marquée chez des parents membres d'une association. Mais, lors de la conception de ces échelles, les résultats aux questionnaires remplis par les parents ont été comparés à ceux des questionnaires remplis par des professionnels, avec les modifications qui s'imposaient. Toutes ces échelles ont donc été validées *pour être remplies par les parents*, en tenant compte au maximum de leur subjectivité.

Pour en revenir à la CBCL, elle donne des profils

comportementaux et psychopathologiques permettant de savoir si l'enfant se situe plutôt dans une zone dite « clinique » (correspondant à une population d'enfants présentant des pathologies psychiatriques et suivis en psychiatrie) ou au contraire hors de cette zone pathologique (comme les enfants de la population générale). La seconde échelle utilisée est baptisée « EAS » (*Emotionality, Activity, Sociability*) et permet de déterminer quel est le type de tempérament de l'enfant, selon quatre modèles : l'émotionnalité, l'activité, la sociabilité et la timidité. Le dernier questionnaire évalue le *coping* (de l'anglais *to cope*, « s'adapter », « faire face »), c'est-à-dire la capacité adaptative de l'enfant confronté aux changements, la façon dont il peut retourner les situations difficiles, etc.

Les résultats obtenus aux différents tests s'inscrivent dans la lignée de tous les travaux décrits. Bien que certains traits semblent caractériser la population étudiée (caractéristiques en fait assez techniques : les enfants paraissent par exemple plus timides que ceux de la population générale, mais la timidité est un concept psychiatrique au sens assez différent de celui du langage courant ; de la même manière, si leur adaptabilité est meilleure, c'est sans doute parce que le fait de vivre au sein d'une famille atypique les pousse à développer davantage de stratégies de protection), il s'avère que, globalement, leurs comportements ne varient pas fondamentalement de ceux de la population générale. *Il ne s'agit donc pas d'affirmer que tous les enfants de parents homosexuels « vont bien », mais d'apporter une pierre supplémentaire à l'édifice des études qui montrent déjà que leurs comportements correspondent à ceux des autres enfants de leur âge.* Ce qui ne revient absolument pas à nier leur spécificité.

Cette étude, de même que celles qui la précèdent et celles qui la suivront, est bien entendu critiquable, mais elle a, entre autres mérites, celui de s'intéresser à une population, et non à des sujets pris individuellement – nuance fondamentale qui permet de ne pas mélanger les champs, celui de l'étude sociologique et celui de l'intimité. On ne peut que s'affliger de voir ces émissions de télévision qui, sous prétexte de nous informer sur des « sujets de société », prennent en otage la parole d'individus – bien souvent en grande souffrance psychique –, bien plus pour valider une idée préconçue (car « politiquement correcte » au moment où l'émission est réalisée : on ne va tout de même pas contester son statut de *victime* à une personne certes *victime* dans une société qui pousse la *victimisation* – le culte de la *victime* – à son paroxysme et place celle-ci sur un piédestal) que pour ouvrir un lieu de réflexion dans lequel le fait de société pourra être éclairé de façon plus effective.

En vérité, l'aspect le plus critiquable de ces études est à coup sûr leur apparente simplicité de lecture, qui permet à tout un chacun d'y piocher la justification de ce qu'il pense déjà, plutôt que d'y trouver l'espace d'une remise en question forcément plus susceptible de conduire à la vérité.

Épilogue

L'homoparentalité, une chance pour la société

J'ai parlé, à de multiples reprises, de l'aspect subversif de l'homoparentalité, consistant dans le fait qu'elle lie deux inconciliables, ou du moins que l'on pourrait imaginer comme des inconciliables, à savoir la famille et l'homosexualité. Si, tels l'huile et le vinaigre, on ne les conçoit pas miscibles – l'homosexualité serait du côté du « désordre » et la famille de l'« ordre » –, j'espère avoir pu démontrer dans cet ouvrage que la distinction tenait plus de la volonté d'imposer un discours normalisateur que d'une réalité intrinsèque à ces deux termes. On pourra se demander ce que j'entends par « subversion ». Or il est des mots qui justifient qu'on ne les définisse pas. Je me contenterai d'en dire que, « contrairement aux fantasmes de l'autorité, mais aussi aux nombreux mythes qui assurent leur pérennité, comme d'ailleurs à l'étymologie du mot, la subversion n'est pas l'envers de l'ordre, sa face cachée et démoniaque ou encore son simple renversement. Si la subversion est si souvent invisible au regard du pouvoir et si elle lui apparaît aussi menaçante, c'est d'abord parce qu'elle opère dans un tout autre monde et à une tout autre échelle que lui, aux marges de ses codes et de ses lois comme à l'intérieur de la totalité des plus petits rapports constitutifs de son ordre, jusqu'au cœur même du corps et de l'âme des dirigeants et des instances de pouvoir qu'elle menace sans cesse de dynamiter et de recomposer en un autre possible[1] ».

Car la question ne saurait se résumer à un : « Faut-il légaliser l'homoparentalité ? » Là où nombre d'intellectuels deviennent prescriptifs à trop se polariser sur une telle question, je préfère la laisser sur la scène – certes bien abîmée et malmenée – du politique, qui reste le lieu qu'elle n'aurait jamais dû quitter, d'où elle n'aurait pas dû être raptée par les « sciences humaines ». Je n'entends néanmoins pas plus poser ici un engagement qui « subordonne la politique à l'unique lieu étatique (le seul acte politique "collectif" est la désignation du personnel gouvernemental) et, ce faisant, [qui] annule de fait la politique comme pensée[2] ». À savoir qu'il ne suffit pas de donner, pour résoudre cette question, des arguments à des représentants qui décideront pour nous. Si un positionnement doit se faire vis-à-vis de l'homoparentalité, il doit déjà être dans la réinterrogation constante de la famille, de la sexualité, et non dans la défense rigide d'un ordre tyrannique que l'on appellera, par exemple, « symbolique ».

« Le but du film réside d'ailleurs plus dans la présentation du problème que dans sa solution[3] », disait fort justement Orson Welles à propos de *Citizen Kane*. Si la parenté est vissée sur un socle par les structuralistes « purs et durs », et si l'homosexualité est au contraire relativisée par les défenseurs d'un constructivisme acharné, alors il est clair que le ring sur lequel pourraient se battre les idées

1. D. Colson, *Petit Lexique philosophique de l'anarchisme : de Proudhon à Deleuze*, Paris, Le Livre de poche, coll. « Biblio Essais », 2001, p. 312.

2. A. Badiou, *D'un désastre obscur : sur la fin de la vérité d'État*, Paris, Éditions de l'Aube, 1998, p. 36.

3. Cité par A. Bazin, in *Orson Welles*, Paris, Éditions du Cerf, 1972, p. 47.

contradictoires afin qu'émerge une pensée cohérente sur l'homoparentalité, un tel lieu de combat – « combat » au sens noble du terme, celui d'où chaque combattant sort grandi – sera difficile à trouver.

Faudra-t-il donc changer la définition de l'homosexualité ou celle de la famille pour, en reprenant notre image culinaire, les rendre miscibles, au contraire de l'huile et du vinaigre ? Et comment diable font toutes ces familles homoparentales pour parvenir à une telle alchimie, puisqu'elles existent ? Les lois de la chimie structurale seraient-elles prises en défaut ?

En tout cas, les familles homoparentales ne devraient pas chercher à pénétrer de force dans un « ordre symbolique » qui les rejette par principe, mais plutôt à cultiver l'aspect subversif de leur position : « Le vivant ne vit pas parmi des lois, mais parmi des êtres et des événements qui diversifient ces lois. Ce qui porte l'oiseau, c'est la branche, non les lois de l'élasticité. Si nous réduisons la branche aux lois de l'élasticité, nous ne devons pas non plus parler d'oiseau, mais de solutions colloïdales [...]. De même, ce que mange le renard, c'est un œuf de poule et non la chimie des albuminoïdes ou les lois de l'embryologie. Parce que le vivant qualifié vit parmi un monde d'objets qualifiés, il vit parmi un monde d'accidents possibles. Rien n'est par hasard, mais tout arrive sous forme d'événements. Voilà en quoi le milieu est infidèle. Son infidélité, c'est proprement son devenir, son histoire[4]. »

Si ce qui inquiète tant, c'est le devenir de l'enfant, avec la question de l'absence des référents dans une famille homoparentale – nous avons pu néanmoins nous persuader que parmi *les* familles homoparentales, plusieurs présentent une structure où l'enfant a, *et* biologiquement, *et*

4. G. Canguilhem, *op. cit.*, p. 131.

légalement, *et* dans la réalité, un père et une mère, même s'ils sont homosexuels –, alors reprenons cette idée de Freud qui voit les racines de l'appétit de savoir de Léonard de Vinci dans les premières réponses que, tout petit, il s'inventait face au monde inconnu dans lequel il grandissait (et à la myriade de questions qui en émergeaient)[5]. On a entendu de nombreux chercheurs s'inquiéter que l'enfant soit trompé sur ses origines parce qu'il ne serait pas élevé dans une famille « père-mère-enfant ». Mais, pour que l'enfant soit trompé sur la différence des sexes, par exemple, il faudrait vraiment qu'il vive en vase totalement clos ! La référence, si elle est une aide à la construction psychique, peut également, si elle devient trop rigide et empêche l'enfant d'être confronté à l'inconnu générateur d'envie de vivre, l'enfermer dans un monde « déjà fait ». Les évidences dans les familles « normales » risqueraient ainsi d'être des réponses toutes faites aux « insatiables questions » des enfants. L'atypicité, au contraire, empêcherait peut-être un étouffement et permettrait une ouverture sur d'autres questions. Mais il faudrait pour cela admettre le corollaire suivant : *que les adultes acceptent que les enfants ou les adolescents posent encore des questions.* Parce que, le plus souvent, nous, adultes, aimerions qu'ils se taisent et soient « comme ils devraient être ». À force de protéger les enfants et de leur éviter les chutes, on ne leur apprend plus à résister. Les réponses rigides à la question de la différence entre un garçon et une fille, un adulte et un enfant, sont autant de murs mous d'où les enfants rebondissent, comme sur un trampoline, parce qu'ils obtiennent des réponses toutes faites qui ne sont pas les leurs. Si au contraire un « Je ne sais pas » ou un « Ton père est pédé » est renvoyé, et si un adulte est là pour aider l'enfant dans sa réception après le

5. « La soif de savoir du petit enfant se manifeste par ses insatiables questions. » S. Freud, *Un souvenir d'enfance de Léonard de Vinci*, *op. cit.*, p. 32.

choc en pleine figure qu'il aura pris contre le mur – vraiment dur et consistant –, alors cet enfant pourra se relever et résister face à ce mur et à tous les autres ; il pourra faire de la politique, en somme.

L'homoparentalité pourrait être un de ces événements subversifs qui permettent les remises en question de ce qui semble évident – et ne l'est en fait jamais ; un de ces possibles qui empêchent les choses de se rigidifier afin que ne s'installe pas le totalitaire – où l'homoparentalité n'aurait bien sûr aucune place, pas plus que les couples mixtes multiraciaux avec des enfants ou même les couples hétérosexuels non mariés.

Avec toute la modestie qui devrait seoir à ces quelques réflexions, j'espère avoir un peu fait miens ces mots de Spinoza qui concluent la première partie de son *Éthique :* « Tels sont les préjugés que j'ai voulu signaler ici. S'il en reste encore d'autres de même farine, chacun pourra s'en guérir avec un peu de réflexion. »

Rideau !

Bibliographie

Ouvrages et articles généraux

Adler A., *La Compensation psychique de l'état d'infériorité des organes*, suivi du *Problème de l'homosexualité*, Paris, Payot, 1956.

Anatrella T. (entretien avec V. de Vezins), « De vraies souffrances pour les enfants », *Le Figaro*, mai 2000.

APA (Association américaine de psychiatrie), *DSM III : critères diagnostiques*, Paris, Masson, 1983.

—, *DSM III-R : critères diagnostiques*, Paris, Masson, 1989.

—, *DSM IV : critères diagnostiques*, Paris, Masson, 1996.

Aristote, *La Politique*, Paris, Vrin, 1995.

Aulagnon M., « La question controversée de l'adoption d'enfants par les couples homosexuels », *Le Monde*, 1er juillet 1997.

Badiou A., *D'un désastre obscur : sur la fin de la vérité d'État*, Paris, Éditions de l'Aube, 1998.

Bazin A., *Orson Welles*, Paris, Éditions du Cerf, 1972.

Baudelaire C., *Spleen de Paris*, in *Œuvres complètes*, Paris, Gallimard, coll. « La Pléiade », t. I.

Bensaïd D., *Les Irréductibles : théorèmes de la résistance à l'air du temps*, Paris, Textuel, coll. « La Discorde », 2001.

—, *Résistances : essai de taupologie générale*, Paris, Fayard, 2001.

Benveniste E., *Vocabulaire des institutions indo-européennes*, vol. 2 : *Pouvoir, droit, religion*, livre 2 : *Le Vocabulaire de la parenté*, Paris, Éditions de Minuit, 1969.

Bersani L., *Homos : repenser l'identité*, Paris, Odile Jacob, 1998.

—, « Trahisons gay », *in* D. Eribon (dir.), *Les Études gay et lesbiennes : un débat*, Paris, Éditions du Centre Georges-Pompidou, 1998.

Borrillo D., Fassin E., Iacub M. (dir.), *Au-delà du PaCS : l'expertise familiale à l'épreuve de l'homosexualité*, Paris, PUF, 1999.

Bory J.-L., « À visage découvert », *Libération*, 12 novembre 1973.

Boswell J., *Christianisme, tolérance sociale et homosexualité : les homosexuels en Europe occidentale des débuts de l'ère chrétienne au XIVe siècle*, Paris, Gallimard, 1985.

Bourdieu P., « Quelques questions sur la question gay et lesbienne », *in* D. Eribon (dir.), *Les Études gay et lesbiennes : un débat*, Paris, Éditions du Centre Georges-Pompidou, 1998.

Brewaeys A., Vanfraussen K. et Ponjaert-Kristoffersen I., « Insémination artificielle : le fonctionnement familial et le développement des enfants dans des familles de mères lesbiennes », in *Homoparentalités : état des lieux*, Paris, ESF Éditeur, 2000.

Butler J., « Merely cultural », *New Left Review*, n° 227, 1998, p. 33-44.

—, *Gender Trouble, Feminism and the Subversion of Identity*, New York et Londres, Routledge, 1999.

—, « Toute forme de parenté est légitime », *Libération*, 24 juin 2000.

Cadoret A., « La filiation des anthropologues face à l'homoparentalité », *in* D. Borrillo, E. Fassin, M. Iacub (dir.), *Au-delà du PaCS : l'expertise familiale à l'épreuve de l'homosexualité*, Paris, PUF, 1999.

Canguilhem G., *Le Normal et le Pathologique*, Paris, PUF, coll. « Quadrige », 1999.

Catéchisme de l'Église catholique, articles 2358 et 2359.

Carpenter E., « On the connection between homosexuality and divination and the importance of the intermediate sexes generally in early civilisations », *American Journal of Religious Psychology and Education*, n° 4, 1908.

Cavailhes J., Dutey P. et Bach-Ignasse G., *Rapport gai : enquête sur les modes de vie homosexuels*, Paris, Persona, 1984.

Cervantès M. de, *Œuvres romanesques complètes*, t. I, Paris, Gallimard, coll. « La Pléiade », 1949.

Colson D., *Petit Lexique philosophique de l'anarchisme : de Proudhon à Deleuze*, Paris, Le Livre de poche, coll. « Biblio Essais », 2001.

Corraze J., *L'Homosexualité*, Paris, PUF, coll. « Que sais-je ? », 1996.

—, « Homosexualité », *in* Y. Pélicier (dir.), *Les Objets de la psychiatrie : dictionnaire des concepts*, Le Bouscat (Gironde), L'Esprit du temps, 1997.

Debord G., *In girum imus nocte et consumimur igni*, Paris, Gallimard, coll. « Blanche », 1999.

Deleuze G., *Foucault*, Paris, Éditions de Minuit, 1986.

—, « À quoi reconnaît-on le structuralisme ? », *in* F. Châtelet, *Histoire de la philosophie, idées, doctrines*, t. VIII : *Le XXe Siècle*, Paris, Hachette Littératures, coll. « Pluriel », 2000.

—, Guattari F., *L'Anti-Œdipe : capitalisme et schizophrénie*, Paris, Éditions de Minuit, 1972-1973.

Déserts S. des, « Seconde maman », *Le Nouvel Observateur*, 17 février 2000.

Desproges P., *Les étrangers sont nuls*, Paris, Seuil, 1992.

Dubreuil E., *Des parents du même sexe*, Paris, Odile Jacob, 1998.

Dunne G.A., « Les différentes dimensions de la paternité gay », in *Homoparentalités : état des lieux*, Paris, ESF Éditeur, 2000.

Eliacheff C., « Malaise dans la psychanalyse », *Esprit*, mars-avril 2001.

Ellis H., *Études de psychologie sexuelle*, t. II : *L'Inversion sexuelle*, Paris, Mercure de France, 1934.

—, *Études de psychologie sexuelle*, t. VIII : *L'Éonisme ou l'inversion esthético-sexuelle*, Paris, Le Livre précieux, 1965.

Eribon D. (dir.), *Les Études gay et lesbiennes : un débat*, Paris, Éditions du Centre Georges-Pompidou, 1998.

—, *Réflexions sur la question gay*, Paris, Fayard, 1999.

—, *Une morale du minoritaire : variations sur un thème de Jean Genet*, Paris, Fayard, 2001.

Fassin E. et Féher M., « Parité et Pacs : anatomie politique d'un rapport », *in* D. Borrillo, E. Fassin et M. Iacub (dir.), *Au-delà du PaCS : l'expertise familiale à l'épreuve de l'homosexualité*, Paris, PUF, 1999.

FHAR (Front homosexuel d'action révolutionnaire), *Rapport contre la normalité*, Paris, Champ libre, 1971.

Flavigny C., « Le Pacs, l'enfant et Freud », *Libération*, 19 octobre 1999.

—, « L'enfant n'est pas un bien social », *Le Monde*, 16-17 juillet 2000.

Foucault M., « De l'amitié comme mode de vie », in *Dits et Écrits IV*, Paris, Gallimard, coll. « Bibliothèque des sciences humaines », p. 166.

—, « Entretien avec M. Foucault », in *Dits et Écrits IV*, Paris, Gallimard, coll. « Bibliothèque des sciences humaines », p. 295.

—, « Le triomphe social du plaisir sexuel », in *Dits et Écrits IV*, Paris, Gallimard, coll. « Bibliothèque des sciences humaines », p. 311.

—, *Les Mots et les Choses : une archéologie des sciences humaines*, Paris, Gallimard, coll. « Tel », 1966.

—, *Histoire de la folie à l'âge classique*, Paris, Gallimard, coll. « Tel », 1972.

—, *Surveiller et Punir : naissance de la prison*, Paris, Gallimard, coll. « Tel », 1975.

—, *Histoire de la sexualité*, t. I : *La Volonté de savoir*, Paris, Gallimard, coll. « Tel », 1976.

—, *Histoire de la sexualité*, t. II : *L'Usage des plaisirs*, Paris, Gallimard, coll. « Tel », 1984.

Franco A., « Gay, gay, marions-nous à l'hôtel de ville d'Amsterdam », *Le Monde*, 3 avril 2001.

Frazer N., « Heterosexism, misregognition and capitalism : a response to Judith Butler », *New Left Review*, n° 228, 1998, p. 140-149.

—, « Pourquoi il ne suffit pas de vaincre les préjugés : réponse à Richard Rorty », *Mouvements*, n° 12, novembre-décembre 2000, p. 93-97.

Freud S., *Introduction à la psychanalyse*, Paris, Payot, coll. « Petite Bibliothèque Payot », 1961.

—, « Pour introduire le narcissisme » (1914), in *La Vie sexuelle*, Paris, PUF, 1969.

—, *Malaise dans la civilisation*, Paris, PUF, 1971.

—, « Sur quelques mécanismes névrotiques » (1922), in *Névrose, psychose et perversion*, Paris, PUF, 1973.

—, *Un souvenir d'enfance de Léonard de Vinci*, Paris, Gallimard, coll. « Idées », 1977.

—, *Trois Essais sur la théorie sexuelle*, Paris, Gallimard, 1987.

—, *Totem et Tabou : interprétation par la psychanalyse de la vie sociale des peuples primitifs*, Paris, Payot, coll. « Petite Bibliothèque Payot », 1990.

Grosjean B., « Les homosexuels déportés reconnus », *Libération*, 27 avril 2001.

Gross M., Dubreuil E., « Le devoir des familles homoparentales », *Libération*, 16 mars 1999.

Halperin D.M., *Cent Ans d'homosexualité et autres essais sur l'amour grec*, Paris, Epel, 2000.

—, *Saint Foucault*, Paris, Epel, 2000.

Handman M.E., « Sexualité et famille : approche anthropologique », *in* D. Borrillo, E. Fassin, M. Iacub (dir.), *Au-delà du PaCS : l'expertise familiale à l'épreuve de l'homosexualité*, Paris, PUF, 1999.

Héritier-Augé F., *L'Exercice de la parenté*, Paris, Seuil, 1981.

—, « La cuisse de Jupiter : réflexions sur les nouveaux modes de procréation », *L'Homme*, vol. 94, n° XXV (2), avril-juin 1985, p. 5-22.

—, « Parenté et filiation : aspects anthropologiques », *L'Information psychiatrique*, n° 5, 1989, p. 455-474.

—, *Masculin, féminin : la pensée de la différence*, Paris, Odile Jacob, 1996.

—, « Privilège de la féminité et domination masculine », *in* « L'un et l'autre sexe », *Esprit*, mars-avril 2001, p. 77-96.

Hirschfeld M., *Les Homosexuels de Berlin*, Paris, Cahiers GayKitschCamp, 2001.

Hocquenghem G., « Homosexuels, vous avez changé de patrons », *Libération*, 22 décembre 1982.

—, *Le Désir homosexuel*, Paris, Fayard, 2000.

Homoparentalités : état des lieux, Paris, ESF Éditeur, 2000.

Honhon Y., *PaCS et Filiation*, mémoire pour le DEA de droit privé présenté et soutenu le 28 juin 2001 à l'université de droit et des sciences politiques de Nantes, sous la direction de M. Raymond Le Guidec.

Iacub M., « Le couple homosexuel, le droit et l'ordre symbolique », *Le Banquet*, n°s 12-13, septembre-octobre 1998.

—, « Homoparentalité et ordre procréatif », *in* D. Borrillo, E. Fassin et M. Iacub (dir.), *Au-delà du PaCS : l'expertise familiale à l'épreuve de l'homosexualité*, Paris, PUF, 1999.

—, « Le triomphe des mères », *Le Monde des débats*, mars 2000.

Jésu F., « Droits de l'enfant et soutien à l'homoparentalité », *Journal du droit des jeunes*, février 2000.

—, Rosenczveig J.-P., « Le fallacieux épouvantail de l'adoption », *Le Monde*, 9 octobre 1998.

Jones E., *Psychanalyse, folklore, religion : essais de psychanalyse appliquée*, Paris, Payot, coll. « Science de l'homme », 1973.

Kinsey A.C., Bell A.P. et Weinberg W.S., *Homosexualités : rapport officiel sur les comportements homosexuels masculins et féminins*, Paris, Albin Michel, 1980.

Kirk S. et Kutchins H., *Aimez-vous le DSM ? Le triomphe de la psychiatrie américaine*, Paris, Les Empêcheurs de penser en rond, 1998.

Kosowski Segdwick E., « Construire des significations queer », *in* D. Eribon (dir.), *Les Études gay et lesbiennes : un débat*, Paris, Éditions du Centre Georges-Pompidou, 1998.

Krafft-Ebing R. von, *Psychopathia sexualis : étude médico-légale à l'usage des médecins et des juristes*, Paris, Pocket, 1999, 3 vol.

Kremer P., « La vie ordinaire des enfants de parents homosexuels », *Le Monde*, 28 octobre 2000.

—, « La Cour européenne des droits de l'homme appelée à se prononcer sur l'accouchement sous X... », *Le Monde*, 10 octobre 2001.

« L'Union nationale des associations familiales réaffirme son hostilité "de principe" », *Le Monde*, 10 octobre 1998.

Lacan J., « Le complexe, facteur concret de la psychologie familiale », in *Encyclopédie médicale*, Paris, Éditions de l'Encyclopédie médicale, t. VIII, 1936, p. 8'40-5 à 15. Réédité dans *Autres Écrits* (Paris, Seuil, 2001), avec quelques modifications, sous le titre « Les complexes familiaux dans la formation de l'individu ».

—, *Les Formations de l'inconscient (Séminaire IV)*, Paris, Seuil, 1998.

Lalande A., *Vocabulaire technique et critique de la philosophie*, Paris, PUF, coll. « Quadrige », 1997.

Legendre P., « L'attaque nazie contre le principe de filiation », in *Filiation : fondement généalogique de la psychanalyse. Leçons IV. Suite 2*, Paris, Fayard, 1990, p. 205-209.

— (entretien avec A. Spire), « Nous assistons à une escalade de l'obscurantisme », *Le Monde*, 22 octobre 2001.

Lenie T., Baetens P. et Ponjaert-Kristoffersen I., « Une étude sur les demandes pour insémination artificielle avec sperme de donneur (IAD) chez les couples homosexuels féminins », in *Homoparentalités : état des lieux*, Paris, ESF Éditeur, 2000.

Lenoir R., « Le familialisme et le Pacs », *in* D. Borrillo, E. Fassin, M. Iacub (dir.), *Au-delà du PaCS : l'expertise familiale à l'épreuve de l'homosexualité*, Paris, PUF, 1999.

Leroy-Forgeot F., *Les Enfants du PaCS : réalités de l'homoparentalité*, La Ferté-Saint-Aubin (Loiret), L'Atelier de l'Archer, 1999.

—, « "Nature" et "contre-nature" en matière d'homoparentalité », in *Homoparentalités : état des lieux*, Paris, ESF Éditeur, 2000.

Lévi-Strauss C., *Les Structures élémentaires de la parenté*, La Haye, Mouton & Cie, 1967.

—, « La famille », *in* R. Bellour, *Claude Lévi-Strauss*, Paris, Gallimard, coll. « Idées », 1979.

Lyotard J.-F., *La Condition postmoderne : rapport sur le savoir*, Paris, Éditions de Minuit, 1979.

Macé G., *Lundis en prison*, Paris, 1870.

Malinowski B., *La Sexualité et sa répression dans les sociétés primitives*, Paris, Payot, coll. « Petite Bibliothèque Payot », 1990.

Marc-Lipianski M., *Le Structuralisme de Lévi-Strauss*, Paris, Payot, coll. « Bibliothèque scientifique », 1973.

Martel F., *Le Rose et le Noir : les homosexuels en France depuis 1968*, Paris, Seuil, 1996.

Mathieu N.C., « Anthropologie et "homosexualités" », in *Homoparentalités : état des lieux*, Paris, ESF Éditeur, 2000.

Mécary C., La Pradelle G. de, *Les Droits des homosexuel/les*, Paris, PUF, coll. « Que sais-je ? », 1998.

Ministère de l'Emploi et de la Solidarité (rapporteur I. Théry), *Couple, filiation et parenté aujourd'hui : le droit face aux mutations de la famille et de la vie privée. Rapport à la ministre de l'Emploi et de la Solidarité et au garde des Sceaux, ministre de la Justice*, Paris, Odile Jacob-Documentation française, 1998.

Morali-Daninos A., *Sociologie des relations sexuelles*, Paris, PUF, coll. « Que sais-je ? », 1982.

Nadaud S., *Approche psychologique et comportementale des enfants vivant en milieu homoparental : étude sur un échantillon de 58 enfants élevés par des parents homosexuels*, thèse pour le doctorat en médecine n° 3053, soutenue le 10 octobre 2000, université de médecine Bordeaux-II.

Nasio J.D., *Enseignement des 7 concepts cruciaux de la psychanalyse*, Paris, Payot, coll. « Petite Bibliothèque Payot », 1992.

Neuburger R., *Nouveaux Couples*, Paris, Odile Jacob, 1997.

Nicolas-Maguin M.-F., « Parentés et différence des sexes », in *Homoparentalités : état des lieux*, Paris, ESF Éditeur, 2000.

Patterson C.J., *Petit Guide [bibliographique] à l'usage des familles homoparentales et des autres*, APGL.

Pichot P., *Un siècle de psychiatrie*, Paris, Les Empêcheurs de penser en rond, 1996.

Platon, *Le Banquet*, in *Œuvres complètes*, Paris, Garnier Frères, 1964, t. III.

—, *Le Sophiste*, Paris, Flammarion, coll. « GF », 1993.

Prokhoris S., *Le Sexe prescrit : la différence sexuelle en question*, Paris, Aubier, 2000.

Proust M., *À la recherche du temps perdu*, Paris, Gallimard, coll. « La Pléiade », t. I.

—, *À la recherche du temps perdu*, Paris, Gallimard, coll. « La Pléiade », t. III.

Reich W., *L'Irruption de la morale sexuelle : étude des origines du caractère compulsif de la morale sexuelle*, Paris, Payot, coll. « Petite Bibliothèque Payot », 1972.

Rorty R., « La notion de reconnaissance culturelle peut-elle servir une politique de gauche ? », *Mouvements*, n° 12, nov.-déc. 2000, p. 85-92.

Roudinesco E., *Histoire de la psychanalyse en France*, t. I, Paris, Seuil, 1986.
—, *Histoire de la psychanalyse en France*, t. II, Paris, Seuil, 1986.
—, *Pourquoi la psychanalyse ?*, Paris, Fayard, 1999.
—, Plon M., *Dictionnaire de la psychanalyse*, Paris, Fayard, 1997.
—, « Psychanalyse et homosexualité : réflexions sur le désir pervers, l'injure et la fonction paternelle », *Cliniques méditerranéennes*, n° 65, mars 2002, p. 20-21.
Saikaku I., *Le Grand Miroir de l'amour mâle*, Arles, Philippe Picquier, 1999-2000.
Schweitzer G., « Voilà pourquoi, madame, votre chien est pédé », *Courrier international*, 16-22 septembre 1999.
Séverin G., « Homosexualité », *La Croix*, 25 mai 1987.
Shakespeare W., *Hamlet*.
Shapiro H.L. (dir.), *Man, Culture and Society*, New York, Oxford University Press, 1956.
Singly F. de et Descoutures V., *La Vie en famille homoparentale*, Paris, Centre de recherche sur les liens sociaux, CNRS-université Paris-V, 1999.
Soulé M., Noël J., « L'adoption », *in* S. Lebovici, R. Diatkine, M. Soulé, *Nouveau Traité de psychiatrie de l'enfant et de l'adolescent*, Paris, PUF, t. IV, 1985.
Spinoza B., *Éthique*, Paris, Garnier Frères, 1965.
Stoller R.J., *Masculin ou féminin ?*, Paris, PUF, coll. « Le Fil rouge », 1989.
Teboul R., Moreau F., « Un enfant pour un couple homosexuel ? La parenté homosexuelle », *Nervure*, vol. IV, n° 6, 1991, p. 76-81.
Théry I., « Différence des sexes et différence des générations. L'enjeu de l'institution », *PTAH*, n°s 3-4, 1997.
—, « Le Contrat d'union sociale en question », *Esprit*, n° 10, 1997.
Thévenot X., *Repères éthiques pour un monde nouveau*, Paris, Salvator, 1989.

Thomas Y., « L'union des sexes : le difficile passage de la nature au droit », *Le Banquet*, n°s 12-13, 1998, p. 45-64.

Tort M., « Homophobies psychanalytiques », *Le Monde*, 15 octobre 1999.

—, « De la différence "psychanalytique des sexes" », *Les Temps modernes*, mai 2000.

Verdier P., « L'agrément des personnes qui souhaitent adopter un pupille de l'État à la lumière de la doctrine et de la jurisprudence », *Revue de droit sanitaire et social*, 1992.

Warner M., *Fear of a Queer Planet*, Minneapolis-Londres, University of Minnesota Press, 1993.

Winter J.-P., « Gare aux enfants symboliquement modifiés », *Le Monde des débats*, mars 2000.

—, « Du phantasme à la loi : la question de l'homoparentalité », *Revue des Deux Mondes*, mai 2001.

Wittig M., « À propos du contrat social », *in* D. Eribon, *Les Études gay et lesbiennes : un débat*, Paris, Éditions du Centre Georges-Pompidou, 1998.

—, *La Pensée straight*, Paris, Baland, 2001.

ARTICLES ET ÉTUDES SUR L'HOMOPARENTALITÉ PARUS DANS DES REVUES SCIENTIFIQUES

Allen M. et Burrell N., « Comparing the impact of homosexual and heterosexual parents on children : meta-analysis of existing research », *Journal of Homosexuality*, vol. 32, n° 2, 1996, p. 19-35.

Baetens P. *et al.*, « PMA et nouvelles formes de familles, une étude sur les inséminations artificielles de femmes seules et homosexuelles », *Thérapie familiale*, Genève, vol. 17, n° 1, 1996, p. 51-60.

Bailey J.M., Bobrow D., Wolfe M., Mikach S., « Sexual orientation of adult sons of gay fathers », *Developmental Psychology*, vol. 31, n° 1, 1995, p. 124-129.

Bigner J.J. et Jacobsen R.B., « Adult responses to child behavior and attitudes toward fathering : gay and non-gay fathers », *Journal of Homosexuality*, vol. 23, n° 3, 1992, p. 99-112.

Bozett F.W., « Gay fathers : evolution of the gay-father identity », *American Journal of Orthopsychiatry*, vol. 51, n° 3, 1981, p. 552-559.

Brewaeys A. *et al.*, « Counselling and selection of homosexual couples in fertility treatment », *Human Reproduction*, vol. 4, n° 7, 1989, p. 850-853.

— *et al.*, « Lesbian mothers who conceived after donor insemination : a follow-up study », *Human Reproduction*, vol. 10, n° 10, 1995, p. 2731-2375.

—, Ponjaert-Kristoffersen I., Van Hall E.V. et Golombok S., « Donor insemination : child development and family functioning in lesbian mother families », *Human Reproduction*, vol. 12, n° 6, 1997, p. 1349 1359.

Cameron P. et Cameron K., « Homosexual parents », *Adolescence*, vol. 31, n° 124, 1996, p. 757-776.

Chambers D.L., « Lesbian divorce : a commentary on the legal issues », *American Journal of Orthopsychiatry*, vol. 68, n° 3, 1998, p. 420-423.

Chung Y.B. et Katayama M., « Assessment of sexual orientation in lesbian/gay/bisexual studies », *Journal of Homosexuality*, vol. 30, n° 4, 1996, p. 49-62.

Crawford I. et Solliday E., « The attitudes of undergraduate college students toward gay parenting », *Journal of Homosexuality*, vol. 30, n° 4, 1996, p. 63-77.

Downey J., Ehrhardt A.A., Schiffman M., Dyrenfurth I., Becker J., « Sex hormones in lesbian and heterosexual women », *Hormones and Behavior*, vol. 21, n° 3, 1987, p. 347-357.

Englert Y., « Artificial insemination of single women and lesbian women with donor semen. Artificial insemination with donor semen : particular requests », *Human Reproduction*, vol. 9, n° 11, 1994, p. 1969-1971.

Flaks D.K. *et al.*, « Lesbians choosing motherhood : a comparative study of lesbian and heterosexual parents and their children », *Developmental Psychology*, n° 31, 1995, p. 105-114.

Gartrell N. *et al.*, « The national lesbian family study : 1. Interviews with prospective mothers », *American Journal of Orthopsychiatry*, vol. 66, n° 2, 1996, p. 272-281.

Gold M.A. *et al.*, « Children of gay or lesbian parents », *Pediatric in Review*, vol. 15, n° 9, 1994, p. 354-358.

Golombok S. et Tasker F., « Donor insemination for single heterosexual and lesbian women : issues concerning the welfare of the child », *Human Reproduction*, vol. 9, n° 11, 1994, p. 1972-1976.

—, Spencer A. et Rutter M., « Children in lesbian and single-parent households : psychosexual and psychiatric appraisal », *Journal of Child Psychology and Psychiatry*, vol. 24, 1983, p. 551-572.

—, Rust J., « The Warnock Report and single women : what about the children ? », *Journal of Medical Ethics*, vol. 12, n° 4, 1986, p. 182-186.

—, Tasker F., « Do parents influence the sexual orientation of their children ? », *Developmental Psychology*, vol. 32, n° 1, 1996, p. 3-11.

— *et al.*, « Children raised in fatherless families from infancy : family relationships and the socioemotional development of children of lesbian and single heterosexual mothers », *Journal of Child Psychology and Psychiatry*, vol. 38, n° 7, 1997, p. 783-791.

Gonsiorek J.C. *et al.*, « Definition and measurement of sexual orientation », *Suicide Life Threat Behavior*, supplément au n° 25, 1995, p. 40-51.

Green R., « Sexual identity of 37 children raised by homosexual or transsexual parents », *American Journal of Psychiatry*, vol. 135, n° 6, 1978, p. 692-697.

— *et al.*, « Lesbian mothers and their children : a comparison with solo parent heterosexual mothers and their children », *Archives of Sexual Behavior*, vol. 15, n° 2, 1986, p. 167-184.

Hoeffer B., « Children's acquisition of sex-role behavior in lesbian-mother families », *American Journal of Orthopsychiatry*, vol. 51, n° 3, 1981, p. 536-544.

Holtzen D.W., « Handedness and sexual orientation », *Journal of Clinical and Experimental Neuropsychology*, vol. 16, n° 5, 1994, p. 702-712.

Howard R.C., Longmore F.J., Mason P.A., Martin J.L., « Contingent negative variation (CNV) and erotic preference in self-declared homosexuals and in child sex offenders », *Biological Psychology*, vol. 38, nos 2-3, 1994, p. 169-181.

James S.E., « Fulfilling the promise : community response to the needs of sexual minority youth and families », *American Journal of Orthopsychiatry*, vol. 68, n° 3, 1998, p. 447-454.

Jenny C., Roesler T.A. et Poyer K.L., « Are children at risk for sexual abuse by homosexuals ? », *Pediatrics*, vol. 94, n° 1, 1994, p. 41-44.

Julien D., Dube M. et Gagnon I., « Le développement des enfants de parents homosexuels comparé à celui des enfants de parents hétérosexuels », *Revue québécoise de psychologie*, vol. 15, n° 3, 1994.

King B.R. et Black K.N., « Extent of relational stigmatization of lesbians and their children by heterosexual college students », *Journal of Homosexuality*, vol. 37, n° 2, 1999, p. 65-81.

—, « College students' perceptual stigmatization of the children of lesbian mothers », *American Journal of Orthopsychiatry*, vol. 69, n° 2, 1999, p. 220-227.

Kirkpatrick M., « Lesbian mothers and their children : a comparative survey », *American Journal of Orthopsychiatry*, vol. 51, n° 3, 1981, p. 545-551.

Lewis K.G., « Children of lesbians : their point of view », *Social Works*, vol. 25, 1980, p. 198-203.

Meyer-Bahlburg H.F.L., Ehrhardt A.A., Rosen L.R., Gruen R.S., Veridiano N.P., Vann F.H., Neuwalder H.F., « Prenatal estrogens and the development of homosexual orientation », *Development Psychology*, vol. 31, n° 1, 1995, p. 12-21.

Mitchell V., « The birds, the bees... and the sperm banks : how lesbian mothers talk with their children about sex and reproduction », *American Journal of Orthopsychiatry*, vol. 68, n° 3, 1998, p. 400-409.

Morton S.B., « Lesbian divorce », *American Journal of Orthopsychiatry*, vol. 68, n° 3, 1998, p. 410-419.

Mucklow B.M. et Phelan G.K., « Lesbian and traditional mothers' responses to adult response to child behavior and self-concept », *Psychological Report*, vol. 44, n° 3, part. 1, 1979, p. 880-882.

Nijnatten C.H. Van, « Sexual orientation of parents in Dutch family law », *Medical Law*, vol. 14, n[os] 5-6, 1995, p. 359-368.

Parks C.A., « Lesbian parenthood : a review of the literature », *American Journal of Orthopsychiatry*, vol. 68, n° 3, 1998, p. 376-389.

Patterson C.J., « Children of lesbian and gay parents », *Child Development*, vol. 63, n° 5, 1992, p. 1025-1042.

—, « Families of the lesbian baby boom : parent's division of labor and children's adjustement », *Developmental Psychology*, vol. 31, n° 1, 1995, p. 115-123.

—, Hurt S. et Mason C.D., « Families of the lesbian baby boom : children's contact with grandparents and other adults », *American Journal of Orthopsychiatry*, vol. 68, n° 3, 1998, p. 390-399.

Perrin E.C. et Kulkin H., « Pediatric care for children whose parents are gay or lesbian », *Pediatrics*, vol. 97, n° 5, 1996, p. 629-635.

Robinson B.E. et Skeen P., « Sex-role orientation of gay fathers versus gay nonfathers », *Perception and Motor Skills*, vol. 55, n° 3, part. 2, 1982, p. 1055-1059.

Skeen P. et Robinson B.E., « Family backgrounds of gay fathers : a descriptive study », *Psychological Report*, vol. 54, n° 3, 1984, p. 999-1005.

Stacey J. et Biblarz T.J., « (How) does the sexual orientation of parents matter ? », *American Sociological Review*, n° 66, 2001, p. 159-183.

Tasker F. et Golombok S., « Adults raised as children in lesbian families », *American Journal of Orthopsychiatry*, vol. 65, n° 2, 1995, p. 203-215.

Townsend M.H. *et al.*, « Gay and lesbian issues in child and adolescent psychiatry training as reported by training directors », *Journal of American Academy of Child and Adolescent Psychiatry*, vol. 36, n° 6, 1997, p. 764-768.

Weekes R.B., Derdeyn A.P. et Langman M., « Two cases of children of homosexuals », *Child Psychiatry and Human Development*, n° 6, 1975, p. 26-32.

Wendland C.L., Burn F. et Hill C., « Donor insemination : a comparison of lesbian couples, heterosexual couples and single women », *Fertility Sterility*, vol. 65, n° 4, 1996, p. 764-770.

Zacks E., Green R. et Marrow J., « Comparing lesbian and heterosexual couples on the circumplex model : an initial investigation », *Familly Process*, vol 27, n° 4, 1988, p. 471-483.

Index

A

Abraham, Karl, 230.
Adam, 23 (n. 8 à 22).
Adler, Alexandre, 71, 229.
Agathon, 184.
Agacinski, Sylviane, 216 n. 38, 222.
Allouch, Jean, 231 n. 66.
Anatrella, Tony, 71 n. 8, 231.
Antinoüs, 153.
Antoine, saint, 85 n. 36.
Aphrodite, 97 n. 55, 184.
Apollodore, 184.
Aristophane, 184.
Aristote, 74 n. 16.
Arnoux, Danielle, 231 n. 66.
Auguste (empereur), 81.

B

Badinter, Robert, 84.
Baetens, Patricia, 262 n. 29, 263.
Baghemil, Bruce, 74 et n. 15.
Baudelaire, Charles, 38.
Beauharnais, Joséphine de, 153.
Beauvoir, Simone de, 117.
Bensaïd, Daniel, 113.
Bentham, Jeremy, 82.
Benveniste, Émile, 27.
Bersani, Leo, 98, 118 n. 98.
Bleuler, Eugen, 33, 34.
Bogart, Paul, 279.
Bonaparte, Marie, 31.
Bourdieu, Pierre, 20 n. 4, 124 n. 114.
Boutin, Christine, 16.
Bouvard, Manuel Pierre, 299.
Bozett, Frederick W., 269-270.
Breughel, Pieter, dit l'Ancien, 85 n. 36.
Brewaeys, Anne, 262 n. 29.
Butler, Judith, 116-118 et n. 98, 120 n. 102, 119 n. 99, 121.

C

Cambacérès, Jean-Jacques Régis de, 84.
Canguilhem, Georges, 229 n. 59, 238, 246.
Carpenter, Edward, 99 n. 61.
Chambry, Émile, 183.
Charcot, Jean-Martin, 96.
Charlus, Palamède, baron de, 98.
Chevènement, Jean-Pierre, 122.
Chirac, Jacques, 206.

CONDORCET, Marie Jean Antoine Nicolas de Caritat, marquis de, 221, 222.
CORRAZE, Jacques, 90 n. 45, 91 n. 46, 95 (n. 51 à 94).

D

DEBORD, Guy, 234.
DEKEUWER-DÉFOSSEZ, Françoise, 204.
DELAISI DE PARSEVAL, Geneviève, 132 n. 7.
DELAY, Jean, 35.
DELEUZE, Gilles, 33 et n. 23, 35-38, 60 n. 69, 69 n. 7, 78 n. 23, 79, 211, 213, 215, 218, 219.
DEMY, Jacques, 39, 218.
DENIKER, Pierre, 35.
DERRIDA, Jacques, 114.
DÉSERTS, Sophie des, 172 n. 39.
DEVEREUX, Georges, 89-90 n. 44.
DIATKINE, René, 152.
DIOGÈNE LAËRCE, 110.
DIONÉ, 97 n. 55, 184.
DIOTIME, 185.
DRACULA, 67.
DREYFUS, Alfred, 80 n. 28.
DUBREUIL, Éric, 132 n. 7, 133 n. 8.
DUMAS, Jean-Pierre, 154.
DUNNE, Gill, 268, 269.

E

ELIACHEFF, Caroline, 239-242, 250.
ELLIS, Havelock, 66, 75, 76, 94 et n. 51, 100-103.
ERIBON, Didier, 64 n. 70, 108.
EVANS-PRITCHARD, Edward, 46.
ÈVE, 23 (n. 8 à 22).
EY, Henri, 35.

F

FASSIN, Éric, 221.
FERENCZI, Sandor, 230.
FLAKS, David K., 286, 295.
FLAUBERT, Gustave, 85 n. 36.
FLAVIGNY, Christian, 189.
FOUCAULT, Michel, 23, 34 n. 25, 66, 73 et n. 13, 77-79, 85, 90 (n. 44 à 89), 95, 109-111, 114, 118 n. 97, 120, 202, 224, 226, 228.
FRAZER, James G., 30.
FRANZER, Nancy, 120 n. 102.
FREUD, Sigmund, 28-34, 38-41, 53, 58, 60, 66, 77 n. 21, 85 n. 36, 86 et n. 37, 87, 97 n. 56, 101-106, 118 et n. 96, 119, 197, 214, 215, 223 n. 47, 226-230, 308.

G

GAUSS, Carl Friedrich, 238-241.
GOLOMBOK, Susan, 262 n. 29, 265, 283, 288, 290, 291, 294-297.
GREEN, Richard, 284, 287, 288, 290, 296.
GRÉGOIRE, Ménie, 123.
GRIESINGER, Wilhelm, 79 n. 26.
GUATTARI, Félix, 33 et n. 23, 35-38, 69 n. 7, 79, 219.
GUIGOU, Élisabeth, 16, 206 et n. 24.

H

HADRIEN (empereur), 152.
HALPERIN, Didier M., 72 n. 11, 114, 119 n. 101, 120, 122, 231 n. 66.
HANDMAN, Marie-Élisabeth, 45.
HEGEL, Georg Wilhelm Friedrich, 27 n. 13, 33.
HÉRITIER, Françoise, 28, 43, 44 n. 42, 45 n. 43, 46 et n. 45, 51 n. 53, 53-58, 179, 211, 216, 218, 219, 228.
HIRSCHFELD, Magnus, 71, 72, 76, 93 n. 48, 98-99 et n. 61, 101, 102, 116.
HOCQUENGHEM, Guy, 15, 35 n. 27, 66, 68 n. 4, 69 et n. 7, 71, 97, 101 n. 66, 105 n. 76, 196.
HONHON, Yves, 243.

I

IACUB, Marcella, 172, 200 n. 19, 221.

J

JAKOBSON, Roman, 211, 213.
JEAN, saint, 68 n. 5.
JÉSU, François, 154 n. 25, 174-175, 192, 193, 199, 200.
JONES, Ernest, 30, 31 n. 17, 229, 230.
JUNG, Karl Gustav, 86 n. 37.
JUPIEN, 98.
JUSTINIEN (empereur), 82, 83.

K

KERTBENY, Karl Maria Benkert, dit, 75.
KINSEY, Alfred C., 93 et n. 48, 273, 292.
KIRKPATRICK, Martha, 285, 288, 290, 294, 296.
KOSOWSKI SEGDWICK, Eve, 112, 115.
KRAEPELIN, Émile, 34, 87.
KRAFFT-EBING, Richard von, 78, 96, 228.
KUTCHINS, Herb, 87 n. 39.

L

LACAN, Jacques, 28, 40-43, 64, 86 n. 37, 107, 114, 211, 213, 225, 226, 230, 234.
LALANDE, André, 21, 195.
LA PRADELLE, Géraud de, 138.
LAURETIS, Theresa de, 120.
LEBOVICI, Serge, 152.
LEGENDRE, Pierre, 211, 214, 215, 219, 233.
LENOIR, Rémi, 24.
LÉONARD DE VINCI, 102, 105, 308.
LEROY-FORGEOT, Flora, 165, 175.
LÉVI-STRAUSS, Claude, 26 n. 12, 28, 31, 43, 44 n. 42, 49-54, 56 et n. 61, 60, 114, 211-213.
LOUIS, saint, 83.

M

MAGNAN, Valentin, 96, 102.

MALINOWSKI, Bronislaw, 30-32, 38, 42 n. 38, 45.
MARTEL, Frédéric, 123.
MARX, Karl, 27 n. 13, 33.
MATTEI, Jean-François, 156.
MÉCARY, Caroline, 138.
MERCOURI, Mélina, 65.
MICHEL, Jean-Pierre, 207.
MICHEL-ANGE, 102, 186.
MIRGUET, Paul, 84 et n. 33.
MISHIMA, Yukio, 69, 79 n. 27.
MOÏSE, 68 n. 5.
MOLL, Albert, 76, 81 n. 29, 101 et n. 65, 103.
MOREAU, Françoise, 142 n. 14.

N

NAPOLÉON Ier, 24, 152, 153 ; code Napoléon, 82, 171, 203.
NASIO, Juan David, 181.
NICOLAS-MAGUIN, Marie-France, 203.

O

ŒDIPE, 36, 41 ; complexe d'–, 28-33, 35-42 et n. 38, 44, 53, 60, 219, 220.
OURANOS, 97 n. 55, 184.

P

PANÇA, Sancho, 222.
PARK, C.A., 252, 254 n. 19.
PATTERSON, Charlotte J., 248, 250, 255, 256, 258, 267, 268, 276, 277, 283.
PAUL, saint, 68 et n. 5, 82, 83.
PAUSANIAS, 97 n. 55, 184, 185.
PLATON, 65, 97 n. 55, 102, 183, 185-187, 197, 235.
PLUTARQUE, 74.
POE, Edgar Allan, 70.
POPPER, Karl, 31.
POULIQUEN, Jean-Paul, 207.
PROKHORIS, Sabine, 216 n. 38, 217, 224-226, 228.
PROUST, Marcel, 80 n. 28, 98, 99 n. 61, 186.

Q

QUÉTELET, Adolphe, 237, 238, 241.

R

RANK, Otto Rosenfeld, dit Otto, 229.
REICH, Wilhelm, 32, 38.
ROHEIM, Géza, 31.
RORTY, Richard, 120 n. 102.
ROSENCZVEIG, Jean-Pierre, 154 n. 25.
ROUDINESCO, Élisabeth, 33 n. 22, 64 n. 70, 91-92 n. 47, 226, 230 n. 63.
ROUSSEAU, Jean-Jacques, 221, 222.
ROUSSELLE (commissaire du gouvernement), 243.

S

SARTRE, Jean-Pierre, 123.
SAUSSURE, Fernand de, 213.
SCHRENCK-NOTZING, Albert Freiher von, 94 n. 51.

SÉVERIN, Gérard, 231.
SHAKESPEARE, William, 65 n. 1.
SINGLY, François de, 20 n. 4.
SMITH, Robertson, 30.
SOCARIDÈS, Charles, 90 (n. 44 à 89).
SOCRATE, 184, 185.
SOPHOCLE, 36.
SOULÉ, Michel, 152.
SPINOZA, Baruch, 309.
STOKER, Bram, 67.
STOLLER, R.J., 116 n. 92.

T

TALMA, François-Joseph, 24 (n. 10 à 23).
TARDIEU, Ambroise, 81 n. 29, 96.
TASKER, F., 297.
TEBOUL, Roger, 142 n. 14.
THÉÉTÈTE, 235.
THÉRY, Irène, 142, 203, 208, 209, 219-222.
THOMAS, Yann, 22-23 n. 8.
TORT, Michel, 64 n. 70, 213, 225 n. 53.
TOUBON, Jacques, 202.

U

ULRICHS, Karl Heinrich, dit Numa Numantis, 97, 116, 184.

V

VEIL, Simone, 200.
VISHNOU, 21 n. 6.

W

WARNOCK (rapport), 173 n. 40.
WELLES, Orson, 306.
WESTPHALL, Karl, 79 et n. 26, 96.
WILDE, Oscar, 80 n. 28, 84, 185.
WINTER, Jean-Pierre, 227, 230, 232, 233, 242.
WITTIG, Monique, 74 n. 16, 117.

X

XÉNOPHON, 73 n. 13.

Y

YOURCENAR, Marguerite, 153.

Z

ZEUS, 97 n. 55.

Table des matières

Prologue : La pièce homoparentale 11

Acte I
Préliminaire à toute réflexion sur l'homoparentalité :
le lien intrafamilial, 19

Les avatars d'une famille transcendant les époques 21
À la recherche d'une famille originelle 26
La psychanalyse et le « lien œdipien » 28
Œdipe et le schizophrène 33
Œdipe : du Complexe au complexe 38
Lien de filiation, parenté et parentalité 43
L'échange des femmes 49
La « différence des sexes » 53
De l'intérêt de ne pas figer la famille 59

Acte II
Le spectre et ses incarnations
(homosexuelles, gay, lesbiennes, queer...), 65

Pourquoi circonscrire l'homosexualité ? 70
La naissance de l'homosexuel 75
Du temps où l'homosexuel était un criminel 79
Du temps où l'homosexuel était un malade 85
L'homosexualité, entre comportements et structure 89
Féminin, masculin ou homosexuel ? 97

Au-delà de l'incarnation homosexuelle :
être gay ou lesbienne 107
Au-delà de l'incarnation gay et lesbienne : être queer 114
Du FHAR à l'APGL : le spectre vole toujours 121

Acte III
Les réalités de l'homoparentalité, 127

Quelques notes préalables à une description
des familles homoparentales, ... 127
Les familles « recomposées de façon homoparentale » 134
Les familles homoparentales « élargies » :
le cas de la coparentalité 142
Les familles où l'enfant a été adopté
par un gay ou une lesbienne 149
Les familles où l'enfant est né
par insémination artificielle 167
Les familles où l'enfant a été conçu
grâce à une « mère de substitution » 176
Limites et atypicités 179

Acte IV
« Pour ou contre l'adoption par les homosexuels » : le faux débat, 183

Sophistes et philosophes 183
Un suspect désir 185
Pauvre petit Atlas 197
Le Pacs : reconnaissance du couple
ou de la famille homosexuel(le) ? 205
À quoi reconnaît-on l'« ordre symbolique » ? 210
Les errances d'une psychanalyse prescriptive 223
Philosophes et sophistes 234

Acte V
« Enfin une étude française ! » : à propos des enfants conçus ou élevés par des parents homosexuels et de leur famille, 237

Pourquoi des études sur la « population homoparentale » ? 237
Comment s'y retrouver dans les diverses études ? 246
Les études portant sur le fonctionnement des familles homoparentales 251
Les études concernant les mères lesbiennes 254
Les familles de lesbiennes ayant choisi l'insémination artificielle 261
L'étude des pères gay 267
L'étude des personnes étrangères au foyer homoparental et qui se trouvent en contact avec cette population 274
Pour en finir avec les idées reçues à propos du risque d'abus sexuel de la part des homosexuels 281
Les études portant sur les enfants de parents homosexuels 283
Les répercussions du milieu homoparental sur l'identité sexuelle de l'enfant 287
La question des éventuels troubles psychologiques, psychiatriques et des relations sociales liés à l'enfance dans un milieu homoparental 294
Quelques remarques sur les études concernant les enfants devenus adultes 297
Enfin une étude française ! 299

Épilogue : L'homoparentalité, une chance pour la société 305

Bibliographie 311
Index 327

Achevé d'imprimer en juin 2004
par la Sté TIRAGE sur presse numérique
www.cogetefi.com

35-57-1361-02/1
N° d'édition : 48858 - N° d'impression : 060019
Dépôt légal : juin 2004
ISBN : 2-213-61161-7
Imprimé en France